新编21世纪高等职业教育精品教材　公共基础课系列

青春护航
大学生安全教育

主　编　张　林
副主编　原淑慧
参　编　郭利霞　张志超　刘凡荣
祁贝贝　王　凯　赵建萍
杨可可　刘赛男　毕　坤

中国人民大学出版社
·北京·

图书在版编目（CIP）数据

青春护航 ：大学生安全教育 / 张林主编 . -- 北京 ：中国人民大学出版社，2025. 8. --（新编 21 世纪高等职业教育精品教材）. -- ISBN 978-7-300-34312-9

Ⅰ. G641

中国国家版本馆 CIP 数据核字第 2025Q7N471 号

新编 21 世纪高等职业教育精品教材 · 公共基础课系列
青春护航：大学生安全教育
主　编　张　林
副主编　原淑慧
参　编　郭利霞　张志超　刘凡荣　祁贝贝　王　凯　赵建萍　杨可可　刘赛男　毕　坤
Qingchun Huhang: Daxuesheng Anquan Jiaoyu

出版发行	中国人民大学出版社		
社　址	北京中关村大街 31 号	邮政编码	100080
电　话	010－62511242（总编室）		010－62511770（质管部）
	010－82501766（邮购部）		010－62514148（门市部）
	010－62511173（发行公司）		010－62515275（盗版举报）
网　址	http://www.crup.com.cn		
经　销	新华书店		
印　刷	天津中印联印务有限公司		
开　本	787 mm×1092 mm　1/16	版　次	2025 年 8 月第 1 版
印　张	16.25	印　次	2025 年 8 月第 1 次印刷
字　数	368 000	定　价	39.00 元

前言

国家安全是民族复兴的根基，社会稳定是国家强盛的前提。党的二十大报告指出：“坚持安全第一、预防为主，建立大安全大应急框架，完善公共安全体系，推动公共安全治理模式向事前预防转型。”在新时代背景下，大学生作为国家未来建设的中坚力量，其安全意识与应急能力的培养，关乎个人成长、校园稳定乃至国家安全大局。

本书紧扣时代脉搏，以国家安全教育政策为指引，结合高校安全管理实际，系统构建了多维度的安全教育体系，通过人财安全、实习安全、消防安全、生活安全、网络与信息安全、心理健康、求职安全七个方面的内容，深入解析校园安全、防诈防骗、消防应急等关键领域的风险挑战，融合案例分析、课后实践，既传递“安全无小事”的责任意识，又传授“风险可防可控”的实用技能。

本书特色鲜明：以问题为导向，聚焦大学生日常学习和生活中的高频风险场景，揭示隐患本质；以实践为抓手，设置“课后实践”板块，引导读者在模拟训练中掌握应急处置流程；以创新为动力，穿插“析案明理”“安全讲堂”等板块，增强内容的可读性与读者的参与感。

本书目标清晰：旨在培养大学生的“底线思维”与“系统观念”——既懂政治安全、文化安全等安全理念，又能在宿舍用电、户外出行等微观场景中践行安全准则；既具备“识险辨险”的敏锐眼光，又掌握“自救互救”的过硬本领。通过理论浸润与实践淬炼，青年学生能够成长为国家安全的坚定守护者、校园安全的积极建设者、个人安全的有效管理者。

“于安思危，于治忧乱。”希望本书成为大学生安全教育的“工具箱”与“指南针”，引领读者在青春赛道上树牢安全意识、锤炼防护能力，以“居安思危”的清醒、“化险为夷”的智慧，护航青春梦想，共筑安全防线。

由于编者水平有限，书中难免存在疏漏之处，敬请专家与读者批评指正，以便进一步修改完善。

编者

目录

导言

安全教育是大学生走向独立生活的第一课

案例导读

一位母亲在其18岁的女儿考入某大学，即将踏上开往梦想的列车前，结合一些真实案例和生活常识，给女儿整理了6类20条安全忠告，通过微信发给了女儿。这些忠告涵盖了永远不占小便宜、出行如何确保安全等方面，旨在让女儿在外求学时保护好自己，平安快乐地度过大学生活。

一、大学生安全教育的时代背景

在当今社会，大学生作为国家未来发展的中坚力量，其安全与成长备受关注。大学生安全教育与管理不仅关系到高校的稳定与发展，更对学生个人的成长成才有着深远影响。加强大学生安全教育，不仅是保障其身心健康、顺利完成学业、实现人生价值的必然要求，而且是维护校园和谐稳定、推动社会进步的重要举措。

随着高等教育的普及和高校的发展，大学生所处的环境日益复杂。校园周边商业活动频繁，人员流动增大，网络社交和线上交易普及，这些都为大学生的学习和生活带来了诸多便利，但同时也带来了一系列安全隐患。近年来，高校内盗窃、诈骗、网络安全等事件时有发生，不仅威胁到学生的人身财产安全，而且对高校的正常教学秩序造成了冲击。例如，一些不法分子利用大学生社会经验不足的特点，通过网络电信诈骗、“校园贷”等手段，使部分学生陷入经济困境，甚至引发心理问题。这些案例警示我们，加强大学生安全教育与管理刻不容缓。

从国际形势来看，随着我国国家实力的进一步增强、国际地位的进一步提高，部分国家基于“零和博弈”“冷战思维”等观念，在非传统国家安全领域对我国加大渗透力度。然而，部分高校学生对国家安全覆盖内容及面临的风险认识不足，校园安全受到越来越多的非传统安全因素的冲击，亟须予以重视，进而防范风险、应对挑战。在全球化和信息化的时代背景下，各种社会思潮相互激荡，对大学生的价值观产生了深刻的影响。一些错误的社会思潮，如极端个人主义、拜金主义、享乐主义、历史虚无主义等，乘虚而入，对大学生的思想观念和价值取向造成了冲击，给大学生安全教育带来了新的挑战。极端个人主义强调个人利益至上，忽视集体和社会利益，受此影响的部分大学生过于关注个人需求和欲望，缺乏团队合作精神和社会责任感。拜金主义将金钱视为衡量一切的标准，使得部分大学生过于看重金钱和物质利益，出现攀比消费、超前消费等现象。享乐主义追求及时行乐，导致部分大学生沉迷于网络游戏、娱乐消费等，荒废学业，失去对未来的规划和追求。历史虚无主义通过歪曲历史、否定历史事实来混淆视听、误导民众，部分大学生由于缺乏对历史的深入了解和正确认识，容易受到这些错误言论的影响，对国家和民族的认同感和自豪感下降。这些错误的社会思潮的存在，对大学生的价值观产生了负面影响，使他们在面对各种问题和选择时，容易出现思想困惑和行为偏差，进而影响大学生安全教育的效果。

科技进步在给大学生生活带来便利的同时，也给大学生安全教育带来了新的难题。随着移动支付、校园贷款、网络贷款等金融科技的发展，大学生面临的经济风险事件逐渐增多，校园贷款中的非法借贷行为、网络贷款的高利息和不合理追讨方式等给大学生的经济状况和心理健康带来严重威胁。网络的普及，使得大学生学习、生活与之紧密相连，但网络诈骗、信息泄露等问题依然存在，给大学生的人身与财产安全和个人隐私带来了极大的风险。一方面，大学生对网络安全的重要性认识不够，缺乏基本的网络安全知识和防范意识，容易轻信网络上的信息和陌生人；另一方面，高校在网络安全教育方面还存在一些薄弱环节，教育内容和方式不够丰富、实用，未能有效提高大学生的网络安全防范能力。与此同时，随着网络技术的飞速发展，新型网络安全问题不断涌现，如人工智能诈骗等，当前的教育内容未能及时跟进，导致大学生对这些新型网络安全威胁的认识不足。在文化安全方面，部分高校外大学生的教育重视程度不够，未能充分引导大学生正确认识和对待多元文化，导致一些大学生在面对外来文化的冲击时，容易丧失文化自信，甚至受到不良文化的影响。

从高校自身发展来看，随着高等教育普及化的推进，高校大学生数量不断增加，校园生活的社会化趋势更加明显，人际交往活动类型更加复杂。此外，大学生群体受新媒体影响更加明显，在自身安全意识薄弱、安全知识欠缺的情形下，必然会出现不同形式的安全事故，大学生安全管理形势变得更加复杂化。目前，校园安全仍多集中于管理、约束学生的行为以防止各类危害学生安全事故的发生，而对于提升学生安全意识、安全知识、安全技能等素质养成方面的教育，仍存在不足。并且，高校的安全教育仍然存在重管理、轻教育的情况，使得大学生为应对考试而学，从而不利于大学生安全意识的建立。传统的安全教育方法多以讲座、宣传册等形式为主，缺乏互动性和趣味性，难以引起大学生的兴趣和共鸣。

大学生安全教育在当前时代背景下面临着诸多挑战，涵盖从国际形势中的非传统安全威胁、错误的不良社会思潮冲击，到科技进步带来的网络及金融安全隐患，再到高校自身发展产生的管理与教育问题等多方面。因此，加强和改进大学生安全教育工作刻不容缓，需要社会、学校、家庭等各方协同合作，积极探索创新教育方式与内容，以适应时代发展的需求，切实提升大学生的安全意识和防范能力，为大学生的健康成长和全面发展保驾护航。

二、增强对安全教育重要价值的认识

大学生对安全教育重要意义的认识，需要结合自身成长、家庭责任、社会角色等多个维度，从被动知晓转向主动重视。具体可从以下几个方面深化认知。

（一）明确安全教育是个人发展的基础保障

安全是一切目标的前提。大学生的核心任务是学习、成长、实现个人价值，但这些都建立在“人身安全、财产安全、心理安全”等的基础上。例如：若因宿舍用电不当引发火灾，可能危及生命，导致学业中断；若陷入网络诈骗，不仅造成经济损失，还可能因情绪崩溃影响心理健康，甚至引发连锁危机。从职业生涯的角度来看，安全意识是大学生的终身竞争力。大学生在步入社会后，应对职场安全、公共卫生事件等突发事件的能力，识别合同陷阱、信息泄露等潜在风险的能力，都源于大学阶段形成的安全思维。

（二）理解安全教育与家庭责任的深度绑定

大学生是家庭的情感核心。大学生是家庭的希望，其安全状况直接关系到家庭的幸福感。例如：因校外租房存在安全隐患导致意外，会给父母带来无法弥补的精神创伤；参与传销、网贷等危险行为，不仅自身陷入困境，还可能拖垮整个家庭。主动规避风险是对家庭的“隐性回报”，大学生可通过学习电信诈骗防范、出行安全规范等安全知识，减少家庭的担忧和潜在损失，本质上是用行动承担对家庭的责任。

（三）认知安全教育对社会稳定的宏观价值

大学生是社会文明的示范群体。作为受过高等教育的群体，其维护网络安全、遵守公共秩序等行为会产生正面的社会影响。例如：拒绝参与校园霸凌，有助于推动校园和谐；主动举报网络谣言，有助于维护信息环境清朗。我们必须看到，安全风险具有扩散性，个体的安全疏忽可能引发社会连锁反应。例如，实验实训室违规操作会导致化学品泄漏，危及整个校园乃至周边社区；随意泄露的个人信息会被不法分子利用，可能成为诈骗团伙的“工具”，危害更多人。

（四）通过学习法律与规则明晰安全的边界

安全行为与法律责任直接挂钩：很多安全问题不仅是风险，更是法律红线。例如：明知他人利用校园贷诈骗仍协助推广，可能构成共同犯罪；在宿舍存放管制刀具、易燃易爆物品，违反了《中华人民共和国治安管理处罚法》，需承担法律后果。大学生应将学习安全知识作为守法前提，了解《中华人民共和国国家安全法》《中华人民共和国网络安全法》《学生伤害事故处理办法》等法律法规，清晰认识“什么不能做”“怎么做才合法”，避免因无知而触犯法律。

（五）用现实案例打破侥幸心理，强化危机意识

很多大学生认为危险离自己很远，但数据显示，2023 年高校学生网络诈骗报案率同比上升，其中 80％是“觉得自己不会被骗”的大学生；宿舍火灾中，70％源于使用大功率电器等“偶尔一次违规用电”的侥幸心理。在正视风险的普遍性的同时，大学生还应分析案例中的可预防性，通过复盘真实事件，如某高校学生因轻信“刷单兼职”被骗走学费、某实验室因操作失误引发爆炸等，认识到多数危险是可以通过安全知识规避的，而非运气问题。

（六）主动参与实践，从知识接收者变为安全践行者

作为学校和社会的一分子，大学生通过参与学校的应急演练（如火灾逃生、地震避险等）、安全技能培训（如急救包扎、防性侵教育等），能直观感受到“安全知识不是口号，而是能救命的技能”，真正在体验中深化认知。同时，还要在传播中强化责任意识。大学生有责任和义务向同学普及安全知识，如制作反诈海报、组织安全主题班会等，树

立“安全教育是群体责任，而非个人私事”的意识。

大学生对安全教育重要性的认识，本质是从“关注‘会不会出事’”到“理解‘安全是对自己、家庭、社会的多重责任’”的转变。只有将安全意识内化为行为习惯，大学生才能在复杂的环境中既保护自己，又成为安全环境的建设者。

三、大学生安全面临的主要风险和挑战

在当今社会，大学生作为社会的未来栋梁，其安全问题备受关注。大学校园生活丰富多彩，但也隐藏着不少安全隐患。大学生正处于身心发展的关键时期，面临着诸多风险和挑战，这些风险和挑战不仅影响大学生的学习和生活，甚至可能对他们的身心健康和未来发展造成严重影响。

（一）人身安全风险

1. 校园暴力与冲突

同学之间因琐事产生矛盾，如果处理不当，可能会升级为校园暴力事件。例如，在一些高校中，曾发生过因宿舍关系紧张，一方对另一方进行言语辱骂、肢体攻击的情况。这种暴力行为不仅会对受害人的身体造成伤害，还会给其心理留下阴影。此外，在校园的社交场合，如聚会、社团活动中，也可能因意见不合、争夺资源等原因引发冲突，威胁到大学生的人身安全。

2. 意外伤害事故

（1）实验实训室事故。

在理工科院校，学生经常需要进行化学、物理等实验和各类仪器设备的操作。如果在实验实训过程中未严格遵守操作规程，如违规使用易燃易爆化学试剂、不遵守设备操作规程等，都可能导致爆炸、人身伤害等严重事故。例如，某高校机械实训室曾因学生未按要求佩戴防护眼镜在车床上加工工件，导致铁屑溅入眼睛，造成学生受伤。

（2）体育运动伤害。

大学生积极参与各类体育活动，但如果在运动前未做好热身准备、运动过程中使用器材不当或运动强度过大，都容易导致运动伤害。例如，在篮球、足球等对抗性较强的运动中，学生之间的碰撞可能引发骨折、扭伤等；在使用健身器材时，若操作不规范，也可能造成肌肉拉伤、关节脱位等情况。

（3）校园设施安全隐患。

校园内的建筑、设施如果存在质量问题或维护不及时，也会给学生带来意外伤害。例如，教学楼的楼梯扶手松动，学生在上下楼梯时可能因失去支撑而摔倒；校园道路上的井盖缺失或损坏，学生骑车经过时可能会发生意外坠落。

（二）校外活动安全风险

1. 交通事故

大学生出行频繁，无论是乘坐公共交通工具、骑自行车还是步行，都面临着交通事

故的风险。在一些高校周边，交通秩序较为混乱，车辆超速行驶、行人不遵守交通规则等现象屡见不鲜。部分大学生在过马路时低头看手机，忽视交通信号灯，增加了发生交通事故的可能性。此外，一些大学生选择乘坐非法运营车辆出行，这些车辆往往存在安全性能差、驾驶员不具备相应资质等问题，一旦发生事故，后果不堪设想。

2. 旅游安全

在节假日或课余时间，很多大学生会选择外出旅游。然而，在旅游过程中，如果大学生对目的地的环境、气候、交通等情况了解不足，或者参与一些具有危险性的旅游项目时未做好安全防护措施，就容易发生意外。例如：在登山过程中遭遇山体滑坡、泥石流等自然灾害；在海边游泳时因不熟悉水域情况而溺水；参加探险活动时迷路或被困等。

3. 社会侵害

大学生涉世未深，容易成为不法分子的侵害目标。在外出时，大学生可能会遭遇抢劫、盗窃、诈骗、性骚扰甚至性侵害等。一些不法分子会利用大学生的单纯和善良，以求助、推销、兼职等为借口接近他们，实施犯罪行为。例如：某些不法分子冒充大学生的老乡，以帮忙找工作为由，将学生骗至偏僻地点实施抢劫；还有一些不法分子在校园周边的娱乐场所，对醉酒的学生进行性骚扰或性侵害。

（三）财产安全风险

1. 盗窃案件频发

（1）宿舍盗窃。

宿舍既是大学生集中存放财物的地方，也是盗窃案件的高发区域。部分大学生安全意识淡薄，离开宿舍时不锁门，给不法分子以可乘之机。一些盗窃者会趁大学生上课、午休等宿舍无人时，潜入室内盗窃手机、电脑、现金、银行卡等贵重物品。此外，宿舍内人员复杂，一些外来人员以找人、推销为由进入宿舍，也增加了盗窃的风险。

（2）公共场所盗窃。

在学校的图书馆、食堂、教室、体育馆等公共场所，大学生的财物也容易被盗。在图书馆，大学生常常将书包、电脑等放在座位上去找书或接水，短暂离开期间财物就可能被盗；在食堂，大学生排队打饭时将手机、钱包放在餐桌上，稍不注意就会被顺手牵羊；在体育馆，大学生在运动时将衣物和贵重物品放在一旁，也容易成为盗窃者的目标。

2. 网络诈骗手段多样

（1）兼职刷单诈骗。

许多大学生想通过兼职赚取生活费，不法分子便利用这一心理，以“轻松赚钱”“高额返利”为诱饵，诱导大学生参与刷单活动。大学生起初可能会获得小额返利，但随着投入资金的增加，不法分子会以各种理由拒绝返款，甚至要求大学生继续投入更多资金以解冻账户，最终导致大学生财产损失惨重。

（2）网络贷款诈骗。

部分大学生因消费需求或资金周转困难，寻求网络贷款。诈骗分子冒充正规贷款平台，以低息、无抵押、快速放款为幌子，诱使大学生填写个人信息并缴纳手续费、保证金等费用。一旦大学生转账，诈骗分子便会消失无踪，大学生不仅无法获得贷款，还可能因个人信息泄露而遭遇更多麻烦。

（3）冒充熟人诈骗。

诈骗分子通过盗取大学生的社交账号，模仿其语气向好友、家人发送求助信息，如称自己突发疾病、遭遇事故等，急需用钱，让对方转账汇款。大学生的好友、家人由于难以核实信息的真实性，往往会在情急之下上当受骗。

3. 金融诈骗陷阱重重

（1）校园贷陷阱。

一些非法校园贷平台打着“方便快捷”“低息贷款”的旗号，向大学生提供贷款服务。但这些贷款往往存在高额利息、手续费、逾期罚金等，大学生一旦陷入，很容易因无法偿还贷款而面临债务危机。一些诈骗分子还会采用暴力催收手段，如电话骚扰、上门威胁等，严重影响大学生的正常生活和身心健康。

（2）非法集资诈骗。

部分诈骗分子以投资项目、理财产品等为幌子，向大学生推销所谓的“高收益、低风险”产品，吸引大学生投资。这些项目往往是虚构的，大学生投入的资金最终会血本无归。一些大学生因缺乏金融知识和风险意识，被高额回报所诱惑，参与非法集资活动，导致个人财产遭受重大损失。

（四）网络安全风险

1. 个人信息泄露

（1）网络平台漏洞。

在互联网时代，大学生会在各类网络平台上注册账号、填写个人信息，如姓名、身份证号、联系方式、家庭住址等。然而，一些网络平台的安全防护措施不到位，容易被黑客攻击，导致大学生的个人信息泄露。这些泄露的信息可能被用于“精准”诈骗、身份盗用等违法犯罪活动。

（2）社交网络风险。

大学生热衷于使用社交网络与朋友交流、分享生活。但在社交过程中，部分大学生缺乏隐私保护意识，随意发布个人照片、位置信息、生活轨迹等，这些信息可能被不法分子利用，对大学生的人身和财产安全构成威胁。此外，一些不法分子通过社交网络添加大学生为好友，骗取信任后，获取更多个人信息。

2. 网络暴力与欺凌

（1）网络言论攻击。

在网络空间中，部分大学生可能会因发表不同观点或与他人产生矛盾，遭受网络暴力攻击。一些人通过在社交媒体、论坛、评论区等发布侮辱性、诽谤性言论，对大学生进行人身攻击、辱骂，给大学生的心理造成极大伤害。这种网络暴力行为不仅会影响学生的情绪和学习，还可能导致大学生产生自卑、抑郁等不良心理情绪。

（2）网络欺凌与孤立。

在校园网络环境中，还存在着网络欺凌与孤立现象。一些大学生团体或个人通过网络平台对特定学生进行排挤、孤立，如在班级群、社团群中发布针对该学生的负面信息，阻止其他同学与该学生交流等。这种行为会使受害人在校园中处于孤立无援的境地，严重影响其心理健康和校园生活。

3. 网络沉迷与不良信息影响

（1）网络沉迷问题。

随着智能手机和互联网的普及，部分大学生沉迷于网络游戏、网络直播、短视频等，将大量时间和精力投入虚拟世界中。网络沉迷不仅会影响大学生的学习成绩，导致学业荒废，还会对大学生的身体健康造成损害，如视力下降、生物钟紊乱、代谢减慢等。此外，长期沉迷网络还可能使大学生与现实社会脱节，影响其人际交往能力和心理健康。

（2）不良信息侵蚀。

网络上充斥着很多不良信息，如色情、暴力、恐怖、虚假新闻等。大学生正处于价值观形成的关键时期，辨别能力相对较弱，容易受到这些不良信息的侵蚀。长期接触不良信息可能会扭曲大学生的价值观和世界观，导致其行为失范，甚至走上违法犯罪的道路。

（五）心理健康风险

1. 学业压力与焦虑

（1）课程难度与竞争压力。

大学课程相较于中学课程，难度更大、知识面更广，对大学生的自主学习能力和综合素质要求更高。部分大学生在面对繁重的学业任务和激烈的竞争时，感到力不从心，产生焦虑情绪。例如，一些理工科专业的大学生在学习高等数学、物理等课程时，由于课程内容抽象、复杂，学习进度跟不上，导致对自己的学习能力产生怀疑，陷入焦虑、抑郁状态。

（2）考试与升学压力。

在校期间，大学生需要参加各类考试，如期末考试、英语四六级考试、考研等。考试成绩不仅关系到大学生的学业评价，还对其未来的升学、就业产生重要影响。因此，大学生在考试前往往承受着巨大的心理压力，担心考试失利。一些大学生为了取得好成绩，过度学习，导致身心疲惫，甚至出现考试焦虑症，在考试时无法正常发挥。

2. 人际关系困扰

（1）宿舍关系紧张。

宿舍是大学生生活和学习的重要场所，宿舍关系的和谐与否直接影响大学生的心理健康。由于宿舍成员来自不同的地区，生活习惯、性格特点、价值观念等存在差异，因此在相处过程中彼此间容易产生矛盾和冲突。例如，因作息时间不一致、个人卫生习惯不同、物品摆放问题等引发争吵，导致宿舍关系紧张。长期处于这种不良的宿舍氛围中，大学生可能会感到压抑、孤独，甚至产生心理问题。

（2）社交困难与孤独感。

部分大学生在人际交往方面存在困难，不善于主动与他人沟通交流，缺乏社交技巧，难以融入集体生活。在校园中，他们常常感到孤独、无助，缺乏归属感。这种孤独感可能会进一步加重这些大学生的心理负担，导致其情绪低落、自卑，影响心理健康。

3. 情感问题与心理创伤

（1）恋爱挫折。

大学生正处于青春期，恋爱是大学生活中常见的一种经历。然而，恋爱过程中难免会遇到挫折，如分手、背叛等。这些情感问题可能会给大学生带来巨大的心理创伤，使其陷入痛苦、失落、自责等负面情绪中。一些大学生在失恋后，无法正确调整心态，出现失眠、食欲不振、学习成绩下降等情况，甚至会做出自杀等极端行为。

（2）家庭情感问题。

家庭关系对大学生的心理健康也有着重要影响。一些大学生可能面临家庭矛盾、父母离异、亲人离世等问题，这些家庭情感变故会给大学生带来沉重的心理打击。如果大学生无法及时得到家人的支持和关爱以及有效的心理疏导，可能会长期处于心理阴影中，影响身心健康和成长发展。

大学生安全面临的风险和挑战是多方面的，涵盖了人身安全、校外活动安全、财产安全、网络安全和心理健康等领域。这些风险不仅对大学生的个人成长和发展构成威胁，还会影响校园的和谐稳定和社会的长治久安。因此，高校应高度重视大学生安全教育工作，通过开展丰富多彩的安全教育活动，增强大学生的安全意识和自我保护能力。同时，高校应加强校园安全管理，完善安全设施，营造安全的校园环境。此外，家庭和社会也应积极参与到大学生安全教育中来，形成学校、家庭、社会三方联动的安全教育机制，共同为大学生的健康成长保驾护航。大学生自身更要增强安全意识，提高辨别是非的能力，积极学习安全知识和技能，在面对各种风险和挑战时能够冷静应对，切实维护自身的安全与权益。

四、大学生接受安全教育和技能培训的路径与方法

大学生的安全教育和技能培训是保障其人身和财产安全、提升社会适应能力的重要基础。结合校园场景与社会资源，其路径与方法可从学校主导、社会协同、自我驱动三个维度展开，兼顾理论认知与实践技能。

（一）学校主导：构建系统化的安全教育体系

学校作为大学生安全教育的主阵地，需通过“课程＋活动＋制度”形成闭环，确保安全教育的全面性与强制性。

1. 课程化教育：奠定理论基础

（1）必修/选修课程。

将安全教育纳入人才培养方案，开设“大学生安全教育”“应急避险与急救”等必

修课程，覆盖法律常识（如防范诈骗、校园欺凌）、消防知识（火灾成因与逃生）、网络安全（信息泄露、电信诈骗）、心理健康（情绪管理、自杀预防）等核心内容。通过案例教学、视频解析，强化理论与现实的关联。

（2）专题讲座与沙龙。

邀请公安干警、消防员、心理咨询师等专业人士进校园，开展有针对性的讲座，如“防范电信诈骗的 3 个关键”“宿舍用电安全红线”“野外实习安全防护”等；开设“防身术基础”“实验实训室安全操作规范”等沙龙。

2. 实践化培训：提升技能运用能力

（1）应急演练。

每学期组织 1～2 次消防演练（模拟宿舍/教学楼火灾，练习使用灭火器、湿毛巾捂鼻逃生）、地震疏散演练（熟悉疏散路线与避难场所）；联合校医院开展急救技能培训（心肺复苏、海姆立克急救法），并通过考核发放救护员证书。有条件的高校可以引入 VR 技术模拟踩踏、触电等场景，让学生在虚拟环境中练习应对流程，增强代入感。

（2）场景化技能训练。

在校内设置安全实训基地，配备消防器材、急救模型、防诈骗互动装置等，开展实操教学。例如，学习干粉或二氧化碳灭火器的适用场景与操作步骤；分组练习伤口包扎、骨折固定、心肺复苏等急救措施；通过“模拟诈骗电话”互动，训练识别诈骗话术漏洞的能力。

3. 常态化宣传：营造安全氛围

高校可开展多渠道渗透。利用校园广播、宣传栏、宿舍楼道海报等传统媒介，结合微信公众号、抖音号等新媒体，推送“每日安全小贴士”（如“离开宿舍前必做的 3 件事”）、安全知识竞赛（线上答题赢奖品）、安全主题短视频（如“实验实训室危化品处理错误示范”）；建立“安全委员”制度，在班级、宿舍设立安全委员，负责日常安全提醒（如雨季防滑、假期离校报备）、收集安全隐患（如损坏的消火栓），形成“学校—学院—班级—宿舍”的四级联动机制。

（二）社会协同：链接外部资源拓展教育边界

社会资源能为大学生提供更贴近真实场景的安全技能培训，弥补校园教育的局限性。

1. 政府与公益组织联动

（1）公共安全体验馆。

多数城市设有应急安全体验馆、消防教育基地等，大学生可通过学校组织或自行预约，体验地铁火灾逃生、烟雾模拟、高空缓降等项目，学习专业机构的应急处理流程。

（2）公益培训项目。

参与红十字会、蓝天救援队等组织的公益培训，如“应急救援员认证课程”（包含野外迷路定位、洪水自救等技能）、“防性侵公益讲座”等。大学生参加部分培训后可获得国家认可的证书。

2. 专业机构与企业合作

（1）行业针对性培训。

针对实习、就业需求，高校可联合企业开展专项培训，如针对建筑专业学生培训工地安全防护（安全帽佩戴、高空作业规范），针对医学专业学生培训医疗纠纷防范、职业暴露处理（如针刺伤应急处理）等。

（2）商业安全服务。

大学生可选修付费技能课程（如格斗术、野外生存），或通过驾校、户外俱乐部等机构，学习交通安全（恶劣天气驾驶技巧）、露营安全（帐篷搭建选址、蛇虫防护）等实用技能。

3. 媒体与平台资源

（1）官方信息渠道。

大学生可关注“中华人民共和国应急管理部”“公安部刑侦局”等微信公众号，获取最新安全预警（如新型诈骗手法、极端天气预警）；观看纪录片《应急时刻》《火场英雄》，直观了解灾害应对案例。

（2）互动学习平台。

在慕课平台（如中国大学 MOOC）选修“网络安全素养”“家庭急救”等课程；通过“学习强国”的“安全知识”板块参与在线答题，巩固知识点。

（三）自我驱动：主动提升安全意识与技能

大学生的自主学习与实践是安全教育的延伸，需结合生活场景主动积累。

1. 针对性知识补充

（1）场景化学习。

结合生活需求学习细分领域知识，如租房时研究租房合同陷阱、合租安全注意事项等；旅行前查询目的地治安风险、自然灾害防范（如高原反应应对、台风天避险）等；网购时学习个人信息保护技巧（如虚拟手机号使用、快递单信息涂抹）。

（2）工具化储备。

保存实用信息（如学校保卫处电话、当地急救中心号码）；在手机安装安全类 App（如“国家反诈中心”App 拦截诈骗电话、“应急通”查询附近避难所）。

2. 实践中强化技能

（1）社团与活动参与。

加入校园应急救援社、安全协会，参与志愿活动（如大型赛事安保、社区消防宣传），在实践中运用技能；通过“三下乡”社会实践活动，学习农村地区安全知识（如防汛、农机安全）。

（2）日常场景演练。

定期检查宿舍安全（如充电器是否过载、门窗锁具是否完好）；与室友模拟“陌生人敲门应对流程”“突发疾病时的急救分工”，将救命技能转化为“肌肉记忆”。

（四）不同安全领域的重点培训方法

针对大学生高频面临的安全风险，高校应设计有针对性的培训内容。

安全领域	核心技能	培训方法
网络安全	识别钓鱼网站、保护账号密码	模拟钓鱼邮件点击测试、密码设置实训
人身安全	防身术、逃脱技巧	格斗术体验课、“陌生人搭讪”情景演练
消防安全	灭火器使用、火场逃生	实地灭火演练、烟雾通道逃生体验
心理健康安全	情绪调节、危机干预	团体心理辅导、“压力应对”工作坊
交通安全	骑行/驾驶规范、事故处理	交通违章案例分析、模拟驾驶体验

大学生安全教育需形成“学校筑基、社会拓展、自我深化”的立体网络，既通过课程与演练掌握基础技能，也借助社会资源与自主学习应对复杂场景，最终目标不仅是规避危险，更要培养风险预判能力与应急处置素养，为未来步入社会奠定安全基础。

五、大学生安全教育的政策法规

党和国家高度重视安全工作，为开展好大学生安全教育奠定了坚实基础，注入了强大动力，具有关键性和重要性。根据党和国家、各级党委、政府及教育行政部门出台的相关政策法规，大学生安全教育可梳理为以下六个方面。

（一）安全教育制度与课程建设

（1）基础性安全教育框架。

教育部关于学生安全教育与管理的规定明确要求将安全教育纳入学校常规工作，强调安全教育的常态化、制度化，并针对不同专业和年级特点设计教学内容。要求学校应根据环境、季节及有关规律进行防盗、防火、防病、防事故等方面的教育。

（2）国家安全与网络安全教育。

教育部要求将总体国家安全观融入课程体系，开设国家安全专题课程，并依托“全民国家安全教育日”等活动普及国家安全知识。开展“网络安全宣传周”，通过公开课、知识竞赛等形式提升学生网络安全意识和防护技能。

（二）心理健康与生命安全教育

（1）心理健康教育体系。

教育部要求高校按师生比不低于1∶4 000配备心理健康教育专职教师，并建立心理咨询室和社会支持网络。推动心理健康教育纳入必修课，结合案例教学提升学生心理调适能力。

（2）生命安全与应急能力培养。

高校应通过应急疏散演练、反恐防暴培训提升学生自救互救能力。

（三）安全标准与风险防控体系

（1）校园安全标准建设。

《高等学校消防安全管理规定》明确校园人防、物防、技防标准，要求建立安全风险清单和预警机制。推动建立校方责任险制度，完善校园安全认证体系，强化实验室、宿舍等重点区域管理。

（2）隐患排查与综合治理。

教育部会同公安部、国家消防救援局等部门开展“护校安园”专项行动，定期督查校园安全，整治周边治安乱点。

（四）法律法规与责任机制

（1）事故处理与责任划分。

《学生伤害事故处理办法》明确学校责任边界，规定学生擅自离校期间或假期等学校工作时间以外发生的事故的责任豁免情形。教育部等五部门《关于完善安全事故处理机制 维护学校教育教学秩序的意见》提出依法打击“校闹”，建立保险赔偿和纠纷调解机制。

（2）立法推进与地方实践。

教育部积极推动学校安全立法，研究学生伤害事故赔偿基金制度，完善校园欺凌防治机制。

（五）国家安全教育与意识形态引导

（1）国家安全意识培养。

将国家安全教育纳入国民教育体系，通过军事理论课、国防社团活动强化学生维护国家安全的使命感。

（2）网络舆情与意识形态管理。

加强网络行为规范，防范网络诈骗和不良信息传播，开展“开学反诈第一课”等专题活动。高校应建立舆情监测机制，通过新媒体平台传播正能量，维护校园网络清朗环境。

（六）应急管理与协同治理

（1）应急预案制定与演练。

高校应制定突发公共事件应急预案，定期组织火灾、地震等应急演练，提升快速响应能力，并结合军训开展应急防控演练。

（2）多部门协同机制。

建立教育、公安、卫健等部门联席会议制度，联合整治校园及周边环境。推动“家校社”共育，通过家长学校、社区心理服务站形成安全教育合力。

上述政策法规体现了从制度设计到实践落地的多层次框架，涵盖教育引导、风险防控、法律保障和应急管理四大核心领域。未来将进一步强化立法衔接、资源整合和技术创新，构建全域覆盖的学生安全防护体系。

从宏观层面来看，党和国家的重视为大学生安全教育提供了有力的政策保障与资源支持。一系列相关政策的出台与实施，明确了大学生安全教育的目标、内容与实施路径，促使高校将安全教育纳入日常教学与管理的重要环节，确保其常态化、规范化开展。在资源投入方面，无论是师资队伍的建设，还是安全教育教材、设施设备的配备，都因党和国家的关注而得到不断优化与完善，为大学生安全教育的高质量实施创造了良好的条件。

从教育内容与效果来看，党和国家对安全工作的强调，使大学生安全教育能够紧密结合时代发展与社会需求，涵盖国家安全、校园安全、网络安全、心理健康安全等全方位的内容。这有助于大学生树立总体国家安全观，深刻认识到自身安全与国家、社会安全的紧密联系，增强其在复杂多变的社会环境中识别风险、抵御风险的能力，培养他们的社会责任感与使命感，使其成为有担当、有安全素养的新时代青年。

从社会协同角度来看，党和国家的高度重视能够调动社会各界力量共同参与大学生安全教育工作。公安、消防、应急管理等相关部门与高校紧密合作，为大学生提供了专业、实用的安全知识与技能培训；社区、企业等社会力量也积极参与其中，通过开展各类安全教育活动、提供实践基地等方式，丰富了大学生安全教育的形式与内容，形成全方位、多层次的大学生安全教育网络，为大学生的安全成长保驾护航，确保他们在校园内外都能拥有安全、和谐、稳定的环境，从而更好地学习知识、增长才干，在全面建设社会主义现代化国家新征程上积蓄力量，同时也保障了高校乃至整个社会的和谐稳定与长远发展。

安全教育贯穿学业全程——从入学启蒙到职业发展，既是安全知识积淀、安全意识树立的过程，又是安全行为习惯养成的过程。它既是大学生实现自我教育、自我保护与健康成长的根本保障，也是高校维护校园稳定、履行育人职责的基石。扎实做好安全教育，是保障大学生顺利完成学业的重要支撑，是落实“立德树人”目标的直接体现，更是建设平安校园、促进社会和谐的必然要求。此项工作不仅深刻影响大学生的在校生活，更将对其未来发展产生长远影响。

项目一

强化自身防护　保障人财安全

任务一
防盗防抢

案例导读

某高校男生宿舍在6月连续发生多起笔记本电脑被窃案，学生损失多达3万余元。面对犯罪嫌疑人的连续作案，公安机关和学校安全保卫部门迅速组织力量侦查，犯罪嫌疑人在再次行窃时被当场抓获。经查，犯罪嫌疑人唐某系社会无业人员，他了解到大学生防范意识差，部分宿舍不锁门，于是产生了到高校宿舍偷电脑卖钱的想法。在其他高校屡次得手后，唐某的胆子越来越大，到处流窜作案。但法网恢恢，唐某最终受到法律的制裁。

一、防盗窃

（一）盗窃犯罪的概念及特点

盗窃犯罪是指以非法占有为目的，秘密窃取公私财物、数额较大或者多次盗窃公私财物的一种犯罪行为。秘密窃取是指在未得到他人许可的情况下，行为人抱着自以为不会被他人及时发觉或者及时维护的心理取得财物的行为。盗窃指向的财物一般是有形的，也包括具有经济价值的某些无形物，如QQ账号、重要技术成果等。据调查，盗窃案在高校各类案件中所占比重最大，约占70%。

学校盗窃案件具有一般盗窃案件的共同点：作案人员实施盗窃前有预谋准备，会熟悉环境；盗窃现场通常遗留指纹、脚印、物证等；盗窃手段和方法常带有习惯性；有被盗窃的赃款、赃物可查。学校盗窃案件因作案主体和场所的特殊性，还具有以下一些特点。

1. 时间选择性

作案人员一般会选择作案地点无人的空隙实施盗窃行为。从大学生每天学习、生活的作息规律来看，宿舍被盗案件大多发生在大学生上午上课时间，因为在这段时间，绝大多数大学生都会在教室上课，作案人员容易得手。从时间来看，夏季宿舍盗窃事件比较多发，因为天气炎热，很多大学生习惯于开门睡觉，容易发生盗窃事件。从学期来看，刚开学、临近放假、毕业生离校、周末、节假日、寒暑假期间也是盗窃案件的多发时段。

2. 信息准确性

作案人员对贵重物品常放之处、有没有锁在箱子中或柜子里、钥匙放在何处等都比较了解，所以一旦动手，就十分有把握，很容易得手。

3. 技术智能性

高校中盗窃案件的作案分子有的就是大学生。他们利用高科技手段进行盗窃，如利用网络黑客技术窃取他人财产信息，或者利用高科技工具破解防盗系统等。

4. 作案连续性

由于作案人员第一次作案就很容易得手，因此会产生侥幸心理，加之报案的滞后性或破案的延迟性，作案人员极易屡次作案。

5. 案件类型集中性

从作案主体来看，高校盗窃案有外盗（作案分子为校外社会人员）、内盗（作案分子为学校内部人员）、内外勾结盗窃（学校内部人员与校外社会人员相互勾结在学校内实施盗窃）三种类型。其中内盗案件占比超过50%。

（二）常见校园盗窃案件的行窃方式

1. 顺手牵羊

作案人员在学生宿舍、图书馆和食堂等公共场所游荡，见财起意，趁大学生不备迅速把钱物拿走，占为己有。

2. 乘虚而入

作案人员以找人、推销为名，趁宿舍无人入室行窃。这类盗窃者要比“顺手牵羊”者更狡猾，其胃口也比“顺手牵羊”者大，不管是现金、信用卡还是贵重物品，只要让他看到，就会一同被盗走。

3. 窗外“钓鱼”

作案人员站在窗外用工具将室内财物盗走。有的作案人员甚至不会弄坏纱窗。如果住在一楼或其他楼层靠近窗户的大学生缺乏警惕性，就容易让作案人员得逞。

4. 翻窗入室

作案人员攀越没有牢固防范设施的窗户、气窗等入室行窃。入室窃得值钱财物后，作案人员会堂而皇之地从大门离去，因此有时不易被发现。

5. 撬门扭锁

作案人员趁大学生上课之际，利用各种工具撬门锁后入室行窃。

6. 偷配钥匙

当事人随手乱丢的钥匙被作案人员获得，作案人员偷配好钥匙，趁当事人不在宿舍时打开当事人房间的锁，包括门锁、抽屉锁、箱子上的锁，从而盗走现金、贵重物品等。这类作案人员大多与当事人比较熟悉。

（三）学生宿舍防盗

1. 防范措施

（1）人防。

第一，对形迹可疑的人保持警惕。如果楼道内出现东张西望的人，大学生应及时向宿舍管理员报告。

第二，遇到进宿舍推销小商品的人员，大学生应马上通知宿舍管理员或学校安全保卫部门来对其处理。事实证明，一些推销人员在溜门窜室过程中，一旦发现宿舍无人，便顺手牵羊，盗窃财物。因此，大学生对进宿舍推销人员切不可掉以轻心、麻痹大意。

第三，遵守宿舍管理规定，不留宿外来人员。大学生文明礼貌、热情好客是好事，但不能只讲义气、感情，不讲原则、纪律。如果大学生违反学校宿舍管理规定，随便留宿不知底细的人，丧失警惕，就等于引狼入室，后悔莫及，这种教训是惨痛的。

第四，养成随手锁门的习惯。最后一个离开宿舍的大学生，即使是去隔壁或附近的宿舍玩，也一定要锁好门，以防他人入室盗窃。

第五，发现可疑人员时要提高警惕，加以询问，必要时大声呼唤同学或宿舍管理员，或拨打 110 报警电话。

第六，保管好自己的钥匙，不要轻易借给他人。

（2）物防。

第一，妥善保管好现金、银行卡等物品。保管现金的最好办法是将其存入银行，千万不要在宿舍和身上保留大量的现金。

第二，将贵重物品放置在带锁的抽屉、橱柜等安全、隐蔽的地方，不要随便放在桌上、床上。寒暑假期间应将贵重物品带走，或委托可靠的人保管。

第三，银行卡和存折要及时修改密码，切记密码不宜选用出生日期、学号等容易让人猜到的数字，不要将银行卡和存折与身份证、学生证等证件共同存放，丢失后要立即挂失。银行卡的卡号最好单独记在一个本子上，以防卡丢失后到银行挂失时因没有卡号而带来一些不必要的烦琐手续。

第四，妥善保管校园卡，最好随时携带。大学生在参加体育锻炼等活动需要更换运动服时，应将校园卡锁在橱柜中，保管好自己的钥匙，切忌乱扔乱放。一旦发现校园卡被盗或丢失，大学生应立即挂失，尽量减少损失。

2. 应对办法

（1）门窗被打开、室内物品被翻得比较乱，这是室内发生盗窃的明显标志。遇到这种情况时，大学生一定要保持头脑清醒，不要急于到室内查找自己的物品。首先，要保护好不法分子留下的现场，任何人都不要进入室内，以便公安人员在现场提取不法分子留下的痕迹和物证。其次，要马上报告学校安全保卫部门或公安机关，请相关人员来现场调查了解。

安全讲堂

《普通高等学校学生管理规定》第四十八条

（2）发现嫌疑人时，大学生应向同学发出警报，组织堵截，力争捉拿，共同制服。若不能制服，应记住嫌疑人的体态特征、衣着、逃跑方向等，见机行事，尽快与宿舍管理员和安全保卫部门联系。

（3）配合调查，实事求是地回答公安机关和学校安全保卫部门人员提出的问题。大学生应积极主动地提供线索，不得隐瞒情况不报。公安机关和学校安全保卫部门有义务、有责任为提供情况的大学生保密。

（4）如果发现银行卡丢失，大学生应立即到银行挂失。平时丢失贵重物品时，大学生也要及时向学校安全保卫部门报告，讲明丢失或被盗情况及物品的特征，提供线索。

（四）校园公共场所防盗

1. 防范措施

不要让书包成为“小金库”。书包内除了放必要的书籍和学习用品外，不要存放现金、银行卡、手机、平板电脑等贵重物品以及身份证、学生证等。

2. 应对办法

（1）在教室或图书馆自修、学习的大学生应保管好自己的贵重物品，不要让其离开视线。确实需要离开时，应委托同学或熟人代为看管。如果教室里没有认识的人，必须将自己的贵重物品随身携带。

（2）到图书馆存包时，包内不要放置现金、手机等贵重物品，以免造成不必要的损失。

（3）尽量不要将贵重物品带进运动场所，如确实需要带入，切勿将物品随意放置，应指定专人保管，防止被盗。

（4）到食堂就餐时，不要用书包占座位，不要将手机、钱包等贵重物品放在外套的口袋内；排队时将自己的包背在胸前，不要给小偷以可乘之机。

（5）在食堂、图书馆、运动场馆等公共场所，保管好随身携带的挎包、衣物等。

（6）在发现财物被盗后，应及时向学校安全保卫部门或者公安机关报案，以便这些部门及时采取措施，追查犯罪嫌疑人。

析案明理

某高校三名学生王某、赵某、孙某下课后到学校食堂就餐，将书包放到餐桌椅上占位之后去买饭菜，回来后发现书包不见了，书包里有手机、钱包、银行卡等。后来小偷在校外销赃时被公安人员抓获。经审查，该名小偷20岁，无业，经常装扮成学生模样，混进附近高校餐厅、图书馆、体育场、自习室等场所，伺机拎包并偷盗自行车、电动车等，屡屡得手。最终偷盗者受到治安管理处罚。

除学生宿舍外，教学楼、图书馆、体育场、餐厅等校园公共场所发生的盗窃案件也比较多。大学校园里，教学楼、图书馆、体育场、餐厅等众多公共场所中，人多复杂，大学生稍有不慎，极易发生被盗事件。如有些大学生在餐厅就餐时，为了抢占座位，将自己的物品（书包、书等）放在座位上，然后去排队买饭，回来后，物品已不见踪影。类似的情况还有：大学生在图书馆看书时，上厕所回来后发现放在桌子上的笔记本电脑不见了。这些案件是在公共场所犯罪分子趁大学生不注意而发生的，之所以能够屡屡得手，不是因为学校没有防范措施，更不是因为犯罪分子作案的手段多么高明，而是因为当事人丧失了应有的警惕，被犯罪分子顺手牵羊。

（五）旅途防盗

1. 旅途中切忌携带大量现金

大学生应该使用银行卡存、取款。如果大学生确实需要携带现金，可分散存放，将随时需要用的小额现金放在取用方便的外衣兜里，将大额现金放在贴身之处。

2. 不要将钱包放在身后裤兜里

大学生带包出门时，不要将钱和贵重物品置于包的底部和边缘，以防被窃；人多拥挤时，大学生应将包置于胸腹部；任何时候都要做到包不离身或不能脱离视线，以免因疏忽而被人拎走或调包。

3. 乘坐交通工具时注意行李物品

大学生乘坐火车、汽车等交通工具时，应将行李物品放在视线之内的行李架上，并随时观察，特别是在到站前，上下旅客人多拥挤时，更要注意自己的行李；睡觉时，要把钱包放在妥善之处，如放在衣服内袋中。大学生在夏天乘坐普速火车或者汽车时，不要将包放在离车窗很近的地方。因为夏天的车窗往往开着，当车停靠时，窗外的人很容易顺手牵羊把包偷走。

4. 警惕身边的陌生人

大学生应避免接受陌生人馈赠的饮料和食品，因为其中可能有麻醉药品。旅途中不要与新结识的人谈及与钱有关的话题，不要泄露个人详细信息。

析案明理

大一新生张某携旅行包在火车站候车室边与父亲用家乡话边闲聊边候车，他将去某高校报到。这时，一个穿着得体的中年人主动过来用家乡话与他们父子打招呼，该中年人拎着一个同样款式、颜色的旅行包。交谈中，该中年男子声称与他们是老乡，且自己在高校所在地某单位工作，并留下电话，希望多加联系。火车上，张某与该中年男子一路相谈甚欢。到校后，在缴费现场，张某父子发现手上的旅行包（包里装有7 000余元的学费、生活费和生活用品）并不是自己的包，于是猜想有可能是下车时老乡拿错了，赶紧拨打电话，却发现是空号，再打电话查询对方单位，得知根本没有此人。此时，父子俩才恍然大悟，确信自己被人调包了。

大学生由于涉世不深、社会经验不足、明辨是非能力弱，在旅途中时常会被不法分子盯上而导致财物受损，影响正常的学习和生活。旅途中防盗格外重要，大学生要提高警惕，增强防范意识。上述案例中，大学生因在旅途中一时大意而造成旅行包被盗，张某父子过于轻信对方，完全丧失了应有的戒备心理，导致行李被人调包而未察觉。所以，在旅途中，大学生一定要时刻保持警惕之心，切勿随便搭理陌生人。

二、防抢劫（夺）

（一）抢劫（夺）犯罪特征

抢劫犯罪是指以非法占有为目的，以暴力、胁迫或者其他手段施行的将公私财物据为己有的一种犯罪行为。抢夺犯罪是以非法占有为目的，乘人不备，公然夺取他人财物的一种犯罪行为。这两类犯罪行为都会侵害他人的人身权利和财产权利，且容易转化为凶杀、伤害、强奸等恶性案件，极具社会危害性。抢劫（夺）犯罪的特征表现在以下几个方面：

1. 时间上的规律性

抢劫（夺）案件一般发生在校园行人稀少、夜深人静及学校开学之时，特别是在新生报到人员混杂其中时。

2. 地点上的隐蔽性

作案人员一般会选择校园内比较偏僻、阴暗、人少的地带，如树林中、小山上、操场边和地下车库等；或校园周边地形复杂、夜间无路灯的地段，如正在兴建的建筑物内。

3. 目标上的选择性

容易受害的对象多为穿着时髦、携带贵重财物、单独行走及在少人区域谈恋爱的大学生情侣等。

4. 人员上的团伙性

作案人员一般为校内或学校附近有劣迹的小青年，熟悉校园环境，往往结伙作案；作案时胆大妄为，作案后快速逃窜。有时也有外地流窜人员伺机作案。

析案明理

某高校大四女生小李从老家乘火车返回学校，因火车到达车站时为晚上 12 点，她觉得此时回校不安全，就在候车室等候，准备第二天再回学校。小李在候车室休息期间遇到了一名中年男子，在该男子热情、主动的要求下，两人开始聊天，一直聊到第二天凌晨 5 时左右。在小李准备回学校时，该男子提出愿意陪其一起走，于是两人一起出了火车站。当走到一僻静处时，该男子对小李实施抢劫，抢走了手机一部、现金 1 000 多元。后经公安机关全力侦查，20 多天后犯罪嫌疑人被抓获。

上述案例中的小李是因为被陌生人的热情、主动迷惑而遭遇抢劫的。大学生在外不要随便交友，不要被对方的“热情”迷惑。

（二）抢劫（夺）犯罪的法律责任

《中华人民共和国刑法》（以下简称《刑法》）第二百六十三条规定：以暴力、胁迫或者其他方法抢劫公私财物的，处三年以上十年以下有期徒刑，并处罚金；有下列情形之一的，处十年以上有期徒刑、无期徒刑或者死刑，并处罚金或者没收财产。

（1）入户抢劫的；

（2）在公共交通工具上抢劫的；

（3）抢劫银行或者其他金融机构的；

（4）多次抢劫或者抢劫数额巨大的；

（5）抢劫致人重伤、死亡的；

（6）冒充军警人员抢劫的；

（7）持枪抢劫的；

（8）抢劫军用物资或者抢险、救灾、救济物资的。

《刑法》第二百六十九条规定：犯盗窃、诈骗、抢夺罪，为窝藏赃物、抗拒抓捕或者毁灭罪证而当场使用暴力或者以暴力相威胁的，依照《刑法》第二百六十三条的规定定罪处罚。第二百六十七条规定：携带凶器抢夺的，依照《刑法》第二百六十三条的规定定罪处罚。

（三）校园内防抢劫（夺）

近年来，大学校园抢劫（夺）案件时有发生，大学生的人身与财产安全遭遇严重威胁。全面了解和掌握防劫（夺）技巧，对维护大学生的正当权益、保护人身与财产安全有着重要的意义。校园防抢，刻不容缓。

析案明理

某晚11时许，某高校男生李某和女友王某坐在学校山上一偏僻处，突然从林中窜出三名男子，其中一名男子手持尖刀抵住李某的后背，威胁他们不许喊叫，另两名男子将李某和王某身上的800多元现金、手机等财物洗劫一空。三名男子得手后分开逃窜。李某、王某立即大喊“抢劫”“救命”，被在附近巡逻的校安全保卫队员听到，三名犯罪嫌疑人被迅速抓获。

上述案例中，李某、王某之所以被劫，是因为他们缺乏安全防范意识，夜深时跑到偏僻的山上，幸亏校安全保卫队员及时将犯罪嫌疑人抓获，才使财物失而复得。大学生要明白：可以独处的地段往往也是少有人能提供帮助之处。

1. 防范措施

（1）深夜时大学生应避免单独外出，特别是女生。外出时最好结伴而行，或者携带合法防身工具。

（2）夜间外出时，大学生应尽量向人多、有灯光的地方走；发现可疑人员跟踪时，不要害怕，可以大声呼叫同学、老师的名字。

（3）不要外露或向他人炫耀随身携带的贵重物品，外出时不要携带过多现金和贵重物品，必须携带时，应请同学随行。

（4）夜间单独行走时不要显露过于胆怯的神情。

（5）不要独自到行人稀少、阴暗、偏僻的地方逗留。

（6）最好靠马路内侧右行，将包斜挎在右边。两人同行时，将包提在两人中间比较安全。

2. 应对办法

（1）沉着冷静不恐慌。无论何时遭到抢劫，大学生首先要保持镇定，克服畏惧、恐慌等情绪；其次要有正义必然战胜邪恶的信念。只有这样，才能从精神和心理上压倒对方，继而战胜对手。

（2）力量悬殊不蛮干。不法分子抢劫（夺）作案时，一般都做了相应准备，要么人多势众，要么以凶器相逼，有的大学生由于性情刚烈，往往鲁莽行事，易被不法分子伤害。

（3）快速撤离不犹豫。如果大学生遭遇抢劫（夺），要快速对比双方力量，感到无法抗衡时要看准时机向有灯光或人员集中的地方快速奔跑，此时不法分子由于心虚，一般不会穷追不舍，从而可以有效避免抢劫（夺）的发生。

（4）巧妙周旋不畏缩。当大学生已处于不法分子的控制之下无法反抗时，可先交出部分财物以缓和气氛，再理直气壮地向不法分子进行法治宣传或晓以利害，造成其因心理上的恐慌而中止作案，或在其心理开始动摇、放松警惕时，看准机会反抗或逃脱。

（5）留下印记不放过。大学生遭遇抢劫（夺）时，要注意观察作案人员，尽量准确记下其特征，如身高、年龄、发型、体态、衣着、胡须、特殊疤痕、语言及行为等，还可趁其不注意在作案人员身上留下暗记，如在衣服上擦血迹，从而为公安机关侦破案件提供线索。

（6）大声呼叫不胆怯。不法分子有其胆大妄为和凶悍的一面，更有其心虚的一面，只要大学生把握机会，及时呼救，一些抢劫（夺）案件便可以得到有效的控制。

（四）校园外防抢劫（夺）

（1）独自出行安全。大学生独自一人外出时，要妥善保管自己的随身物品，提高警惕，留意是否有可疑人员跟踪；若到偏僻场所，最好结伴而行。只要周围有人，就要大声呼救，或故意高声与作案人员说话。

（2）防止飞车抢劫。夜间行走时不要边走边打电话，骑自行车时不要将手提包放在车篓里。

（3）防止色情抢劫。当大学生遇到陌生人引诱或是请自己到娱乐场所玩耍时，切勿跟去。

（4）防止麻醉抢劫。大学生外出时，不要轻易和陌生人交谈，不能饮用陌生人提供的饮料、吃陌生人的食物。

（5）银行取款防抢。到银行存取款时，大学生要注意观察周围有无可疑人员尾随；存取大额现金时最好约同学陪伴；遇有紧急情况时应向路人求救或拨打110报警电话。

析案明理

某日深夜，某高校学生彭某回学校时，在学校南门外被四名男子拦住去路。他们说："我们老大是不是被你打了？走，跟我们回去说清楚。"彭某辩称根本不知道对方老大是何人，但被四人强行拖上停在路边的一辆面包车，劫持至某河边。四名男子逼迫彭某交出随身携带的手机、银行卡等物，并逼迫其说出银行卡密码，随后取走其卡内的4 000余元。为防止彭某报警，劫匪还逼其脱光衣服，将赤身裸体的彭某丢在河边扬长而去。

相对而言，大学生校园外遭遇抢劫（夺）时，可防、可控的程度较低。因此，了解和掌握一些必要的防抢（夺）技巧，对于保障大学生的人身与财产安全具有更现实的意义。案例中，犯罪嫌疑人先盯上彭某，然后随口编造一个谎言，将其带入偏僻地带，实施抢劫。大学生出门在外时，一定要保持高度的警惕性，遇到类似谎言、骗局时，切不可随陌生人进入偏僻地带，应该向周围人大声呼救。

课后实践

一、实践任务

完成一份防盗防抢安全分析报告。

二、实践目的

增强财产安全意识，了解保障自己财产安全的常识。

三、实践要求

(1) 教师讲解防盗防抢知识。

(2) 学生搜集网络或身边发生的被盗、被抢的案例，分析各案件发生的原因及给予的警示，围绕今后如何避免被盗、被抢等问题进行阐述和说明，最后分小组完成一份防盗防抢安全分析报告。

(3) 各小组在班会上进行分享、交流。

任务二
防诈防骗

案例导读

某高校新生入校期间，校安全保卫部门在新生宿舍抓获一个三人诈骗团伙。三人乘新生入校不熟悉情况之机，携带收音机、计算器、绘图尺等物品冒充学校老师窜入新生宿舍，声称这些物品是学生在校学习期间的必备用品，并以每套100元的价格向新生销售。实际上，三人所携商品是劣质产品，市场价格每套仅28元。当三人被抓获时，已有30余名新生受骗，骗子已获利2 000余元。

近年来，以大学生为对象的诈骗案件逐年上升。作案人员主要利用大学生热情善良、思想开放、乐于助人的特点，巧妙地接近他们，抓住大学生思想单纯、阅历浅薄、辨别是非能力差的弱点，骗取他们的信任和好感，驱使一些大学生言听计从，毫不迟疑地拿出钱来，甚至失财失身，教训极为惨痛。

一、防诈骗

(一) 诈骗犯罪的概念及特征

诈骗犯罪是指以非法占有为目的，使用虚构事实或者隐瞒真相的方法，骗取款额较大的公私财物的一种犯罪行为。在犯罪形式上，诈骗分子多以编造虚假情况或隐瞒事实真相的方式，诱使受害人陷于一种错误认识，信以为真，“自愿地”将财物交予诈骗分子。

通常而言，以下几种心理容易被诈骗分子利用：(1) 虚荣心理；(2) 幼稚、不做分析的同情及怜悯心理；（3）占小便宜的心理；（4）轻率、轻信、麻痹、缺乏责任感的心理；（5）贪图美色、想入非非的不良心理；（6）易受暗示、易受诱惑的心理。

（二）常见诈骗方式

1. 对新生实施诈骗

新生刚入校，经历了从中学到大学的学习，与社会少有接触，缺乏经验，加之思想单纯、分辨力弱、多不设防，很容易相信他人，遇人遇事，不深究、不细想，难辨真假。他们对于事物的分析多停留在表面上，从而使诈骗分子有机可乘。常见的诈骗方式有以下几种。

（1）以调查、报名等形式收集大学生及其家人、同学信息资料后，采取各种手段对大学生及其家人进行诈骗。

（2）以求助为名主动与大学生攀谈、骗取大学生信任后伺机行骗。诈骗分子多以走失或丢失财物的学生、灾区群众、落难者等名义寻求帮助，进行诈骗。一些诈骗分子以“借用银行卡打钱”等名义进行诈骗。诈骗分子多选择新入校学生作为目标，他们先以大学生身份取得受害人信任，再取得对方同情，然后实施诈骗。

（3）假冒大学生，以借钱为名，用假身份证、假姓名写借条进行诈骗。

（4）冒充学校某一部门的人员到新生宿舍推销某类产品，以要求先交定金且最后能退钱等方式进行诈骗。

2. 以小利取信进行诈骗

诈骗分子首先向受害人投以小利，以激发受害人的兴趣，进而提出获得更大利益的办法，使受害人在利益的驱使下，一步步进入设置好的圈套。一些大学生往往为诈骗分子的“好处”所吸引，自认为是用最小的代价获得了最大的利益，结果便宜没占着却吃了大亏。

3. 求职诈骗

为了丰富自己的社会实践经验和缓解经济压力，许多在校大学生选择各种兼职工作。但有些大学生求职心切，思想单纯，缺乏经验，安全防范意识较差，在求职过程中轻信中介。诈骗分子利用大学生急于找到兼职、家教的心理，以招钟点工、介绍兼职和家教等名义进行诈骗。轻者造成财产损失，重者导致失去人身自由，落入他人设下的陷阱，人财两空。

4. 电信诈骗

电信诈骗是指诈骗分子通过电话、网络和短信等方式，编造虚假信息，设置骗局，对受害人实施远程、非接触式诈骗，诱使受害人给诈骗分子打款或转账的犯罪行为。电信诈骗的特点是发展迅速，侵害面大，骗术花样多、翻新快，团伙作案，隐蔽性强。

（三）不良校园贷

1. 不良校园贷的类型

（1）高利贷。根据最高人民法院的规定，借贷双方约定的利率未超过合同成立时一年期贷款市场报价利率（LPR）四倍的，出借人请求借款人按照合同约定利率支付利息的，人民法院应予支持；若借贷双方约定的利率超过合同成立时一年期贷款市场报价利率四倍的，则认定为高利贷，不予支持。一些不良借贷平台以超低息假象诱骗学生借款，在利滚利的情况下，再加上平台服务费，借贷成为超高息贷款，若再加上缴纳的滞纳金，则变为非法高利贷。

（2）多头贷。大学生从多个校园贷平台进行贷款，形成一种“以贷还债”式的多头贷。多头贷的问题不仅在于一些校园贷平台不正规，更在于大学生从多个校园贷平台进行贷款将直接导致巨额还款压力。

（3）传销贷。不法分子借助校园贷款平台招募大学生作为校园代理，并要求这些校园代理发展学生下线以逐级敛财。判断传销的三个标准：是否需要上交会费，是否让发展下线，是否进行逐级提成。卷入传销贷的大学生既是受害人又是作案人，他们中的大多数人是因为并不知情和利益驱使而被不法分子利用。

（4）刷单贷。这是不法分子利用大学生求职心切的心理，以贷款购物刷单获取佣金为名义进行的新型诈骗。不法分子以帮“刷单”买手机返佣金为诱惑，骗取大学生“刷单”购手机，在大学生成功分期购买手机后，实际使用方拒不分期付款并消失。此种诈骗方式与以往刷单兼职诈骗方式如出一辙。

（5）裸条贷。这是不法分子通过要挟借贷者以裸照或不雅视频作为贷款抵押证据的行为。裸条贷往往给借贷者造成心理上的压力，致使借贷者不堪其扰而采取极端行为。

（6）培训贷。不法分子以参加培训需交“培训课程费”为由，诱骗大学生参加“即分期”贷款。打着“金融创新”旗号的“培训贷”实为“校园贷”的新变种，实为不法分子通过虚假宣传方式诱骗学生参加贷款缴费。

析案明理

为了应付日常的高额消费，大学生小刘通过校园贷借钱供自己和男友花销，结果陷入泥潭。小刘借来的本金不到 5 万元，欠款却像滚雪球一样越滚越大，最终本息合计高达 50 多万元。由于还不起钱，小刘的裸照在网上被曝光，家人也被催债电话骚扰。

大学生小飞也陷入校园贷的陷阱中不能自拔。因为觉得请同学吃饭很有面子，小飞先后在借款平台借了 2 万元用于消费，贷款总额因为“利滚利”而达到 20 万元。因为担心被家人发现，所以小飞只好采取“拆东墙补西墙”的方式。他起初在借款平台到处借钱，后来发展为向借贷公司借钱。

不法分子在涉嫌实施犯罪时，通常以利诱方式寻找目标，通过签署翻倍还款借条、制造虚假银行流水、制造逾期、认定违约等套路，一步步地让受害人深陷其中。

2. 不良校园贷的防范和应对

（1）不贪图小便宜。大学生要明白贪小便宜吃大亏的道理。

（2）不随意出借身份证明。大学生遇到借身份证贷款的要求时，应直接拒绝，不要答应。

（3）理性消费。大学生不要追求高消费，不要总是追求一些超出自身消费能力的东西。

（4）正规贷款。如果确实需要贷款，大学生应该去正规的银行办理手续。

（5）一旦陷入不良校园贷，大学生要及时向学校或家人求助。

3. 有关借贷的法律依据

（1）《中华人民共和国民法典》第六百七十九条规定：自然人之间的借款合同，自贷款人提供借款时成立。

（2）《最高人民法院关于审理民间借贷案件适用法律若干问题的规定》第二十五条规定：出借人请求借款人按照合同约定利率支付利息的，人民法院应予支持，但是双方约定的利率超过合同成立时一年期贷款市场报价利率四倍的除外。

《中华人民共和国民法典》第六百八十条规定：禁止高利放贷，借款的利率不得违反国家有关规定。借款合同对支付利息没有约定的，视为没有利息。借款合同对支付利息约定不明确，当事人不能达成补充协议的，按照当地或者当事人的交易方式、交易习惯、市场利率等因素确定利息；自然人之间借款的，视为没有利息。

（四）谨防诈骗

新生入学报到时千万要注意，谨防外人冒充老师、同学等以到宿舍推销为名义进行诈骗，如遇类似情况，一概不要相信，要及时报告宿舍管理员和学校安全保卫部门。下面几点请牢记。

（1）不要将个人信息资料、信用卡密码等轻易告诉别人或借给他人使用，防止被人利用。

（2）在提倡助人为乐、奉献爱心的同时，要提高警惕，尤其不可轻信陌生人，并轻易将钱物借出。

（3）不要轻信张贴广告、求职应聘等信息。

（4）交友要谨慎，避免以情感代替理智。

（5）发现可疑情形时或采取关闭手机等避险措施前，应告知父母、辅导员。

（6）在日常生活中，要做到不贪图便宜，不谋取私利。

（7）上当受骗后要及时报案、大胆揭发，使不法分子受到应有的法律制裁。

（五）忌贪小便宜

1. 警惕飞来“横财”

大学生面对陌生人许诺的利益时，要深思和调查。要知道，天上不会掉馅饼，大学生应克服贪小便宜的心理，对突然而来的“好处”不要头脑发热、欣喜若狂。最好的防范就是冷静，多问为什么，三思而后行。

2. 了解行骗的过程

诈骗分子行骗的过程可分为两个阶段：一是博得对方信任，二是骗取对方财物。对于诈骗分子和受害人来说，第一阶段是最重要的阶段，也是诈骗分子行为表现得最为突出的阶段。虽然行骗手段多种多样，但是大学生只要树立较强的反诈骗意识，克服贪小便宜的心理，保持应有的清醒，做到三思而后行，绝大多数情况下是可以避免上当受骗的。

3. 购买商品时要注意

（1）贵重物品应到正规商店购买，并保存好发票。

（2）不要购买来历不明或无正规发票的物品。

（3）明显低于市场价格的商品多半是赃物或伪劣产品，不要轻信，切勿购买。

析案明理

大学生王某和张某在市区某商业街逛街，一名男青年手持一款新手机搭讪道："同学，需要华为手机吗？因为我很需要钱，所以才卖手机。价格优惠，3 000 元卖给你。"王某正想买这款华为手机，但是因家境不富裕而未买。于是他接过手机看了看，确认是一部新手机，便问是否有发票。男青年说发票丢了。王某一听心里一惊，知道手机来路不正，非盗即抢，于是决定压低价格购买，最后讨价还价，以 2 500 元成交。后来，他因为购买赃物而被处以行政处罚。

案例中，王某因贪图便宜购买赃物，本身就是一种违法行为，导致自己损失钱财，懊悔不已。因贪图便宜，以低价购买手机、电脑、照相机等贵重物品的事件在大学生中较为常见，大学生应该提高警惕，引以为戒。

（六）慎重对待网络购物

1. 网络链接要安全

大学生应选择在正规网站购物，不要登录非正规购物网站或点击聊天过程中对方发送的购物链接。在提交任何敏感信息或私人信息，尤其是信用卡账号之前，大学生一定要确认数据已经加密，并且是通过安全链接传输的。正规购物网站不会向客户索取密码。

2. 保护密码

大学生不要使用任何容易破解的信息作为密码，如生日、电话号码等。密码最好是一串比较独特的组合，如包含数字、字母或其他符号的组合。

3. 保护隐私

大学生应仔细阅读电子商务公司的隐私保护条款，这些条款中对收集的信息及其将被如何使用有详细说明。大学生应尽量不暴露私人信息，填写在线表格时要格外小心，不是必填的信息不要主动提供。切勿透露家人的姓名，有人可能会使用它来非法窃取你的账号。

4. 使用安全支付方式

大学生应使用安全的第三方支付平台进行购物支付，不要在非银行官方网页里输入自己的银行卡号、客户名及支付密码等相关私人信息，不要将手机验证码告诉陌生人。

5. 注意保留消费记录

一旦发现有不明的支出款项，大学生应立即联系发卡银行，查实情况。

6. 要及时撕掉快递单

快递单上有买家的信息，为了防止信息的泄露，大学生一定要及时撕掉快递单。

安全讲堂

公安机关对收购赃物的处罚

7. 沉着冷静应对

当遇到网站诈骗行为时，大学生应立即报警，以便警方及时制定对策，打击非法经营活动，规范网络市场秩序。

（七）提防中介骗局

1. 从正规渠道获取兼职信息

大学生可以通过学校勤工助学中心推荐，老师、同学、熟人介绍，或者通过有资质、正规的中介来寻找合适的兼职工作。

2. 不要轻信路边招聘信息和广告

大学生在实习、就业时，可以通过学校与企业合作开展的招聘会选择合适的单位。

3. 充分了解委托中介机构信息

大学生委托中介机构求职前，应先查看该机构是否有市场监管部门颁发的营业执照和劳动保障行政部门颁发的职业介绍许可证原件，办公地址是否与证件一致；同时，还可通过观察公司户外招牌、办公设备、办公人员工作状态等方面来判断是否可信。

4. 不要轻易掏钱

大学生切勿轻易交钱给中介机构或用人单位。大学生应多咨询情况，一问三不知、急着收钱的单位多半是“黑中介”“黑企业”。大学生最好通过学校学工处或者有兼职经验的同学、朋友介绍工作。大学生在通过校外中介寻找工作时，如果对方提出收取服装费、押金，或以其他方式变相收钱的，很可能是骗局。大学生在网上寻找兼职工作时更要格外小心，如遇要求汇钱交保证金，千万不能相信，必要时及时报警。

5. 拒绝高薪诱惑

越是“高薪急聘”的岗位，越要小心。高薪虽然诱人，但是一定要衡量，看自己是否能为用人单位创造较大效益，是否具备“高薪”岗位所需的条件。若答案是否定的，大学生要自警自省：“为什么他们会录用我?”多长一个心眼便减小一分受骗的可能性。

析案明理

黄某是某大学大二学生。5 月 5 日，她登录了一个名为“××助学中心”网站想找一份兼职。该网站称只要是女大学生，注册交费以后，便可为其提供长期中介服务。黄某通过银行汇了 20 元建档费和 100 元报名费，满以为可以如愿以偿找到一份满意的兼职。可是 7 月 9 日她再次登录“××助学中心”网站查询结果时，该网站却怎么也打不开。她疑惑不解，一位同学告诉她，网络中介诈骗的案件时有发生，这些网站的主要目标就是缺乏经验的大学生。一旦报名人数达到一定数量，这些网站就会“消失”。这时，黄某才知道自己轻信了网络骗子。

为了丰富自己的社会实践经验和缓解经济压力，许多在校大学生会选择各种兼职工作，但有些大学生在求职过程中，因求职心切、思想单纯、缺乏经验、安全防范意识较弱，从而掉进了骗子的圈套。案例中的大学生轻信网络中介，盲从坏人，造成财产损失。大学生在求职过程中应小心谨慎，以防落入他人设下的陷阱，造成人财两空。

（八）不轻信各种短信通知

公安机关破获的大量诈骗案件有一个共同的规律，诈骗分子说出的一万个理由中，无论如何花言巧语，无论手法如何翻新，最后都要落到一个点上，就是诈骗分子索要受害人的银行卡、密码和账号，向受害人要钱。所以，在日常学习和生活中，千万不要轻信任何来历不明的电话、短信；千万不要轻易透露自己的身份和银行卡的信息；千万不要按照电话中陌生人的话到自动取款机进行任何操作，如有疑问，应及时到银行柜台、客服中心或公安机关咨询核实。

安全讲堂

与诈骗有关的法律法规

析案明理

小冯是某大学大一新生，刚到上海，就被诈骗短信骗走了 3 000 元。“一天我突然接到了一条短信，说系统正在维修，要求我关机一天。我见短信说得一本正经就关了手机，也想不到关了手机人家还能骗我钱。”小冯说。第二天，小冯接到了家里的急电，询问他是否在医院、医药费是否够用。“当时我很吃惊，我没有生病，也没有向家里打过什么电话。但是家里告诉我，昨天有人打电话到老家，说我出了车祸，正在医院抢救，要我爸马上汇 3 000 元到某个账号，而我家人打我手机又打不通，于是就信以为真了。”

电信诈骗是指诈骗分子通过电话、网络和短信等方式，编造虚假信息，设置骗局，对受害人实施远程、非接触式诈骗，诱使受害人给诈骗分子打款或转账的犯罪行为。电信诈骗的特点是发展迅速，侵害面大，骗术花样多、翻新快，团伙作案，隐蔽性强。案例中，小冯轻信短信通知，关掉手机，中断通信，使自己与外界失去了联系，这是第一个错误。诈骗分子利用这一点，抓住父母担忧孩子身体的心理，对小冯父母实施诈骗。小冯父母心忧孩子安危，却没办法联系到小冯，相信了骗子的话，这是第二个错误。

二、防传销

（一）传销的概念及特征

传销是指组织者或者经营者发展人员，通过对被发展人员以其直接或者间接发展的人员数量或者销售业绩为依据计算和给付报酬，或者要求被发展人员以交纳一定费用为条件取得加入资格等方式牟取非法利益，扰乱经济秩序，影响社会稳定的行为。传销通常具有以下四个显著特征。

1. 发展上下线

组织者或者经营者通过发展人员、组织网络从事无店铺经营活动，上线从下线的营销业绩中提取报酬。先参加者从发展的下线成员所交纳的费用中获取收益，且收益数额由其加入的先后顺序决定，组织者利用后参加者所交纳的部分费用支付先参加者的报酬维持运作。

析案明理

在校女大学生王某加入某传销组织后，很快升级为该传销组织的“战略合作伙伴”。在 4 年时间里，她直接或间接发展各级会员累计达 11 749 人，为传销组织收取资金累计 900 多万元，个人非法获利 68 万余元。

王某接到公安机关的电话通知后，主动到公安机关接受讯问，并如实供述自己的犯罪行为，并表示认罪认罚。随后，江苏省某人民法院公开审理了该案。人民法院认为，王某组织、领导传销活动，情节严重，其行为已构成组织、领导传销活动罪，在共同犯罪中起次要作用，系从犯，应当减轻处罚；其自动投案并如实供述自己的犯罪行为，系自首，可以从轻处罚；其自愿认罪认罚，依法可以从宽处理。综合考虑王某的犯罪情节及认罪、悔罪态度，结合社区调查意见，人民法院最终以王某犯组织、领导传销活动罪，判处有期徒刑 1 年，缓刑 1 年 6 个月，并处罚金 10 万元。扣押在案的违法所得 28 万元予以没收，上缴国库，继续追缴其违法所得 407 634.4 元，予以没收，上缴国库。

大学生一方面要提高警惕，不陷入传销组织；另一方面，也不能从事传销等违法活动。案例中的王某就因为组织、领导传销活动，受到了法律制裁。

2. 囤货诈钱

传销人员为了迅速致富，往往强迫或诱导被发展人员买一大批“货”，如实物、货币、现金卡、资料等，其目的是从传销组织获取尽量多的报酬，如奖金等。

3. 虚假宣传

传销组织往往打着合法培训的旗号，用“挂羊头”的方式“卖狗肉”。传销组织利用人性的弱点，利用人们想暴富的心理，极力宣扬“迅速致富”的人生道理，以达到让新人尽快加入的目的。传销组织往往会以炮制的发财故事，以及长时间有节奏的掌声和口号，甚至用现代声、光、电等多媒体技术手段来“故意”营造一种超出“常识”的氛围，诱使人们参加传销活动，从而牟取非法利益。

4. 交纳高额入门费

传销组织的非法收入来源于被发展人员上交的各种“高额费用”。因此，为了牟取高额利润，传销组织会收取被发展人员的费用，或强迫其认购上千元甚至上万元的货物，这就是传销组织的盈利“核心”。那些种种只赚不赔的动人计划都是“幌子”，无非是让人眼花缭乱，上当受骗。

传销还具有产品种类少、价值低、卖价高、没有服务、不能退货、没有正规实体店的支持等特征。现在传销组织由于已经成了过街老鼠，一些传销组织采用加盟连锁、网络销售、框架营销等说法，掩盖其传销本质，诱人上钩。

（二）传销的行为方式

1. 揣摩列名单

所谓列名单，就是列出可以用来行骗的对象。行骗对象有如下几类：一是亲戚类，如兄弟姐妹；二是朋友类，主要是“五同”——同学、同事、同乡、同宗、同好；三是邻居类；四是其他认识的人，如师徒、战友等。急于改变现状的人是传销组织网罗的主要对象。传销组织对这些人的心理做了充分的分析。对网罗对象心理的揣度，反映出传销组织者乘人之危、落井下石的阴暗心理和罪恶本质。

2. 巧言设骗局

一是邀约。传销组织通过打电话等方式，邀请别人加入。打电话时规定“三不谈”：不谈公司、不谈理念、不谈制度。总之，不谈传销的真相，只是根据对方的心态、特长、背景等特点，给出一个甜蜜的诱惑。为了提高骗人的成功率，连打电话时的语气都设定好了；说出的话具有一种神秘感，让对方无据可查；不正面回答对方的提问，不具体解释自己的话题等。

二是接站。传销组织对接站的整个程序乃至接站人神态和衣着也有明确规定。接站人进车站与对方见面的时候，应该是热情地跑上前，先握手；同时，接站人应衣着光鲜，使人感觉到其有一定的社会地位。传销组织会安排与受骗者联系的亲戚朋友去接站，受骗者经过漫长的车程一下车就看到亲戚朋友，自然会倍感亲切。引导受骗者上车的时候，接站人会告诉受骗者先洗尘，然后到酒店里或者他们的“家”里吃点便饭，只花费少量时间带受骗者参观城市，使新来乍到的受骗者觉得这个“朋友”真好，产生一种温暖的错觉。

析案明理

2022 年 8 月，网络上一条云南女孩赴西安面试后失联 20 天的信息，受到各界的广泛关注，也得到了西安警方的高度重视。接到报警后，西安市公安局立即安排警力展开调查。经查，失联女孩徐某系云南某大学大四学生，8 月 4 日晚 11 时许，独自抵达西安咸阳国际机场，被一男一女接走后失联。警方经连夜侦查，确认徐某系被骗入传销组织，随之迅速展开行动，将徐某安全解救。

大学生深陷传销组织，大多是被“招聘、介绍工作”等名头所诱骗。一些大学生涉世未深、相对单纯、防范意识薄弱。传销组织利用大学生急于找工作的心理实施诱骗，加上传销组织的手段极具迷惑性，使得一些大学生极易上当受骗。

3.“魔鬼辞典”怪论

为了鼓动受骗者加入，传销组织往往充斥许多逻辑怪异、具有较强诱惑力和煽动性的言辞，从某种角度讲，无异于一本“魔鬼辞典”。例如：“传销可以缩短你成功的历程，可以使你一两年内，挣到你几十年挣不到的钱。”对欺骗亲友的血汗钱这种罪恶行径，传销人员这样开脱：“钱本来就是叫人赚的，具体由谁赚并无多大区别。如果钱印出来都埋入地下，不让人赚，岂不都成了废纸?”

4. 摊牌翻脸胁迫

不管前面说得如何天花乱坠，美丽的谎言总要被揭穿，传销组织将这一过程称为“摊牌”。“摊牌”的时间为听课前的几分钟。这时候，对方已无法脱身。“摊牌”后，就有两种情况，如果受骗者去听了课，将信将疑，传销组织就进入了第三个阶段——“跟进”。“跟进”的方式是将受骗者聚集在一间屋子里，一大帮人讲述他们是怎么“发财”的。如果受骗者在传销组织的轮番高强度说服后，头脑仍然清楚，看穿骗局，那么传销组织就会进行威胁或跟踪。

5.“直销立法”骗局

传销组织会借口国家要对直销立法，直销会合法化，煽动受骗者马上加入。传销组织会鼓吹“能吃苦的人吃一时苦，不能吃苦的人吃一辈子苦”，灌输给受骗者少量的金钱投入和吃苦受罪是对美好未来的基础投资等错误理念，激起受骗者对金钱和成功追求的强烈欲望，使受骗者加入传销组织。

（三）传销的危害

传销具有极大的危害性。从宏观上来看，传销对我国经济的发展具有极大的破坏性，破坏了社会秩序和道德体系的和谐发展；从微观上来看，受骗者基本上是老百姓，受骗家庭成员间失去了彼此之间的亲情、友情及相互的信任，受骗者梦醒后出现的自闭、自卑、自暴自弃等心理会更加恶化，有的受骗者会对社会产生不信任，抱有仇视感。具体可以从以下几个方面来展开分析。

1. 传销是一种违法行为

传销已不是普通的经济犯罪，而是集诈骗、精神控制、非法拘禁、邪教邪说、非法聚集、非法集资等为一体的违法行为，包括虚假广告、生产和销售伪劣商品、非法吸收公众存款、绑架勒索敲诈、煽动暴力抗法、聚众扰乱社会秩序、传授犯罪方法、危害公共卫生、行贿、伪造居民身份证、伪造国家机关公文、非法出版和销售传销书籍等。由于传销致使大多数受骗者血本无归、无家可归、无业可就，因此引发他们参与偷盗、抢劫、械斗等违法活动，破坏社会稳定。

2. 传销对受骗者的精神心理伤害巨大

传销易引发受骗者出现传销综合征。传销带给受骗者及其家庭的不仅是经济上的损失，而且有精神、心理与名誉上的伤害，影响家庭成员之间的关系，不利于社会的和谐发展。

3. 传销破坏国家和社会稳定

传销以及变相传销给市场经济的健康发展造成了极其恶劣的影响。传销是一直在涌动的暗流，随时可能给国家和社会的稳定造成巨大的破坏。传销组织本身不产生任何经济效益，不创造任何社会价值，受骗者经过高强度说服后，都认同这种被宰割的分配制度和游戏规则，最终使大多数的财富流向少数人手里。

4. 传销破坏人与人之间的信任纽带

骗人的话被传销组织说成善意的谎言，谎言的目的是发展新成员，让其交纳入门费，认购超过价值本身的产品，且大多数情况下根本就无产品。传销组织者让受骗者接受传销歪理邪说，软禁他人，甚至非法拘禁他人，控制他人人身自由。高强度的说服和精神控制，以及传销组织精心布置的陷阱，使得很多受骗者的心理防线一步步瓦解，最终完全被控制。传销组织者的手段和歪理邪说让人气愤，为了达到目的，他们践踏了亲情、友情、爱情。人与人之间最朴素的情感和信任被传销组织当作欺诈的基础。

5. 传销破坏亲情、爱情、友情

受骗者不听亲朋好友劝解，仇恨社会，逃避社会。金钱至上的价值观，以及信息封闭的传销组织环境，会让人产生幻想。这些受骗者承受着巨大的压力，渐渐丧失正常人的道德底线，最后的结局是众叛亲离，亲情、友情、爱情尽失。

6. 传销具有邪教特征

传销组织者的行为理论荒谬，具有邪教特征。传销组织者编造和扭曲国家领导人的讲话，伪造国家机关公文，使得长期处于高度兴奋的受骗者极容易被煽动，以致扰乱社会秩序。部分传销组织与黑社会性质组织勾结，规模不断壮大，极容易演变成黑恶势力、邪教组织，也极易被别有用心的人利用。

总之，传销组织制造每个人都能成功的假象迷惑受骗者，让受骗者在组织中一步一步地丧失正常的理性分析能力，使善良的人就此被改变、扭曲，对他们的身心造成极大的影响，对他们的家庭造成极大的伤害。绝大多数受骗者在经济上损失钱财，精神上对传销组织的“短平快”暴富理念产生依赖，心理上自闭、自卑、排外、仇视社会。所以，传销的危害是深层次的，被称为“经济邪教”，被视作“毒瘤”。

（四）安全防范措施

1. 不要相信天上掉馅饼

“让你在消费的同时赚钱”，这其实是传销组织编造的美丽谎言。消费就是消费，赚钱就是赚钱，天底下没有免费的午餐。

安全讲堂

与传销有关的法律法规

2. 不轻信他人介绍工作

大学生对熟人、朋友、同学甚至亲戚来电、来信介绍工作时，要表示感谢，但不要轻易相信。大学生应通过各种正规渠道进行调查和核实，确定这些人介绍的单位在招聘，方可去应聘。因为传销组织通常有一个惯用的伎俩，就是利用熟人、朋友、同学甚至亲戚的关系将受骗者骗进传销组织，令受骗者陷入迷局，不能自拔。

3. 走正规渠道择业

大学生应尽量通过学校举办的毕业生供需见面会和政府部门举办的人才招聘会等方式寻找就业机会，避免非正规渠道带来的求职风险。

4. 认真审验劳动合同

《中华人民共和国劳动合同法》规定，建立劳动关系，应当订立书面劳动合同。正规公司都会主动与求职者签订劳动合同。如果用人单位丝毫不谈合同，甚至拒绝签订合同，那么该公司就有违法嫌疑，此时大学生应特别警惕防范，小心上当受骗。

5. 谨慎网上应聘

传销组织经常在网上发布优厚待遇的虚假职位信息，引诱求职者去应聘，还会安排一对一的专人去车站接站。面对这种情况，大学生要先通过多种渠道考证后再做决定，绝不可盲目应聘。

（五）应急处理

一旦有人陷入传销，可遵循以下处理步骤。

1. 冷静思考

一味地指责、粗暴地训斥是不可取的。大学生应学会理解，陷入传销者追求财富的想法没有错，错在选错了路径，被别人利用和欺骗了。如果没有把握说服对方，不要说太多，说得越多，陷入传销者就会越反感。一味地指责只能让双方越来越对立，对事情的解决没有帮助。大学生不能以分手或断绝关系相要挟，这么做只能让陷入传销者更坚定，而应该动之以情，晓之以理，要摆事实，讲道理，戳穿传销谎言。

2. 破坏传销组织的邀约市场

很多人在得知自己的亲朋好友在做传销的消息时，往往顾虑重重，认为家丑不可外扬，为了保住面子，不愿意说出去，这是极其错误的，沉默只会让更多的人上当受骗。大学生应即刻通知所有的亲朋好友不要去，也不要给陷入传销者寄钱，破坏其邀约市场。

3. 亲自去陷入传销者所在地

陷入传销者已经执迷不悟，他们是不会心甘情愿地回来的。大学生应首先取得陷入传销者的信任，不要引起其怀疑，去之前不要告诉陷入传销者具体到站的时间，以争取更多的时间。下车后可以马上联系火车站派出所的民警，寻求他们的帮助，在陷入传销者执迷不悟时，警察可以进行劝说。

大学生应冷静，设法及时和反传销专业人员取得联系，向他们请教；要想方设法取得更多的帮助，警察、出租车司机甚至路人都是可以提供帮助的力量。

课后实践

一、实践任务

制作一份防电信诈骗清单。

二、实践目的

梳理常见电信诈骗类型、作案手段及高发场景。

三、实践要求

（1）采用条目式、分点叙述，可使用流程图、表格等可视化元素辅助说明。

（2）搜集网络或身边发生的案例，突出大学生易受骗场景与防范重点。

（3）各小组在班会上进行分享、交流。

任务三 防校园暴力

案例导读

2018年11月某晚，某高校大三学生程某东与王某宽、代某、曾某楷、李某波、李某全等20余人受邀参加雷某某在古城区某餐厅举办的生日聚会。在聚会过程中，程某东与王某宽因喝酒发生口角，程某东将王某宽约至餐厅门口交谈后，王某宽返回餐厅，程某东离开餐厅。约半小时后，程某东返回餐厅，不顾他人劝阻对王某宽和代某进行挑衅，随即被他人劝出餐厅，随后王某宽、代某也走出餐厅，其余人员先后走出餐厅。程某东与王某宽、代某等人在餐厅门口发生争执，相互拉扯、推搡之后继而发生打斗，在此过程中程某东持刀捅伤王某宽、代某、曾某楷、李某波、李某全。经鉴定，王某宽、代某的伤情为重伤二级，曾某楷的伤情为轻伤一级，李某波的伤情为轻伤二级，李某全的伤情为轻微伤。五名被害人受伤后到医院治疗，程某东家属代为支付医疗费共计151 187元。

人民法院认为，被告人程某东持刀故意伤害他人身体健康，致二人重伤、二人轻伤、一人轻微伤，其行为已触犯《中华人民共和国刑法》，构成故意伤害罪。2022年1月，古城区人民法院对古城区人民检察院指控被告人程某东故意伤害暨附带民事诉讼案公开审理并宣判，以故意伤害罪判处被告人程某东有期徒刑三年，缓刑四年，判令其赔偿附带民事诉讼原告人经济损失277 480.68元。

案例中，程某东法治意识淡薄，遇到矛盾冲突，没有通过合法渠道、利用法律武器来维护自身权益，而是头脑发热、一时冲动，在离开现场后，再次返回用更加暴力的手段报复，造成人员伤亡，使自己受到法律制裁。

一、校园暴力的含义

校园暴力又称学校暴力，包括在学校里发生的一切蓄意对学生身心、财产造成伤害或者威胁的行为。不同的研究者对校园暴力的定义也不一样。

世界卫生组织对暴力的定义为：蓄意使用躯体力量或者权力，对自身、他人、群体或者社会进行威胁或者伤害，导致或可能造成损伤、死亡、精神伤害、发育障碍或权益剥夺。

联合国教科文组织将校园暴力定义为：在教室内外、学校周边、上下学途中、网络上发生的，以及在其他所有与校园环境有关的情境下发生的暴力行为。主要表现为学生之间的暴力、师生之间的暴力、校外人员与校内师生之间的暴力。

浙江大学郑全全教授将校园暴力定义为：发生在学校内的暴力行为，包括身体及言语攻击、性骚扰、欺负、财产破坏（包括偷窃）和体罚等几类，包括学生间的、师生间的，也包括发生在学生家长、学校职工和学生之间的。

中国政法大学徐久生教授将校园暴力定义为：行为人针对在校师生实施的身体上的和心理上的暴力行为，对学校财物或师生财物实施的暴力行为，以及师生对社会人士实施的暴力行为。简而言之，与在校师生直接有关的暴力行为均可界定为校园暴力。其中，暴力行为主要涉及故意实施的对他人的身体伤害，以及对被害人的身体或财物直接施加其他影响但尚未达到伤害的程度的一些故意行为。

按表现形式来划分，校园暴力可以分为：身体暴力（包括体罚）、心理暴力（包括言语暴力）、性暴力（包括强奸和骚扰）以及欺凌（包括网络欺凌）。

按施暴者及施暴对象来划分，校园暴力分为：学生对学生的个体施暴、学生对教师的个体施暴、校园团伙对师生及其他团伙的集体施暴、学生对学校财物的暴力等。其中，学生对学生的个体施暴是校园暴力的主要形式。

按行为类型来划分，校园暴力大致可分为：打架、滋事、侮辱或辱骂、抢劫或抢夺、欺凌弱小、收取保护费、勒索钱财、持枪或持刀、性侵犯、性骚扰、组成非法团伙、故意破坏行为等。

二、滋扰（挑衅滋事）

（一）滋扰的含义

滋扰，从广义的角度讲，是指社会不法人员无视国家法律和社会公德而寻衅滋事、结伙斗殴、扰乱社会秩序等行为。从狭义的角度讲，滋扰是指对校园秩序的破坏和扰乱，对学生无端挑衅、侵犯乃至伤害的行为。滋扰是一个涉及学生、家庭、社会等诸多方面的复杂的社会问题。大学生必须提高警惕，尽力预防和制止外部滋扰，以保证学校教学、科研和生活的正常进行。

（二）大学生受外部滋扰的常见形式

（1）校外不法人员通过多种途径与大学生交往，因发生矛盾、纠葛或为达到某些目的，入校寻衅滋事、伺机报复或实施伤害。

（2）校外不法人员在 KTV、网吧等场所或在购物、看电影、参加舞会、观看比赛、走路时，与大学生发生矛盾，从而酿成冲突而导致人身伤害。

（3）校外不法人员专门尾随女大学生或有目的地到学生宿舍、教室等处侮辱、骚扰、调戏女大学生，甚至对女大学生动手动脚，致使女大学生受到种种伤害。有的校外不法人员专门在女生宿舍旁的马路上用改装过的跑车、大排量摩托车制造噪声来滋扰女大学生。

（4）校外不法人员混入校园内闲逛，寻衅滋事，大学生作为学校的主人，容易与这类人员发生正面冲突，从而导致人身伤害。

（5）校外不法人员与大学生争抢活动场地，争执不休，从而引发矛盾和冲突，导致人身伤害。

（6）有的无赖之徒喜欢不停地拨打异性电话或不停地给其写信，在微信、QQ 上与异性无聊地谈天说地或者口吐污言秽语，莫名其妙地恐吓和威胁异性，甚至敲诈勒索，从而导致受害人在精神上非常痛苦。

三、打架斗殴

（一）打架斗殴的含义

打架是指对立双方或多方，在相互矛盾发展到极点时，以对他人身体造成伤害为目的的一种主观意识行为，其行为特点是具有暴力倾向。不管这种行为起因为何、目的为何，都是一种不理智、不文明的行为，严重者甚至会触犯法律。斗殴是指双方或多方通过实施暴力击打以达到制服对方的行为，无论其目的是否合法、正当，均不受我国法律保护。高校学生中发生的打架斗殴问题比较普遍突出，对学生的人身安全造成极大的危害，必须引起高校的高度重视。

（二）打架斗殴的诱因

1. 利益与经济

目前，大学生的竞争意识日渐增强，激烈的竞争常导致大学生对利益极为关注，如评优、评奖学金等。一些大学生因嫉妒成仇，或因争水冲凉，争运动场地、座位等生活琐事而产生争执，互不相让而斗殴。经济也是诱发打架斗殴的一个因素，如大学生之间因对共同消费后的经济责任有不同意见或因相互之间的借、还等经济往来而引发纠纷。

2. 恋爱与交友

在校大学生因恋爱问题导致打架斗殴也占有相当大的比重。有些大学生视恋爱为儿戏，玩弄感情，甚至脚踏几只船，引发几个恋人之间争风吃醋，继而结伙斗殴。有的大学生因一厢情愿，恋爱不成，导致心理失调，甚至发展到心理变态，继而引发报复斗殴等恶性案件。少数大学生在交友中，以意气相投的酒肉朋友为对象拉帮结派。他们认为只有哥们儿义气才是最可信赖的，常常依仗人多势众而横行霸道，因而极易酿成聚众的打架斗殴事件。

3. 猜疑与嫉妒

有些大学生因猜忌多疑，总觉得别人跟自己过不去，背地里说自己的坏话；有的大学生将别人的话胡乱联系，无端嫉恨他人；有的大学生因自己财物失窃而对同学妄加猜疑，甚至采取违法的方法处理所谓嫌疑人，引发斗殴事件。同样，嫉妒心较强的大学生往往将别人的进步和成绩当作对自己的威胁，继而引发恶性斗殴事件，殃及嫉妒对象。

4. 性格与个性

大学生来自全国各地，每个人的成长环境和家庭条件各不相同，性格差异较大。性格差异使得大学生在处理同学关系的过程中，极易产生互相看不惯、互相嫌弃，甚至对抗的心理，从而引起纠纷。有的大学生在家受到父母的溺爱，为所欲为，到大学里，仍然唯我独尊。抱有这种不正常心理的大学生在集体生活中不遵守公共道德和行为规范，发生矛盾纠纷时，不仅不能严于律己，而且总觉得别人侵犯了自己的尊严，因而在处理与同学之间的矛盾时，往往态度粗暴、蛮横无理，常为一些生活琐事而大打出手。

5. 酗酒

大学生由于酗酒而引起的违法违纪行为特别是打架斗殴现象时有发生。一些大学生在饮酒前并没有明确的违法动机和准备，但在饮酒达到一定的量后，可能因平时琐事或饮酒过程中的几句话等而情绪冲动，失去理智，殴斗厮打，甚至伤及无辜。

四、大学生应对校园暴力的措施

（一）自觉地上好“法律基础”课

大学生应积极地参加学校组织开展的各种德育、法治学习与教育活动，树立遵纪守法的思想观念，严格遵守国家法律法规和学校管理规范。大学生要树立远大理想，培养正确的世界观、人生观和价值观，在纷繁复杂的社会环境中保持头脑清醒，找准人生定位，努力学习和工作，在校做一名好学生，踏入社会后做一名好公民。

（二）树立自尊、自律、自强意识

自尊，即尊重自己，既不向别人卑躬屈膝，也不允许别人歧视、侮辱。自律，即严格约束自己的言行，交友慎重，不沾染歪风邪气。自强，即自己努力向上、自我勉励、奋发图强的精神品质。大学生要使自己健康成长，必须做到尊重自己、严于律己、自强不息，以积极的态度来赢得学校和法律的保护。如果大学生遇事软弱、处事不力，即使有学校和法律的保护，也可能受到不法分子的侵害。因此，树立自尊、自律、自强意识是大学生对校园暴力进行自我防范的一项基本要求。

（三）遇到校园暴力时要及时报告

邪不压正，国家法律法规和学校纪律是铲除校园暴力的利剑。只要每个人都深刻认识到校园暴力的危害，对校园暴力深恶痛绝，发现校园暴力时及时向学校和教师报告，由学校严肃处理，就会有利于铲除校园暴力。如果大学生对校园暴力忍气吞声或采取事不关己、高高挂起的态度，就会助长校园暴力的气焰，贻害无穷。

（四）明确学习目的，自我施压

大学生应该提高认识，明确学习目的，严格要求自己，将主要精力放在学习上，努力成才，为将来踏入社会实现自己的人生价值做好充分准备。

（五）增强人际交往能力

对于大学生来说，在学校和同学相处的时间比和自己的家人相处的时间还要多，因此，保持良好的人际关系是大学生活的重要课题。大学生离开家庭的怀抱，内心感到孤独，加上自我认知不够、自信心不够，总觉得受人排挤，这也是发生校园暴力的一个重要原因。良好的人际交往能够帮助大学生消除孤独感并远离暴力犯罪。大学生应学会和不同性格、不同背景的同学交往，学习每个人身上的长处，遇到矛盾和冲突时冷静对待、理智处理；同时远离暴力文化、色情文化，追求有内涵的精神生活，谨慎交友，避免冲动的行为。大学生在对待异性关系时，要正确理智，能够明辨是非，自觉抵制不良文化。

（六）培养沟通的习惯

大学生在学校的生活或学习中遇到困难时，应该信赖家长和老师，主动向他们寻求帮助，排解内心的负面情绪，从而找到生活的方向和希望，乐观积极地生活，这样，校园暴力行为就不容易发生了。

五、外部滋扰防范

大学生在校园内遇有不法人员寻衅滋事时，一方面要敢于出面制止或将不法人员扭送到公安机关，或及时向学校安全保卫部门报案，拨打 110 报警电话，以便公安机关及时抓获犯罪嫌疑人，予以惩办；另一方面，要加强自身的修养，冷静处置，不因小事而招惹是非，积极、慎重地与外部滋扰这一丑恶现象做斗争是义不容辞的责任。大学生在遇到不法人员寻衅滋事时，应注意把握以下几点。

（一）提高警惕，做好准备，正确看待，慎重处置

面对不法人员挑起的滋扰，大学生应正确对待而不要惊慌。大学生应问清缘由、弄清是非，既不畏惧退缩、避而远之，也不随便动手、一味蛮干，而应晓之以理、以礼待人、妥善处置。

（二）充分依靠组织和集体的力量，积极干预和制止违法行为

大学生应团结和发动周围的群众，以对不法人员形成压力，迫使其终止违法行为。那些成群结伙、凶狠残忍的不法人员总想趁乱一哄而上、为非作歹，只有依靠群众、依靠集体的力量才能有效地制止违法行为。形成群起而攻之的局面有利于制伏不法人员。

（三）注意策略，讲究效果，避免纠缠，防止事态扩大

在许多场合，不法人员显得愚昧而盲目、固执而无赖，有时仅有挑逗性的言语和动作，教人可气可恼而又抓不到有效证据。遇到这种情况时，大学生一定要冷静，注意讲究策略和方法，一方面及时报告并协助有关部门进行处理；另一方面可采取正面劝告的方法，注意避免纠缠，目的就是避免事态扩大和免得把自己与无赖之徒置于同等地位。

（四）自觉运用法律武器保护他人和保护自己

面对滋扰事件，大学生既要坚持以说理为主，不要轻易动手，又要注意留心观察、掌握证据。例如，有哪些人在场，谁先动手，持何凶器，不法人员有哪些重要特征，案件大致的经过是怎样的，现场状况如何，不法人员使用何种器械、有何证件，毁坏的衣物和设施是什么，地面留有什么痕迹等。这些证据对公安机关惩治不法人员是很有帮助的。

安全讲堂

与正当防卫有关的法律法规

析案明理

学生李某某因琐事与同校学生朱某某发生口角，朱某某遂纠集校外无业青年胥某某等5人，在校外小巷对李某某实施围殴。冲突过程中，胥某某持金属棍击打李某某背部，其余人员拳打脚踢，造成李某某全身多处软组织挫伤（经鉴定为轻微伤）。事发时，李某某迅速采取应对措施。一是主动呼救：发现对方人多且持械后，李某某立即跑向主干道并大声呼救，吸引路人注意，迫使施暴者短暂停手。二是证据固定：趁对方分神时，用手机拍摄了胥某某持棍画面及车牌号，并同步上传至云端备份。三是报警报医：脱身后第一时间拨打110报警电话，明确说明“校外人员持械殴打学生”，并前往医院验伤，要求出具《伤情鉴定书》。

事后，警方依据《中华人民共和国治安管理处罚法》第43条，对朱某某等6人作出行政拘留决定。通过学校调解，施暴者家属赔偿李某某医疗费、精神抚慰金共计2.3万元。朱某某因勾结校外人员滋事被记过，取消年度评优资格，凸显校规对校外行为的约束力。

教育启示：应避免单独前往监控盲区，定期参与学校组织的防暴演练，掌握“跑向人多处”“遮挡要害”等技巧。

六、恋爱滋扰防范

大学生中的异性纠缠主要表现在恋爱中。这种纠缠来自两个方面：一是单恋者的纠缠，一方有情，另一方无意，有情者积极进攻，穷追不舍；二是原来有恋爱关系，因为某种原因，一方提出终止恋爱关系，另一方无法接受，因而苦苦纠缠。为摆脱恋爱中的异性纠缠，大学生应该做到以下几点。

（1）态度明朗。大学生应明确告诉对方，以打消其念头。切莫态度暧昧、模棱两可，增加对方幻想，从而带来更多的麻烦。

（2）遵守恋爱中的道德规范，讲究文明礼貌。在拒绝对方的要求时，大学生应讲明道理，耐心说服对方，要尊重对方人格，不可嘲笑和挖苦，更不能在别人面前揭露对方隐私。

（3）正常相处，节制往来。恋爱不成，但彼此仍是好同学、好朋友，不可结怨，更不可成为仇人、敌人。

（4）遇到困难时，要依靠组织。大学生一旦发现对方可能采取报复行为，要及时向老师汇报，依靠组织妥善处理，防止发生意外事件。

（5）自爱自重。大学生在作风上要稳重、在生活上要俭朴，不要在和异性交往中占小便宜。

七、打架斗殴的防范措施

（一）处理原则

（1）不围观、不起哄、不介入，更不要火上浇油。

（2）如果你想劝解，应当先问明情况，站在公正的立场上做双方的工作。若劝解无效，应迅速向班主任或安全保卫部门报告，以防事态扩大。

（3）打架的一方如果是你的同学或熟人，在劝解时要主持公道，不可偏袒。在采取隔离措施时，应当首先拉自己的同学或朋友，以免被对方误解为“拉偏架”，或者将你当作对方的“同伙”而受到伤害。

（4）见义勇为是每一位公民应有的道德品质。当学校有关部门调查打架真相时，现场目击者要勇于站出来向有关部门提供线索和证据，以保护受害人的合法权益，使肇事者受到惩处。

安全讲堂

《中华人民共和国治安管理处罚法》第三十条

（二）自我规范

（1）大学生一般已年满 18 周岁，属于成年人，要明白自己的行为在受到法律保护的同时，也受到法律的约束，伤害他人要承担相应的法律责任。高校要开展遵纪守法教育，增强大学生的法治意识，引导大学生知法、懂法、守法，从而有效预防暴力行为。

（2）大学生遇到矛盾和纠纷时，要冷静克制，保持理智，善于察言观色，不要激化矛盾，不要鲁莽行事，要摒弃哥们义气，坚持原则，不能感情用事，不要伤害别人，避免矛盾激化。

（3）正确面对生活的压力，采用正确的方法缓解压力，保持健康的心理状态。

（4）增强自我保护意识。大学生在面对暴力行为时要讲究策略与勇气，遭遇暴力后要敢于向班主任报告。

（5）遵守宿舍管理规定，规范自身行为，不准在宿舍搞各种经营活动。

（6）不携带管制器具等危险物品进校园，也不拆卸床具。

（7）明辨是非，冷静对待，不参与群体性纠纷。

（8）学会化解纠纷。许多纠纷是由口角引起的，恶语伤人、说话不当等可能引来祸端。大学生若因自己的不小心而伤害了他人的利益，要真诚地向他人说一句“对不起”；反过来，当他人不小心伤害了自己的利益时，要大度，说声“没关系”，这样纠纷就容易自然化解。

析案明理

2017 年 12 月 10 日晚 8 时 30 分许，在某市一家餐厅，刚从大学毕业不久的 22 岁王某遭到当地男子李某寻衅滋事。为了使自己的人身免受侵害，王某与李某扭打在了一起。王某持玻璃饮料瓶朝对方头部、肩部击打数下后，又持玻璃饮料瓶断茬朝对方胸背部等要害部位连续捅刺，最终造成李某因失血性休克而死亡。

2018 年 6 月 28 日，该市中级人民法院一审以犯故意伤害罪，判处王某有期徒刑 9 年。2020 年 9 月 25 日上午 10 时许，案件有了最终结果。该省高级人民法院法官在看守所宣读了终审判决：王某犯故意伤害罪，属于防卫过当，依法应当减轻处罚，撤销一审有期徒刑 9 年判决，改判有期徒刑 5 年。

案例中，王某采取行为制止不法侵害，其行为具有防卫性质。但其后续的防卫行为明显超过必要限度。因此，大学生在遇到类似情况时，一定要保持冷静，在保证自身人身安全的前提下，可采取报警、撤离现场等有效手段，用法律保护自己的正当权益。

（三）对各类打架斗殴的预防和劝阻

1. 防突发性斗殴——说服术

突发性斗殴往往是由于不能冷静对待某一小事而引起的。防止这种斗殴应当采取说服的方法，讲清道理和严重后果，使冲动的双方冷静下来。

安全讲堂

《中华人民共和国治安管理处罚法》第五十一条

2. 防报复性斗殴——攻心术和暗示效应

报复性斗殴往往产生于某种畸形的变态心理，这种斗殴的处置同突发性斗殴一样，需采用说理的方法化解。所不同的是，在说理时不可指责对方的错误，以免引起对方反感，而应委婉相劝，用相似的人和事来暗示对方。

3. 防演变性斗殴——及早化解，让对方自己觉悟

演变性斗殴是指两者之间长期积怨、受辱、被欺负而无人调解，使矛盾由量变发展到质变而产生激烈的报复性斗殴。这种斗殴往往会致人死亡，因此，及早发现、及时化解和预防这类斗殴显得尤为重要。

4. 防群体性斗殴——明辨是非

群体性斗殴是指因本班、本院、本年级的同学、老乡或朋友与人发生纠纷后，不能冷静处理而纠集起来向对方进行报复的斗殴行为。大学生应明辨是非、冷静对待，不参与此类纠纷，并劝阻他人参与群体性斗殴。

课后实践

一、实践任务

模拟应对自己深夜在路上遭遇持刀抢劫。

二、实践目的

了解和掌握防抢技巧；维护正当权益，保护人身与财产安全。

三、实践要求

模拟情景时，要了解：对付抢劫者时，凭借足够的勇敢和无畏的搏斗常常能制服对方，甚至在紧急关头，一声大吼也会产生一定的威慑力。但是，抢劫行为常常是突然发生的，被抢者没有丝毫防备，而抢劫者无论是蓄谋已久，还是临时起意，往往会有一定的物质准备（如凶器）和精神准备，这使得被抢者通常处于劣势。在这种情况下，最好不要鲁莽，要先对敌我双方实力进行分析，如果对方只有一两个人，而自己也身强力壮，可以伺机与之搏斗，瞅准机会狠打对方的要害部位，将其制服或趁机脱身；如果对方人多势众，不要逞一时之勇，可以按照对方提出的要求交出钱物，在保证生命安全的前提下，寻求逃脱的机会。

任务四

防毒品、防溺水、防触电

案例导读

22 岁的大学生小张在一次朋友聚会中，看到有人拿出一种彩色“糖果”，并被告知这是一种能让人放松、带来愉悦感的“特殊零食”。出于好奇，小张尝试了一颗“糖果”。此后，小张逐渐对这种“糖果”产生依赖，为了获取更多，他不仅花光了生活费，还开始四处借钱。随着时间推移，小张的身体开始出现各种不适，精神状态也越来越差，学业受到严重影响，最终被学校劝退。而他尝试的所谓彩色“糖果”，其实是新型毒品，含有大量致幻成分。

在这个案例中，小张因缺乏对毒品的正确认知，被不法分子用极具迷惑性的方式诱骗。新型毒品常常披着“零食”“饮料”等看似无害的外衣，利用人们的好奇心和侥幸心理进行传播。在日常生活中，对于来源不明、陌生人提供的任何食品、物品，大学生都要保持高度警惕，切不可因一时好奇而尝试。

一、防范毒品

（一）毒品犯罪的含义

毒品犯罪是指涉及毒品的犯罪，主要包括走私、贩卖、运输、制造毒品罪，非法持有毒品罪，包庇毒品犯罪分子罪，窝藏、转移、隐瞒毒品、毒赃罪，非法生产、买卖、运输、走私制毒物品罪，非法种植毒品原植物罪，非法买卖、运输、携带、持有毒品原植物种子、幼苗罪，引诱、教唆、欺骗他人吸毒罪，容留他人吸毒罪，非法提供麻醉药品、精神药品罪。走私、贩卖、运输、制造毒品，无论数量多少，都应当追究刑事责任，予以刑事处罚。

（二）毒品的特征

毒品具有四个基本特征，即依赖性、耐受性、非法性和危害性。

1. 依赖性

这是毒品区别于其他药物和毒物的自然特征，是毒品的基本特征之一，也是导致吸毒成瘾且难以戒毒的主要原因。毒品的依赖性即毒品的成瘾性。“瘾”这一概念因在医学上含义不明确已不再使用，而用“依赖性”取而代之。毒品的依赖性与药物的依赖性相近，其定义为：由于药物与机体相互作用所造成的一种精神状态，有时也包括身体状态，表现为一种强迫性的或定期使用该药的行为和其他反应，为的是体验它的精神效应，有时也是为了避免由于断药所引起的不舒适感，可以发生或不发生耐受性。毒品的依赖性一般表现为精神依赖性和生理依赖性。

精神依赖性是指毒品进入机体后作用于人脑内与学习、记忆有关的神经系统，使人产生一种特殊的精神效应，并使吸毒者持续性或周期性地出现的渴望体验毒品的强烈欲望。这种欲望驱使吸毒者不顾一切地寻求和使用毒品。毒品具有精神依赖性，即使经过戒毒治疗，机体对毒品的精神依赖性仍难以彻底消除，这是许多吸毒者在戒毒治疗后反复吸食毒品的根本原因。

生理依赖性是指在精神依赖性形成后，机体不断服用毒品，毒品与机体间形成了病态平衡，在毒品存在期间，能看到机体的生理功能处于正常状态，但一旦毒品从体内消失后，机体处于障碍状态，将出现强烈的生理反应，导致吸毒者痛不欲生。

2. 耐受性

耐受性是指不断使用同一种或同一类药物后，药用效果会出现退化现象，机体对该药物的反应迟钝、变弱，必须不断增加剂量才能获得与以前相同的药效。由于毒品具有耐受性，几乎每个吸毒者都会经历逐步增大吸毒量、缩短吸毒间隔时间以及改变吸毒方式的过程。

3. 非法性

这是毒品的法律特征。任何能形成瘾癖的麻醉药品和精神药品都会对人体产生积极和消极两方面的作用，即医疗作用和毒害作用，只有用于非法用途才称为毒品。我国法律规定，吸食毒品是违法行为，吸毒者会受到法律的严厉制裁。走私、贩卖、运输、制造毒品，非法种植毒品原植物，非法持有毒品，容留他人吸毒等行为同样会受到法律严厉制裁。

4. 危害性

这表现在对个人、家庭、社会三方面的影响，可以概括为毁灭自己、祸及家庭、危害社会。

（三）校园禁毒的应对措施

加强校园毒品预防教育工作，不仅是保证青少年健康成长的需要，而且是防止滋生新吸毒人员和毒品向社会扩散的一项重要措施。大学生不仅要做好自我教育，提高对毒品危害的认识，更重要的是依靠学校、家长的通力合作，构筑起预防毒品的坚实堤坝。

1. 强化接受毒品预防教育的意识

要想让大学生具备更强的防范意识，毒品预防教育必不可少。可以从两方面着手：一方面，高校开设毒品预防教育课；另一方面，大学生通过接触一些宣传载体，如毒品宣传的科普读物、毒品知识的游戏软件或桌游，参与到毒品预防教育中来。

2. 有效缓解内在压力，提升压力应对能力

进入校园后，自主的学习方式、集体的生活环境都需要大学生积极主动地适应；迅速变化的社会环境也给大学生带来很大冲击，使得一部分大学生感到无望、空虚，失去奋斗的目标。这些无疑都给大学生带来了很大的心理压力。但是压力时刻都存在，掌握正确看待压力、缓解压力、应对压力的能力才是解决问题的重点。大学生要在辅导员、学生工作者、心理咨询师等人员的帮助下培养适应能力，提升人际交往技能，加强自我认知，培养坚定意志，最终用积极的方式来应对生活中的压力。

3. 重新定义自己在毒品预防教育中的角色

在毒品预防教育中，大学生不仅是毒品预防教育的对象，而且是毒品预防教育的传递者，是一支重要的禁毒志愿者队伍。大学校园是人口密度非常高的环境。如果每名大学生都接受了科学的毒品预防教育，那么这将是宝贵的正向传递力量。通过从被动接受教育到主动宣传的角色转化，一方面可以强化大学生对毒品的认知，提升大学生的社会责任感；另一方面有助于重构符合人性的社会规范和文化导向。这成为毒品预防教育的重要基石。

4. 运用网络的力量进行毒品预防教育

应进一步发挥网络在毒品预防教育中的作用。各级组织机构可以充分利用大学生常用的通信软件和网站，如微信、微博等，发布一些与毒品相关的文本、微电影、视频等。这些通信软件大多是即时性的，便于信息的传递，而且这些通信软件主要基于熟人群体，他们大多具有相同的背景、共同的经历或有共同的语言，在传递信息的过程中信息传递者和信息接收者之间可以角色互换，形成更为平等的信息交流过程，因而对大学生的影响更大，宣传效果更加明显。这其实是一种网络形式的同伴教育。

安全讲堂

大学生在校园禁毒方面可开展的工作

1. 担任禁毒教育的宣传者

大学生可组成宣讲团，从小范围做起，走入学校、社区、社会，利用自己的专业优势从不同角度进行宣传。如学习法律的同学可介绍我国禁毒的法律法规；学医的同学可

从吸毒所产生的药物依赖的发生机制和给身体带来的严重危害的角度进行论述；学社会学的同学可从吸毒带来的社会危害的角度进行分析。

2. 担任禁毒教育的志愿者

大学生具有较高的知识层次，在接受了禁毒教育之后，可以成为志愿者，使这些工作更具有科学性。同时，他们在为社会服务的过程中也增强了责任心和使命感。大学生还可以小组形式或以学校组队的形式与戒毒所和禁毒社区建立结对服务关系，利用节假日或寒暑假时间进行戒毒宣传和辅助帮教活动。

3. 探索切实可行的禁毒康复之路

禁毒工作研究表明，吸毒者的复吸率很高。在康复阶段及降低复吸率上如何探索出切实可行的禁毒康复之路，是目前亟待解决的问题。要寻找这样一些有效途径，必须进行大量的调查和科学研究。大学生具有较好的知识结构和专业背景，参与这样的调查和科学研究，可以使他们的学习和研究与社会需要紧密结合，为构建和谐社会做出贡献。

二、防溺水

（一）认识溺水的危害

溺水是指人体淹没于水或其他液体介质中，因呼吸道被液体、异物等阻塞，导致气体交换障碍，引起缺氧和窒息，严重时可致死亡。溺水事故往往发生在看似平静的水域，如湖泊、河流、海滩以及游泳池等，其突发性强、救援难度大，是夏季安全的高风险点。

（二）防溺水的具体措施

1. 了解水域情况

大学生在前往任何水域前，都应通过官方网站、社交媒体或询问当地居民等方式，了解水域的深度、水流速度，是否有暗流、漩涡或水下障碍物等。避免在未经开发或禁止游泳的水域游泳，如河流、水库、深水区等。

2. 遵守游泳场所规定

大学生应选择正规、有资质的游泳场所，确保场所配备有专业的救生员和必要的救生设备。同时，大学生应遵守游泳场所的开放时间、人数限制及安全警示标志。不擅自进入禁泳区域，不跨越隔离带或防护网。

3. 掌握自救技能

大学生应掌握基本的游泳技能和自救方法，如浮水、呼救、仰泳等。了解并实践“水上自救五法”：保持冷静、采取仰泳姿势、寻找漂浮物、利用衣物自救、等待救援。在游泳过程中，如感到身体不适或疲劳，应立即停止游泳，向救生员或同伴求助。

4. 结伴而行

大学生应避免单独游泳，尽量与熟悉水性、会游泳的同学结伴而行，相互照应。游泳前约定好集合地点和时间，确保每个人都能按时返回。如遇紧急情况，应立即向同伴发出求救信号，共同寻找解决方案。

5. 警惕疲劳与疾病

大学生在游泳前应确保身体状况良好，避免在疲劳、生病后游泳。如有心脏病、高血压、癫痫等慢性疾病，应在医生指导下进行游泳活动。注意天气变化，避免在雷雨、大风等恶劣天气下游泳。

析案明理

近日，一则令人痛心的消息在校园内外引发广泛关注。某高校学生韦某、刘某在未告知家人的情况下，与同学私自前往郊外水库游泳，最终酿成悲剧，韦某不幸溺亡。当天，韦某、刘某和同学一同来到郊外水库。起初，他们在水域中心游完后回到起点，或许是意犹未尽，几人又到附近另一处水域继续游泳。韦某为了展现自己的游泳能力，独自向深水区游去。然而，当他游至离岸7米左右时，突然身体下沉，迅速沉入水中。同行的刘某等人和其他同学见状，顿时惊慌失措，赶忙呼救并尝试救援。但由于现场情况紧急，并且他们缺乏专业救援技能，救援行动困难重重。尽管众人全力搜救，可最终还是未能挽回韦某年轻的生命。

据了解，韦某和刘某等人均为高校学生，日常活泼好动，自认为游泳技术不错，便在未做充分准备、未告知家人的情况下相约前往水库游泳。他们对水库复杂的水下环境认识不足，既不知晓水库不同区域水深差异巨大，也未意识到可能存在的暗流、漩涡等危险因素。此次悲剧发生后，学校高度重视，立即组织开展安全教育活动，强调私自前往危险水域游泳的严重后果。同时，警方也迅速介入调查，对事件过程进行详细梳理。

类似溺水身亡的事件未能引起足够的重视。人们往往忽视了安全意识的重要性，导致悲剧的发生。每一起溺水悲剧的背后都是一个家庭的破碎。私自前往郊外水库等危险水域游泳，不仅是对自身生命的漠视，更是对家人、对学校的不负责任。希望广大学生能够引以为戒，珍爱生命，远离危险水域，切勿让一时的冲动酿成无法挽回的悲剧。

三、防触电

（一）认识触电的危害

触电是指人体直接或间接接触到带电体，导致电流通过人体，引起组织损伤和功能障碍，严重时可致心跳和呼吸骤停。触电事故通常发生在建筑工地、老旧的房屋、潮湿的地方、户外电线杆及变压器附近、车间等环境中，其隐蔽性强，危害严重。

（二）防触电的具体措施

1. 规范用电行为

不私拉乱接电线，不使用破损的电器和插座，不超负荷用电。使用电器时，确保电器完好、干燥，避免在潮湿环境中使用电器。定期检查电线、插座和电器，发现损坏或老化应及时更换。不在电线附近堆放易燃易爆物品，避免引发火灾。

2. 注意电器安全

购买电器时，选择正规品牌，查看产品是否通过国家强制性产品认证（CCC 认证）。使用电器时，遵守产品说明书中的安全操作规范，不随意拆卸或改装电器。避免长时间使用大功率电器，如电炉、电暖气等，防止因电线过热引发火灾。电器暂不使用时，应拔掉插头，切断电源。

3. 远离高压电线

避免在高压电线附近活动，不攀爬电线杆，不捡拾掉落的电线。在雷雨天气，尽量减少户外活动，避免站在大树下、电线杆旁等易遭雷击的地方。如发现电线低垂或断裂，应立即远离，并报告相关部门处理。

4. 雨天用电需谨慎

在雷雨天气，应关闭电器，拔掉插头，防止雷击引发电器损坏或触电事故。避免使用金属物品接触电器或电线，如金属伞柄、金属水龙头等。如遇雷电交加，尽量留在室内，关闭门窗，避免使用电话、电视等。

5. 学习急救知识

掌握触电急救的基本方法，如迅速切断电源、进行人工呼吸和心肺复苏等。在发生触电事故时，保持冷静，不直接用手接触触电者，使用绝缘物体（如木棍、塑料棒等）将触电者与电源分离。立即拨打 120 急救电话，寻求专业医疗人员的帮助。

析案明理

2023 年 11 月的一个周六傍晚，某校 4 名同学正在宿舍整理实验报告。宿舍唯一的台灯突然闪烁几下后熄灭，随后从墙壁插座处传来“嗞啦”一声并伴有轻微焦煳味。靠近插座的张同学下意识地伸手去拔插头，立刻被电得手臂发麻，所幸反应迅速及时缩回，仅留下指尖轻微刺痛，无破皮出血。同宿舍的李同学马上意识到可能发生了漏电，立即按下书桌旁的总闸，切断宿舍电源；王同学则掏出手机打开手电，照亮现场；陈同学同步拨打校园 24 小时维修热线，并简要说明“疑似插座漏电，已断电，无人员受伤”。5 分钟后，值班电工到场，用验电笔确认插座内部因长期超负荷使用而导致绝缘片碳化，产生漏电。值班电工现场更换插座并加装漏电保护器，同时对全宿舍同学进行安全用电教育。从断电到恢复供电的整个过程不足 20 分钟，除插座报废外，无任何财物损失，更无人员二次伤害。

事后，学校辅导员组织该宿舍同学撰写《触电险情处置复盘报告》，并作为安全教育材料在全年级推广。该报告总结出四条经验：第一，发现异常先断电，不触碰任何可能带电部位；第二，第一时间通知专业人员，而非自行拆修；第三，宿舍常备小手电等应急照明，避免黑暗中慌乱；第四，使用带CCC认证的插线板，每月排查宿舍线路老化问题并及时报修。

课后实践

一、实践任务

开展一次个人身边的安全风险排查。

二、实践目的

了解防水防电安全知识，从思想层面筑牢安全防线。

三、实践要求

(1) 对教室和宿舍进行防水防电隐患排查，如电器线路、卫生间防水、插座等，详细记录排查出的问题及具体位置，并拍摄相关照片作为佐证。

(2) 针对排查出的隐患，结合所学防水防电知识，制定科学合理的解决方案。

(3) 参与班级讨论，将隐患排查结果上报学校。

项目二

严守操作规程　确保实习安全

任务一
军训和体育课安全

案例导读

小强是某大学学生，曾经确诊患有肥厚型心肌病。在入学体检时，医生发现其有心脏病，小强如实陈述其心肌病史，体检档案对此作了记录。入学后，某天下午第二节课后，学校组织学生参加冬季越野长跑比赛。小强坚持半个小时，完成约 3 000 米长跑。长跑结束后，小强继续在学校上完晚自习。小强下课后半个小时后回到宿舍，刚一进门就对舍友说了句“下午跑得好累啊！”便倒地不醒。同学随即拨打 120 急救电话。小强后经医院抢救无效，于晚间被宣告死亡，诊断结论为猝死。

健康永远是第一位的。大学生应根据自身条件合理选择运动强度，切勿盲目跟风或挑战极限，以免给生命带来不可挽回的损失。学校和家庭应共同关注学生的身心健康，构建更加安全、健康的学习和生活环境。

一、军训安全

（一）军训前的准备

1. 身体状况评估

在军训开始前，学生应进行全面的身体检查，如实向学校和教官报告自己的身体状况，包括是否患有慢性疾病（如心脏病、哮喘、高血压等）、近期的伤病情况以及过往的手术史等。对于身体条件不适合参加高强度军训的学生，学校应根据医生的建议，安排适当的替代训练或观摩学习活动，确保学生的身体健康不受影响。

2. 着装与装备准备

学生需穿着学校统一配发的军训服装和鞋子，确保服装合身、舒适，鞋子具有良好的支撑性能和防滑性能。避免穿着过于宽松或过紧的服装，以及高跟鞋、凉鞋等不适合军训的鞋子，以免在训练中造成摔倒、扭伤等意外事故。准备好必要的军训装备，如帽子、腰带、水壶等。水壶应保证容量足够，且能密封良好，避免在训练过程中漏水。同时，要注意检查水壶的卫生状况，避免因饮用不洁水源而导致身体不适。

3. 防晒与防暑措施

军训通常在户外进行，长时间暴露在阳光下容易导致晒伤和中暑。因此，学生应提前准备好防晒霜、遮阳帽等防晒用品，并在军训前涂抹防晒霜，每隔一段时间进行补涂，以保护皮肤免受紫外线的伤害。了解一些基本的防暑知识和中暑症状，如头晕、恶心、乏力、心跳加快等。随身携带藿香正气水、清凉油等防暑药品，以便在出现中暑症状时能及时采取措施缓解不适。

（二）军训中的安全注意事项

1. 队列训练安全

在进行队列训练时，学生要严格按照教官的要求和示范动作进行，保持正确的姿势和动作规范，避免因姿势不正确或动作过猛而导致肌肉拉伤、扭伤等伤害。注意与前后左右的同学保持适当的间距，避免在行进、转身、蹲下等动作过程中发生碰撞。如果在训练中感到身体不适或疼痛，应立即举手向教官报告，停止训练并接受相应的处理。

2. 军事技能训练安全

军事技能训练项目如射击、战术动作等具有一定的危险性，必须在教官的严格指导和监督下进行。学生要认真学习每个技能动作的要领和安全注意事项，严格遵守操作规程，不擅自尝试危险动作。在进行射击训练前，要确保枪支的安全性，熟悉枪支的构造和使用方法，听从教官的指挥进行装弹、瞄准、射击等操作。射击过程中要保持冷静，避免因紧张或操作不当而引发意外事故。进行战术动作训练时，学生要注意场地的平整度和障碍物的分布情况，避免在快速奔跑、卧倒、匍匐前进等动作中受伤。在通过障碍物时，学生要确认其稳定性和安全性，如有松动或损坏，应及时报告教官，学校应进行修复或更换。

3. 饮食与休息安全

军训期间的饮食与休息对于学生的身体健康至关重要。学生应按时就餐，保证饮食的营养均衡和卫生安全。避免食用过多油腻、辛辣、生冷等刺激性食物，以免引起肠胃不适。合理安排休息时间，保证充足的睡眠。在午休和晚上休息时，要保持宿舍的安静和通风良好，为身体的恢复提供良好的环境。避免在休息时间进行剧烈运动或熬夜聊天等影响休息的活动，以免影响第二天的训练状态和身体免疫力。

4. 心理健康值得关注

军训的强度较大，对于一些学生来说可能会产生心理压力和疲劳感。学校和教官应关注学生的心理健康状况，及时发现并解决学生可能出现的心理问题。鼓励学生之间相互交流和支持，营造良好的团队氛围。通过开展一些心理辅导活动、团队建设游戏等方式，帮助学生缓解压力，增强自信心和适应能力。如果学生出现情绪低落、焦虑、过度担忧等心理问题，学校应及时安排专业的心理咨询师进行干预和治疗。

安全讲堂

缓解军训心理压力小技巧

军训可能会带来一些心理问题，如压力过大、焦虑、烦躁、情绪低落等，以下是一些缓解的方法。

一、情绪调节方面

1. 深呼吸

当感到焦虑、紧张或者烦躁时，找一个相对安静的角落，闭上眼睛，用鼻子慢慢地吸气，使腹部膨胀，感觉气息充满整个腹部，这个过程持续3～5秒。然后用嘴巴慢慢地呼气，感觉腹部收缩，将体内的废气全部排出，呼气时间可以稍长，持续5～7秒。重复这个过程，每次做5～10组。深呼吸可以激活身体的放松反应，降低交感神经系统的兴奋性，从而缓解紧张情绪。

2. 情绪表达

(1) 和同学交流。在军训休息时间，和身边的同学分享自己的感受。例如，你可以说“今天的训练强度好大，我感觉有点累，而且心里很烦躁”。通过这种方式，你会发现很多同学也有类似的感受，自己并不是孤单的，而且在交流过程中，还能从同学那里得到安慰和鼓励。

(2) 写日记。在每天军训结束后，花10～15分钟写一下当天的心情。可以详细地记录自己的情绪变化，如“上午进行正步走训练的时候，因为总是走不好，被教官批评了，当时我觉得很委屈，眼泪在眼眶里打转。但是下午练习军歌的时候，和大家一起放声歌唱，又觉得很开心”。这样既有助于梳理自己的情绪，也是一种情绪的宣泄。

3. 积极地自我暗示

每天早上起床后和晚上睡觉前，对着镜子给自己一个微笑，并且对自己说一些积极的话语，如“我可以很好地完成今天的军训任务”“我有足够的力量和毅力应对军训的挑战”。在军训过程中，当遇到困难的训练科目，如长跑或者站军姿时间过长时，在心里默默地重复这些积极的话语，能够增强自信心，改变自己的心态。

二、应对压力方面

1. 时间管理

合理安排军训期间的时间。虽然军训期间日程安排比较紧凑，但还是可以利用一些碎片时间来放松自己。例如，在午休时间，可以抽出10～15分钟听一听舒缓的音乐，帮助自己放松身心，而不是一直处于紧张的状态；制定一个简单的时间表，将洗漱、整理内务、休息等时间都规划好，这样可以让自己的生活更有条理，从而减轻压力。

2. 改变认知

将军训看作一次成长的机会。不要只看到军训的辛苦，还要看到它对自己身体素质和意志品质的锻炼。例如，在烈日下站军姿时，你可以对自己说，“通过站军姿，我的站姿会更加挺拔，而且我的毅力也在不断增强”。这种思维方式的转变能够帮助你更好地应对军训带来的压力。

3. 身体放松

简单的拉伸运动可以缓解身体的疲劳和紧张。在军训休息期间，可以做一些颈部、肩部、腰部和腿部的拉伸运动。例如，双手放在头部两侧，轻轻地将头部向一侧拉伸，保持15～30秒，然后换另一侧，这样可以缓解颈部肌肉的紧张。身体的放松也会在一定程度上减轻心理的压力。

（三）军训后的安全注意事项

1. 身体恢复与放松

军训结束后，绝大部分学生会感到身体疲劳和酸痛，此时应进行适当的身体恢复和放松训练。可以通过热水泡脚、按摩、拉伸等方式缓解肌肉疲劳，促进血液循环，减轻身体的不适感。避免在军训结束后立即进行剧烈的体育运动或长时间的体力劳动，应给身体足够的时间来恢复元气。同时，要注意保持良好的作息规律和饮食习惯，继续加强营养摄入，帮助身体更快地恢复到正常状态。

2. 装备整理与保管

军训结束后，学生应及时整理和清洗军训服装和装备，并妥善保管。将服装洗净晾干后叠放整齐，鞋子擦拭干净后放在通风干燥处，避免因潮湿发霉而损坏装备。对于学校配发的枪支、弹药等危险物品，学生要严格按照规定进行上缴和保管，确保不发生任何安全事故。同时，要对自己使用过的军训器材进行检查和维护，如有损坏应及时报告学校进行维修或更换，以便下次军训时能够正常使用。

二、体育课安全

（一）体育课课前准备

1. 场地与器材检查

体育教师在上课前应对教学场地进行全面检查，确保场地平整、无杂物、无积水，跑道、足球场、篮球场等运动场地的地面状况良好，没有坑洼或凸起之处，以免学生在运动过程中摔倒受伤；认真检查体育器材的安全性和完整性，如篮球、足球、排球的气压是否正常，羽毛球拍、乒乓球拍的握把是否牢固，单杠、双杠、跳马等器材的连接部位是否稳固，有无松动、变形或损坏的情况。对于存在安全隐患的器材，学校应及时进行维修或更换，严禁使用不合格的器材进行教学。

2. 学生身体状况了解

体育教师应提前了解学生的身体状况，通过询问、查看学生的健康档案或与班主任沟通等方式，掌握学生是否有身体不适、疾病史或近期的伤病情况。对于身体特殊的学生，如患有心脏病、哮喘，正在骨折愈合期等，应根据其身体状况安排适当的体育活动或见习内容，避免因剧烈运动导致病情加重或引发意外事故。

3. 着装要求与安全教育

学生应穿着适合体育运动的服装和鞋子，服装应宽松、舒适、透气，便于身体的活动；鞋子要有良好的支撑、防滑和减震性能，避免穿着皮鞋、高跟鞋、拖鞋等不适合运动的鞋子上课。在每节体育课开始前，体育教师应进行简短的安全教育，向学生强调本节课的安全注意事项，如运动项目的规则和要领、如何避免危险动作、如何正确使用体育器材等，增强学生的安全意识和自我保护能力。

（二）体育课中的安全防范

1. 热身运动与拉伸活动

充分的热身运动是预防体育课运动损伤的重要环节。体育教师应带领学生进行系统的热身活动，包括慢跑、关节活动操、动态拉伸等，使学生的身体各部位得到充分的活动，体温升高，肌肉和关节的灵活性增强，从而降低运动损伤的发生风险。在体育课结束前，体育教师要安排适当的拉伸和放松活动，帮助学生缓解肌肉疲劳，减少肌肉酸痛和受伤的可能性。拉伸活动应覆盖全身各主要肌肉群，每个动作保持一定的时间，让肌肉得到充分的舒展和放松。

2. 体育项目教学安全

体育教师应根据不同的体育项目特点，采取相应的安全防范措施。在田径项目中，如短跑、中长跑等，学生要注意起跑姿势的正确性，避免在起跑时因用力过猛导致摔倒或拉伤肌肉；在长跑过程中，学生要注意呼吸节奏的调整，避免因呼吸不畅引发身体不适。在球类项目中，如篮球、足球、排球等，体育教师要强调团队协作和规则意识，避免学生因争抢激烈而发生碰撞、踩踏等事故。同时，学生应掌握正确的接球、传球、射门、扣球等技术动作，减少因技术动作不当造成的手指、手腕、脚踝等部位的扭伤。在体操项目中，如单杠、双杠、跳马等，体育教师要确保器材的安全性和稳定性，并有专人在旁保护。学生在进行体操动作练习时，要严格按照教师的指导和示范进行，掌握好动作的节奏和力度，避免因失误而从器材上坠落受伤。

3. 课堂秩序维护与监督

体育教师在课堂上要时刻关注学生的运动情况，维持良好的课堂秩序；及时制止学生的危险行为和违规动作，确保每名学生都在自己的视线范围内进行运动；对于一些调皮好动、不遵守课堂纪律的学生，要进行耐心地教育和引导，让他们认识到安全的重要性。在进行分组练习或比赛时，体育教师要合理分组，确保每组学生的实力相对均衡，避免因实力悬殊导致过度竞争和意外伤害的发生；同时，体育教师要安排好每组的负责人，协助自己管理小组活动；负责人要及时报告学生的身体状况和突发情况。

（三）体育课意外事故的处理

1. 常见运动损伤的处理方法

（1）擦伤。

如果学生在体育课上发生擦伤，应立即用生理盐水或清水冲洗伤口，清除伤口表面的污垢和异物，然后用碘伏对伤口周围的皮肤进行消毒，最后用创可贴或无菌纱布包扎伤口。如果擦伤面积较大或伤口较深，体育教师应及时将学生送往学校医务室或医院进行进一步的处理，如清创缝合、注射破伤风疫苗等。

（2）扭伤。

学生出现扭伤（如脚踝扭伤、手腕扭伤等）时，应立即停止活动，避免受伤部位进一步受力。在扭伤后的 24 小时内，可采用冷敷的方法，用冰袋或冷毛巾敷在受伤部位，每次冷敷15～20分钟，每隔2～3小时冷敷一次，以减轻肿胀和疼痛。24小时后，可改为热敷，促进血液循环，帮助消肿。同时，可使用绷带或护具对受伤部位进行固定和保护，避免再次扭伤。如果扭伤情况较为严重，如出现明显的肿胀、疼痛剧烈、活动受限等症状，应及时就医，进行X光检查，排除骨折的可能，并接受专业的治疗。

（3）骨折。

一旦怀疑学生发生骨折，体育教师应立即采取紧急措施。首先，要保持受伤部位的稳定，避免随意搬动受伤学生，以免造成骨折端的移位和二次损伤。如果是开放性骨折，即骨折处皮肤或黏膜破裂，骨折端与外界相通，应先用干净的纱布或毛巾覆盖伤口，进行简单的止血包扎，然后尽快拨打120急救电话，将学生送往医院进行救治。在等待急救人员到来的过程中，可对受伤部位进行适当的固定，如用木板、树枝等作为临时固定材料，固定骨折部位的上下两个关节，以减轻疼痛和防止骨折进一步移位。

（4）肌肉拉伤。

肌肉拉伤多因运动过度或热身不足导致。学生发生肌肉拉伤后，应立即停止运动，并对受伤部位进行冷敷，以减轻疼痛和肿胀。在拉伤后的24～48小时内，可适当进行休息和冷敷，避免按摩和热敷，以免加重损伤。48小时后，可逐渐开始进行热敷、按摩和轻度的伸展运动，促进肌肉的恢复。如果肌肉拉伤严重，影响肢体活动或疼痛持续不缓解，应及时就医，接受专业的治疗和康复指导。

（5）中暑。

在炎热天气上体育课时，学生可能会发生中暑现象。一旦发现学生中暑，体育教师应立即将其转移至阴凉通风处，解开衣领，用湿毛巾擦拭身体降温，并给予适量的淡盐水或清凉饮料饮用。如果中暑症状较轻，经过上述处理后，学生的症状一般会逐渐缓解。但如果中暑症状严重，如出现昏迷、抽搐等情况，应立即拨打120急救电话，送往医院进行抢救。

2. 紧急救援与送医流程

体育教师应掌握基本的急救知识和技能，如心肺复苏、人工呼吸、止血包扎等，以便在学生发生意外事故时能够及时进行紧急救援。当遇到学生突发严重意外情况，如晕厥、心脏骤停等时，应立即进行心肺复苏操作，同时让其他学生迅速通知学校医务室或拨打120急救电话。在等待急救人员到来的过程中，要持续对患者进行急救处理，并密切观察患者的生命体征变化。一旦急救人员到达现场，应协助他们将患者安全地转移到救护车上，并向急救人员详细介绍患者的受伤情况和已采取的急救措施，确保患者能够得到及时、有效的救治。

安全讲堂

特殊体质学生上体育课的注意事项

过敏体质学生：体育教师需提前了解学生的过敏原，并在课程中避免使用或接触相关物质。课程中配备抗过敏药物，并教会学生如何正确使用。鼓励学生随身携带抗过敏药物，以备不时之需。

先天性心脏病学生：避免安排高强度或高风险的体育活动。课程中配备急救设备和药品，如自动体外除颤器、心肺复苏设备等。学生应定期进行心脏检查，确保心脏状况稳定。

哮喘学生：避免在空气质量差或易引发哮喘的环境中上课。课程中配备哮喘急救药物，如吸入性糖皮质激素、短效 β_2 受体激动剂等。教会学生如何正确使用哮喘急救药物，并要求其随身携带。

高血压学生：避免安排过于激烈或长时间的体育活动。课程中定期监测学生的血压，确保其在安全范围内。鼓励学生保持健康的生活方式，如合理饮食、适量运动等。

低血糖学生：避免在空腹或长时间未进食的情况下上课。课程中配备含糖饮料或食物，以备学生出现低血糖症状时及时补充能量。教会学生如何识别低血糖症状，并鼓励其随身携带含糖食物。

课后实践

一、实践任务

校园军训与体育课安全方案设计。

二、实践目的

通过实践强化学生对军训和体育课安全知识的应用能力，培养团队协作与实际问题解决能力，同时提升校园安全意识。

三、实践内容

以小组为单位，结合教材中“军训安全”和“体育课安全”的内容，完成以下任务：

1. 案例分析

设计一个虚构的军训或体育课场景，描述其中可能存在的安全隐患（至少 3 处）。例如，某学生在烈日下站军姿时突然晕倒，或体育课上学生因未热身而导致肌肉拉伤。结合教材内容，分析这些隐患的成因及可能引发的后果。

2. 安全方案策划

军训部分：针对你的案例，拟订一份军训全过程安全指南，内容包含训前准备（身体评估、装备建议、防晒防暑措施），训中注意事项（队列安全、心理压力缓解技巧、应急处理流程），以及训后恢复建议（如肌肉放松方法、装备保管要求）。

体育课部分：制订一节安全体育课的教学计划。内容包含课前检查清单（场地、器材、学生健康状况），课中安全措施（热身活动设计、高风险项目保护方案、课堂纪律、规则），以及意外事故处理流程（擦伤、扭伤等常见损伤的现场处理方法）。

四、实践展示

以情景剧、PPT 演示或海报设计等形式，展示案例分析及安全方案。每组需模拟一个安全小课堂，向全班传授一项实用技能（如正确拉伸动作、中暑急救步骤、情绪调节技巧）。

五、评分标准

内容的全面性与教材知识点的覆盖度占 40%，方案的可行性与创新性占 30%，团队合作与展示效果占30%。

任务二
实习实训环境安全

案例导读

小李是高职院校的一名大三学生，其在网上寻找实习单位的时候，找到了一家游戏直播公司。公司与小李签署的协议中要求小李每个月直播时长不得少于240个小时，小李原本是在白天直播，但11月5日后他开始夜间直播，猝死前曾连续5晚通宵直播。

企业在招聘实习生时，应充分考虑其身体状况与承受能力，合理安排工作任务与休息时间，避免过度劳动。同时，实习生自身应增强自我保护意识，明确自身权益，对于不合理的工作要勇于说“不”。社会各界应加强对实习生劳动权益的监管与保护，共同营造健康、公平的实习环境，防止类似悲剧再次发生，让年轻人在实习实训中真正得到成长与锻炼。

安全讲堂

《职业学校学生实习管理规定》第十六条

一、实习实训场所的安全布局与设施

（一）整体布局规划

企业应根据不同的专业和实训项目合理布局实习实训场所，划分出不同的功能区域，如操作区、演示区、原材料存放区、成品存放区、设备维护区等。各区域之间应保持足够的安全距离，避免相互干扰和交叉影响。通道应保持畅通无阻，宽度符合安全要求，便于人员疏散和设备搬运。例如，在机械加工实训车间，车床、铣床等设备应按照工艺流程依次排列，操作区域周围应设置防护栏，防止人员意外闯入正在运行的设备区域；原材料和成品存放区应远离操作区，且有明确的标志和分类存放架，以避免因混乱和碰撞引发的安全事故。

（二）安全防护设施

1. 防护栏与防护网

在存在高处坠落风险的区域，如楼梯、平台、屋顶等边缘，企业应安装坚固的防护栏，防护栏的高度、间距和强度应符合国家标准。在一些涉及飞溅物、粉尘等危害的操作岗位，如焊接、打磨等，企业应设置防护网，以阻挡有害物质对人员的伤害。例如，在建筑施工实习场地的脚手架上，防护栏的上栏杆高度不应低于1.2米，并需设置中栏杆（通常0.6米）和挡脚板（高度≥18厘米）；防护栏应能够承受一定的水平冲击力，防止人员因意外滑倒而坠落。

2. 消防设施与器材

实习实训场所必须配备完善的消防设施和器材，包括火灾自动报警系统、消火栓系统、灭火器等。企业应定期维护和检测消防设施，确保其处于良好的运行状态。企业应根据场所内可能发生的火灾类型选择灭火器，并放置在明显、易于取用的位置，且定期进行检查和换药。例如，在电子电器实训室，由于可能存在电气火灾风险，应配备二氧化碳灭火器或干粉灭火器，并且在每个房间的门口、通道等位置都应设置灭火器箱，方便在火灾发生时能够迅速取用。

3. 通风与排毒装置

对于一些会产生有毒有害气体、粉尘或烟雾的实习实训项目，如化工实验、涂装作业等，必须安装有效的通风与排毒装置。通风装置应能够保证室内空气的及时更新和有害物质的排出，排毒装置应能够对有害物质进行净化处理，使其达到排放标准。例如，在化学实验室中，通风橱是常用的通风与排毒设备，它能够将实验过程中产生的有害气体及时抽走，保护实验人员的健康。通风橱的风速应保持在一定范围内，企业应定期检查通风管道是否堵塞、风机是否正常运行等。

二、实习实训设备的安全操作与维护

（一）设备操作规程制定

对于每台实习实训设备，企业都应制定详细的操作规程，操作规程应包括设备的启动、停止、运行过程中的操作步骤、注意事项、应急处理方法等内容。操作规程应张贴在设备显眼位置，方便操作人员随时查看。例如，对于数控机床的操作规程，应明确规定开机前的检查项目，如检查润滑油液位是否处于储量标尺或容器的正常范围、刀具安装是否牢固、各坐标轴是否在原点位置等；在运行过程中，应详细说明如何进行手动操作、自动加工的参数设置、刀具补偿的调整等；在关机时，应按照规定的顺序依次关闭各系统和电源，并清理设备表面和工作区域。

（二）设备操作培训与考核

在实习实训人员使用实习实训设备之前，企业必须对其进行系统的操作培训，使其熟悉设备的性能、操作规程和安全注意事项。培训结束后，企业应进行严格的考核，只有考核合格的人员才能独立操作设备。例如，在汽车维修实训中，对于汽车举升机的操作培训，应包括汽车举升机的结构原理、操作手柄的使用方法、举升和降落的安全注意事项等内容。培训后企业应通过理论考试和实际操作考核，确保实习实训人员能够正确、安全地使用汽车举升机，避免因操作不当导致车辆滑落等事故。

（三）设备日常维护与保养

企业应建立实习实训设备定期维护保养制度，按照规定的时间间隔对设备进行维护保养，包括设备的清洁、润滑、紧固、调整、校验等工作。维护保养记录应详细记录设备的维护保养情况，包括维护保养时间、维护保养人员、维护保养内容、设备运行状况等信息。例如，对于机械加工设备，每天应进行设备表面的清洁工作，清除铁屑、油污等杂质；每周应对设备的导轨、丝杠等运动部件进行润滑；每月应对设备的精度进行校验，如车床的主轴跳动、铣床的工作台平面度等，并根据校验结果进行调整，确保设备的加工精度符合要求。

（四）设备故障处理与报修

在设备运行过程中，如发现异常情况或故障，操作人员应立即关停设备，并按照操作规程中的应急处理方法进行处理。如果故障无法自行排除，操作人员应及时填写设备报修单，向设备管理部门报修。设备管理部门接到报修后，应及时安排维修人员进行维修，并在维修完成后进行设备的验收和试运行，确保设备能够正常运行。例如，在电子电路实训中，如果示波器出现图像异常或无显示等故障，操作人员应首先检查电源连接、探头连接等是否正常，如无法解决问题，则应填写设备报修单，详细描述故障现象。维修人员根据设备报修单进行故障排查和维修，维修后通过对示波器的各项功能进行测试，确认设备恢复正常后交付使用。

三、实习实训材料的安全管理

（一）实习实训材料的分类与存放

实习实训材料种类繁多，企业应根据其性质、用途和危险程度进行分类存放。一般而言，实习实训材料可分为金属材料、非金属材料、电子元器件、工具等类别。材料存放区域应保持干燥、通风良好，并且有相应的防火、防潮、防虫等措施。例如，在钳工实训中，各种钢材、铝材等金属材料应存放在专用的材料架上，按照规格和型号分类摆放；工具应存放在工具柜中，整齐有序，避免丢失和损坏。对于一些易氧化、生锈的材料，如钢铁材料，可在表面涂抹防锈油进行防护。

（二）实习实训材料的使用

企业应针对不同的实习实训材料，制定详细的安全操作规程，明确使用方法、注意事项和应急处理措施。企业应将操作规程发放给每一位实习实训人员，并要求他们在使用前认真阅读和熟悉；在使用材料前，必须对实习实训人员进行专门的安全培训，使其了解材料的性质、危害以及正确的使用方法。培训内容应包括理论讲解、实际操作演示和案例分析等，确保实习实训人员能够熟练地掌握操作技能和安全知识。企业应建立材料使用记录档案，详细记录材料的领用日期、领用人员、使用数量、剩余数量等信息。这样可以及时掌握实习实训材料的使用情况，便于进行安全监管和成本控制。

（三）实习实训材料废弃物处理

企业应根据实习实训过程中产生的材料废弃物的性质进行分类收集，避免不同类型的废弃物混合在一起。例如，化学废弃物可按照有机物、无机物、重金属等分类收集；废旧的电子元器件要单独收集，以便进行专门的回收处理。分类收集后的废弃物应存放在专门的存放场所，并设置明显的标志，注明废弃物的种类、性质和危害。存放场所要具备相应的防护措施，防止废弃物泄漏或对环境造成污染。企业应定期将收集的废弃物交由有资质的专业处理机构进行处理，确保废弃物得到安全、环保的处置。在交接过程中，要严格办理相关的交接手续，记录废弃物的种类、数量和处理去向。

课后实践

一、实践任务

模拟设计并实施某实习实训场景下的安全管理方案。

二、实践目的

巩固实习实训场所安全布局、设备安全操作与维护、材料安全管理的理论知识；培养小组合作能力，提升实际问题分析与解决能力；增强安全意识，掌握安全管理方案的设计与实施流程。

三、实践内容

1. 小组组建

4～5 人一组，自行推选组长，负责小组任务分配与进度协调。

2. 场景选择

自行设计一个合理的实习实训场景。

3. 实施模拟

小组成员分别扮演实习实训“指导老师”“学生”“设备管理员”“材料管理员”等角色，模拟方案实施过程。例如，“学生”在“指导老师”的监督下，依据操作规程使用设备和材料，“设备管理员”进行设备维护与故障处理，“材料管理员”负责材料的发放、回收和废弃物处理等。

四、实践展示

制作 PPT，向全班进行实践成果汇报，汇报时间控制在 10～15 分钟，汇报后接受其他小组和老师的提问与点评。

任务三
实习实训操作安全

案例导读

2010 年 6 月 9 日，某大学的一名学生给分析仪器充入氮气，充气若干时间后，该学生离开实验室去二楼，当其返回该分析仪器旁时，观察窗口（直径约 15cm）的玻璃爆裂，碎裂的玻璃片将该学生的右手静脉割破，腹部割伤，导致大量出血。

事故原因：(1) 该学生操作违规，充气后未将氮气钢瓶的总阀和减压阀关闭便离开实验室，当返回实验室关闭总阀和减压阀后回到该分析仪器旁时，立即发生了爆炸。长时间充气，致使仪器内的压力过高，观察窗口的玻璃因无法承受压力而爆裂。(2) 仪器缺少安全防护装置。(3) 缺少规范的仪器操作规程。

上述案例凸显了实验室安全操作的重要性。在该大学的实验室事故中，操作违规、仪器缺少安全防护装置以及缺乏规范的仪器操作规程是事故的主要原因。这起事故强调了实验室操作人员必须严格遵守规程，同时仪器应具备必要的安全防护装置。为防止类似事故再次发生，实验室应加强安全管理，完善操作规程，并定期对实验人员进行安全培训，共同营造一个安全、有序的实验室环境。

一、实习实训操作前的准备工作

（一）场地与设备检查

进入实习实训场地前，需对场地整体环境进行检查，查看是否存在障碍物、积水、地面湿滑等可能导致滑倒、绊倒的隐患。例如，在机械加工车间，要确保通道畅通无阻，无铁屑、油污堆积。

对即将使用的设备进行全面检查。检查设备外观是否有损坏、变形，各连接部位是否牢固，如机床的工作台、刀具夹头、传动皮带等。同时，检查设备的电气系统，包括电源线是否破损、插头和插座是否接触良好、电气开关是否灵敏等，防止因电气故障引发触电或火灾事故。对于一些特种设备，如起重机、压力容器等，还要检查其安全附件是否完好、有效，如安全阀、压力表等是否在有效期内且工作正常。

（二）工具与材料准备

根据实习实训任务要求，准确选择合适的工具。检查工具的完整性，如螺丝刀的刀头是否磨损、扳手的开口是否变形等，损坏的工具应及时更换或维修。对于精密工具，如量具，要检查其精度是否符合要求，使用前需进行校准。

准备所需的材料，并对材料的质量和规格进行核对。例如，在焊接实训中，要检查焊接材料（焊条、焊丝等）的型号是否正确，材料表面是否有油污、锈蚀等杂质，若有则需进行清理，以免影响焊接质量和操作安全。同时，要确保材料的存放符合安全规范，避免因材料摆放不当引发火灾、爆炸等危险，如易燃材料应远离热源和火源。

（三）个人防护用品穿戴

1. 头部防护

根据实习实训环境的危险程度，选择合适的安全帽。例如，在建筑施工实习中，安全帽可有效防止头部受到坠落物的撞击。安全帽应佩戴端正，帽带需系紧在下颌处，确保在发生意外时不会脱落。

2. 眼部防护

实习实训人员应佩戴防护眼镜或护目镜，以防止飞溅的异物、强光、有害光线等对眼睛造成伤害。例如，在金属切削、焊接、打磨等操作中，会产生大量的金属屑、火花和强光，防护眼镜能有效阻挡这些危害。选择防护眼镜时，要确保其符合相关标准，具有良好的抗冲击性能和光学性能。

3. 耳部防护

在噪声较大的实习实训场所，如机械制造车间、机场地勤维修等，需佩戴耳塞或耳罩。耳塞应正确塞入耳道，耳罩应紧密贴合耳部，以有效降低噪声对听力的损害。由于长期暴露在高分贝噪声环境中可能导致听力下降甚至耳聋，因此耳部防护不容忽视。

4. 呼吸防护

当实习实训涉及有毒有害气体、粉尘或烟雾时，如化工实验、喷漆作业等，必须佩戴合适的呼吸防护用品。常见的呼吸防护用品有防尘口罩、防毒面具等。防尘口罩可过滤空气中的粉尘颗粒，防毒面具则能有效吸附或中和有毒有害气体。要根据作业环境中的有害物质种类和浓度选择呼吸防护用品，并确保其密合性良好，定期更换滤毒元件或口罩。

5. 手部防护

根据操作任务选择相应的防护手套，如防切割手套、防高温手套、防酸碱手套等。在操作锋利工具或处理高温物体时，防切割手套和防高温手套能保护手部免受伤害；在接触酸碱等腐蚀性物质时，防酸碱手套可防止手部皮肤被腐蚀。手套应大小合适，佩戴舒适，且无破损和漏洞。

6. 身体防护

实习实训人员应穿着工作服，工作服应具有一定的防护性能，如防火、防静电、防化学腐蚀等，根据不同的实习实训环境选择合适的材质和款式。例如，在化工车间，工作服应具备防腐蚀性能；在电子制造车间，工作服应具有防静电性能，以防止因静电引发电子元件损坏或火灾事故。同时，工作服应穿着整齐，袖口、领口、下摆等部位应扣紧，避免在操作过程中被卷入设备。

7. 足部防护

实习实训人员应穿安全鞋，安全鞋应具有防砸、防穿刺、防滑等功能。在有重物坠落风险的场所，如建筑工地、机械加工车间等，防砸功能可保护脚部免受砸伤；在有尖锐物体的环境中，防穿刺功能可防止鞋底被刺穿而伤害脚部；防滑功能则能确保在潮湿、油腻的地面上行走时不易滑倒。安全鞋的鞋带应系紧，避免在行走或操作过程中散开而导致绊倒。

（四）熟悉操作流程

在开始实习实训操作前，务必认真学习和熟悉相关的操作流程。这包括详细阅读设备的操作手册、实习实训指导书等资料，了解操作的先后顺序、各个步骤的具体要求以及操作过程中的注意事项。例如，在数控机床操作中，要清楚如何进行开机预热、刀具安装与对刀、程序输入与编辑、工件装夹与定位、自动加工运行以及关机后处理等一系列流程。任何一个环节的失误都可能导致设备损坏、工件报废甚至人员伤亡。

对于复杂的实习实训项目或新接触的设备，实习实训人员应在指导老师或经验丰富的技术人员的指导下进行模拟操作练习，直至熟练掌握操作流程。实习实训人员可在设备停机状态或专门的模拟训练设备上进行模拟操作。通过反复练习，实习实训人员可加深对操作步骤和要点的记忆，提高操作的准确性和熟练度，同时也能提前发现可能存在的问题并加以解决，为正式操作做好充分准备。

二、实习实训操作中的安全注意事项

（一）注意力集中与避免疲劳操作

在实习实训操作过程中，实习实训人员必须保持高度的注意力集中，全身心投入操作任务中。不得在操作时进行聊天、玩手机、听音乐等分散注意力的行为，防止因注意力不集中而导致操作失误，引发安全事故。例如，在驾驶实习中，驾驶员如果分心看手机或与乘客聊天，很容易忽视道路上的交通信号、行人或其他车辆，从而导致交通事故的发生。

安全讲堂

《职业学校学生实习管理规定》第十七条

合理安排实习实训时间，避免因长时间连续操作导致疲劳。疲劳会使人的反应速度变慢、注意力下降、判断能力减弱，从而增加操作风险。一般情况下，连续操作时间不宜过长，应根据实际情况安排适当的休息时间，如每隔 1～2 小时休息 10～15 分钟。在休息期间，可以进行一些简单的放松活动，如走动、伸展身体、深呼吸等，以缓解身体和精神的疲劳，从而保持良好的工作状态。

（二）严格遵守设备运行参数与使用限制

每台设备都有额定的运行参数与使用限制，如转速、功率、温度、压力等，实习实训人员必须严格遵守这些运行参数与使用限制，不得为了追求效率或其他目的而擅自超出设备的额定参数进行操作，否则可能会导致设备损坏、故障甚至引发爆炸、火灾等严重安全事故。例如，在使用高压灭菌锅时，如果超过规定的压力和温度进行灭菌操作，可能会导致高压灭菌锅爆炸，造成人员伤亡和财产损失。

在设备运行过程中，实习实训人员要密切关注设备的运行参数，通过仪表、显示屏等设备监控手段实时了解设备的工作状态。如果发现设备运行参数接近或超出允许范围，实习实训人员应立即采取措施进行调整或停止设备运行，查明原因并排除故障后，方可重新启动设备。同时，实习实训人员要定期对设备的运行参数进行记录和分析，以便及时发现设备潜在的问题，提前进行维护保养和维修。

（三）禁止违规操作与冒险行为

实习实训人员必须严格按照操作规程进行操作，严禁任何形式的违规操作行为。违规操作是导致安全事故的主要原因之一，如违反设备的启动和停止顺序、不按规定使用工具和防护用品、随意拆除设备的安全防护装置等。例如，在机床操作中，拆除防护门或在防护门未关闭的情况下启动机床，很容易使实习实训人员的身体部位接触到高速运转的刀具和工件，造成严重的机械伤害。

实习实训人员不得进行冒险行为，如在没有足够安全保障的情况下尝试新的操作方法或进行危险的实训。对于一些不确定是否安全的操作，实习实训人员应先咨询指导老师或专业技术人员，在得到明确的指导和许可后，方可进行操作。在实习实训过程中，实习实训人员要始终保持谨慎的态度，遵循安全第一的原则，不要心存侥幸心理，以免给自己和他人带来不可挽回的损失。

课后实践

一、实践任务

个人防护装备（PPE）快速自查与场景匹配。

二、实践内容

1. 编制简易个人防护装备清单

从以下场景中任选一个：焊接车间、化学实验室、机械加工车间。列出该场景的3项主要危险源（如焊接火花、有毒气体、飞溅金属屑等），根据危险源编制一张个人防护装备清单（包含头部、眼部、手部、身体、足部等防护用品）。

2. 制作穿戴顺序卡片

为你编制的个人防护装备清单制作一张穿戴顺序卡片（图文均可），标注穿戴关键动作顺序（如先戴防护镜再戴呼吸器、检查手套完整性）。

三、实践要求

与同桌交换个人防护装备清单和穿戴顺序卡片，检查是否存在以下问题：

(1) 防护用品与危险源不匹配（如化学实验室未配备防毒面具）。

(2) 穿戴顺序不合理（如先穿工作服再戴手套）。

注：用红笔标记错误，并提出1条改进建议。

四、提交形式

手写个人防护装备清单+穿戴顺序卡片照片，或电子文档截图。

任务四

应急处理操作与规范

案例导读

某高校普床加工实训课上，一名学生因操作失误被机床挤压，导致手指骨折，惊呼求救。邻近学生立即按下急停开关关停机床，同时报告指导老师。指导老师迅速切断实训室总电源，查看伤情后联系实训室管理员求援。管理员随即通知校医并上报相关部门，老师与管理员同步组织学生有序撤离至安全区域并排查安全隐患。校医10分钟内赶到现场对伤员进行消毒、止血、包扎等急救处理，并联系救护车送学生去医院。

该案例展现了该校师生高效的应急处置能力，也启示我们：处理应急事故时，应急反应需快速、精准，要熟练操作设备和应急装置；应急协作应高效联动，需明确自身角色并主动配合；应急准备要常备不懈，应将应急技能融入日常。只有这样，才能妥善应对实训中的各类意外。

一、常见事故类型及危害分析

(一) 触电事故

1. 触电原因

(1) 电气设备绝缘损坏：如电线老化、破损，电气设备长期运行导致绝缘性能下降等，使原本不应带电的部分带电，人员接触后易发生触电。

(2) 违规操作：未按操作规程进行电气设备的安装、调试、使用和维修，如带电作业、湿手触摸电气设备、在电气设备周围放置易燃物等。

(3) 安全防护措施缺失：如电气设备未接地或接地不良，漏电保护装置失灵，未设置警示标志等，增加了触电风险。

2. 危害

(1) 电流通过人体时，会对人体的神经、肌肉、心脏、血管等组织器官造成直接损害，引起肌肉痉挛、呼吸困难、心脏骤停、休克等，严重时可导致死亡。

(2) 触电时产生的电弧或电流通过人体产生的热量，可造成皮肤和深部组织的烧伤，伤口往往较深，愈合困难，易发生感染，且可能留下严重的瘢痕和功能障碍。

(二) 机械伤害事故

1. 机械伤害原因

(1) 设备故障：如机床的传动部件松动、脱落，刀具断裂，防护装置损坏等，使设备在运行过程中出现异常，对操作人员造成伤害。

(2) 操作不当：如未正确安装工件、刀具，在设备运行过程中伸手进入危险区域，操作速度过快，注意力不集中等，导致身体与设备的运动部件发生碰撞、挤压、切割、卷入等。

(3) 安全意识淡薄：对机械操作的危险性认识不足，未严格遵守安全操作规程，忽视安全警示标志，心存侥幸心理等。

2. 危害

(1) 肢体损伤：可导致骨折、脱臼、软组织挫伤、撕裂伤等，严重影响肢体的正常功能，甚至可能造成肢体残缺。

(2) 内脏损伤：在严重的机械伤害事故中，如身体受到强烈的挤压或撞击，可能会导致内脏破裂、出血等，危及生命。

(三) 火灾事故

1. 火灾原因

(1) 电气火灾：电气设备过载、短路、接触不良等引发电火花、电弧或过热，引燃周围的易燃物，如电线绝缘层、纸张、木材等。

(2) 易燃易爆物质泄漏：在化工实习实训或涉及危险化学品的场所，易燃易爆物质泄漏后与空气混合形成可燃混合气，遇到火源即发生爆炸并引发火灾。

(3) 明火管理不善：如在宿舍等禁止区域吸烟或使用明火、使用不合格的明火设备、擅自使用明火设备、作业前未清理周围易燃物等。

(4) 易燃物堆积：实习实训场地内易燃物摆放杂乱，未保持安全距离，通风不良，一旦遇到火源，火势容易迅速蔓延。

(5) 电器未及时拔掉电源：电吹风、电热水壶、充电器等电器，如未及时拔掉电源，极易引发火灾。

2. 危害

(1) 人员伤亡：火灾产生的高温、浓烟、有毒气体等会对人员造成严重的伤害，导致烧伤、窒息、中毒等，甚至造成人员死亡。

(2) 财产损失：火灾会烧毁实习实训设备、工具、材料、建筑物等，造成巨大的经济损失。

(3) 社会影响：火灾会影响实习实训工作的正常开展，延误教学和培训进度。

（四）化学事故

1. 事故原因

（1）危险化学品泄漏：储存容器破裂、阀门损坏、管道泄漏等原因，导致危险化学品泄漏到环境中。

（2）化学反应失控：在化学反应过程中，因温度、压力、物料比例等控制不当，或反应条件发生变化，使反应剧烈程度超出预期，引发爆炸、火灾或有毒气体释放。

（3）违规操作：如未按规定的操作步骤进行危险化学品的取用、混合、反应，未使用合适的防护用品等。

（4）防护设备失效：通风系统故障、排毒装置失灵、洗眼器和喷淋装置损坏等，无法有效控制危险化学品的危害。

2. 危害

（1）化学灼伤：皮肤、眼睛接触到强酸、强碱、强氧化剂等腐蚀性化学品，会造成不同程度的灼伤，引起疼痛、红肿、水疱、组织坏死等。

（2）中毒：吸入或摄入有毒化学品，会对人体的呼吸系统、神经系统、血液系统以及肝脏、肾脏等脏器造成损害，出现头晕、头痛、恶心、呕吐、呼吸困难、抽搐、昏迷等中毒症状，严重时可导致死亡。

（3）环境污染：危险化学品泄漏或排放到环境中，会污染土壤、水源、空气，对生态环境造成长期的破坏，影响周边居民的生活和健康。

二、应急处理通用原则与流程

（一）应急处理原则

1. 生命至上，安全第一

以师生生命安全为核心准则。当实训事故、火灾等突发事件发生后，高校需第一时间启动应急响应机制，迅速调配校医、安保等校内资源，并同步联系校外医疗力量开展救援。在救援过程中，严格遵循专业流程操作，如火灾救援时科学规划疏散路线、谨慎搬运伤员，全力防范二次伤害。

2. 预防为主，防患未然

强化安全管理，对设备定期进行检修和维护，如车床的急停装置、防护栏等关键部件；开展常态化安全培训，讲解操作规范和应急技能，如机床操作的禁止事项、急停开关的使用方法。定期组织应急演练，模拟实训事故场景，让师生在实践中熟悉处置流程，提前排查安全隐患，从源头降低事故发生概率。

3. 科学应对，精准处置

结合高校实训设施多、专业复杂的特点，在事故发生后，依据事件类型、成因及危害程度制定有针对性的处理方案。例如，化工实训中发生化学品泄漏，需根据化学品特性，借助专业设备精准选用中和剂、吸附材料进行处理。处理方案需经校内专业教师、专家共同研讨，严格按照操作规程执行，杜绝盲目行动。

4. 统一指挥，高效联动

建立结构清晰的指挥体系，明确专人负责指挥，并细化各部门职责。突发事件发生时，指挥者需快速整合各部门力量，统筹规划救援行动并下达明确指令；各部门严格服从调度，如大型活动发生意外时，安保部门负责维持秩序并组织疏散，后勤部门负责保障物资供应，确保救援工作有序推进。

5. 全员参与，协同配合

构建全校及校外单位协同联动机制。教师应发挥专业指导作用，引导学生开展应急自救；学生应积极参与应急演练，熟练掌握相关技能并严格听从指挥。同时，高校应加强与周边社区、医院、消防等单位的联动，通过联合演练、建立绿色通道等方式，实现资源共享、协同作战，凝聚应对突发事件的强大合力。

（二）应急处理流程

1. 事故报警与紧急联络

一旦发现事故，现场工作人员应立即向周围人员发出警报，提醒大家注意安全，并迅速报告给实习实训指导老师、管理人员或安全负责人。报告内容应包括事故发生的时间、地点、类型、严重程度以及人员伤亡情况等。拨打相应的紧急救援电话，如 119 火警电话、120 急救电话、110 报警电话等，清晰、准确地告知事故地点、情况，并保持电话畅通，以便随时接受救援人员的询问和指导。

2. 人员疏散与伤员急救

根据事故的性质和现场情况，现场工作人员应迅速将人员疏散到安全区域。在疏散过程中，应按照预定的疏散路线有序进行，避免拥挤和踩踏。对于行动不便的人员，应安排专人协助疏散。在确保自身安全的前提下，对受伤人员进行紧急救援，如进行心肺复苏、止血包扎、固定骨折部位等，为后续的医疗救援争取时间。对于中毒人员，应尽快将其转移到通风良好的空旷地带，解开衣领、腰带，保持呼吸通畅，并根据中毒物质的性质采取相应的急救措施。

3. 事故控制与应急处置

针对不同类型的事故，采取相应的控制和处理措施。对于触电事故，应立即切断电源，使用绝缘工具将触电者与带电体分离；对于机械伤害事故，应停止设备运行，防止伤害进一步扩大；对于火灾事故，应使用灭火器、消火栓等灭火器材进行灭火，或采取隔离、窒息、冷却等灭火方法控制火势蔓延；对于化学事故，应迅速采取措施控制泄漏源，如关闭阀门、堵塞泄漏点等，并对泄漏物进行处理，如用吸收材料吸收、用中和剂中和等。

4. 现场保护与协助调查

在事故处理过程中，应尽可能保护好事故现场，避免现场遭到破坏。设置警戒区域，禁止无关人员进入，以便后续的事故调查人员能够准确了解事故发生的经过和原因。积极配合相关部门的事故调查工作，如实提供事故发生的详细情况、应急处理过程等信息，协助调查人员收集证据、分析事故原因，以便制定相应的预防措施，防止类似事故再次发生。

三、各类事故应急处理具体操作

（一）触电事故应急处理

1. 切断电源

第一时间找到电源开关或插头，迅速将其关闭或拔掉，以切断电流通路。如果无法立即找到电源开关或插头，可使用绝缘物体（如干燥的木棒、竹竿、塑料棒等）将触电者与带电体分开，切勿直接用手或导电物体去触碰触电者，以免自身触电。

2. 现场急救

若触电者呼吸、心跳停止，应立即进行心肺复苏（CPR）。让触电者仰卧在平坦的地面上，解开其上衣领口、腰带等束缚物，清除口腔内的异物，如假牙、痰液等。施救者跪在触电者一侧，以两乳头连线中点（胸骨中下 1/3 交界处）为按压点，双手交叠，用上半身的力量垂直向下按压，按压频率为每分钟 100～120 次，按压深度为 5～6 厘米。每按压 30 次，进行 2 次人工呼吸。人工呼吸时，一手捏住触电者的鼻子，另一手托起其下巴，深吸一口气后，将自己的嘴完全包住触电者的嘴，缓慢吹气，每次吹气时间约 1 秒，观察到触电者胸廓有明显起伏即可。如此反复进行心肺复苏操作，直到触电者恢复呼吸和心跳或专业急救人员到达。如果触电者有呼吸和心跳，但意识不清，应将其平放在安全的地方，解开衣物，保持呼吸通畅，并密切观察其生命体征变化，等待急救人员到来。

3. 后续处理

触电者经急救恢复呼吸和心跳后，仍需被送往医院进行进一步的检查和治疗，以确定是否有因电击伤导致的内部器官损伤、烧伤等并发症，并接受相应的康复治疗。在送往医院途中，应继续观察触电者的病情变化，如有异常及时告知医护人员。

（二）机械伤害事故应急处理

1. 关停设备

立即按下设备的紧急停止按钮，使设备停止运转。如果紧急停止按钮失灵，应迅速切断设备电源，以防止伤害进一步扩大。

2. 处理伤口

对于开放性伤口，如切割伤、撕裂伤等，应先用干净的纱布或毛巾按压伤口止血，尽量减少出血。如果伤口有异物，不要随意去除，以免造成大出血或加重损伤，应等待医护人员处理。在止血后，用生理盐水冲洗伤口，清除伤口周围的污垢和杂质，然后用碘伏消毒伤口，最后用无菌纱布包扎。若发生骨折，不要随意移动受伤部位，以免造成骨折端移位，加重损伤。可就地取材，如用木板、树枝、硬纸板等制作简易夹板，对骨折部位进行固定。固定时，应将夹板放置在骨折部位的上下两端及关节处，用绷带或布条捆绑固定，但不要过紧，以免影响血液循环。对于开放性骨折，应先进行伤口止血和包扎，再进行骨折固定。

3. 送往医院

第一时间拨打120急救电话，协助急救人员将伤者送往医院进行进一步的诊断和治疗。现场人员应向急救人员详细描述事故发生的经过和伤者的受伤情况，以便急救人员做好相应的准备工作。在送往医院途中，急救人员应密切观察伤者的生命体征，如呼吸、心跳、血压等。

（三）火灾事故应急处理

1. 报警与疏散

发现火灾后，立即拨打119火警电话，清晰、准确地告知火灾发生的地点、火势大小、燃烧物质、有无人员被困等信息。同时，向周围人员发出警报，组织大家迅速疏散。按照预定的疏散路线，引导人员用湿毛巾捂住口鼻，低姿前行，避免吸入浓烟。疏散过程中，要注意照顾老弱病残孕等行动不便的人员，确保所有人员都能安全撤离到指定的集合地点。如果是在高层建筑内，不要乘坐电梯，应通过楼梯疏散。在疏散过程中，关闭身后的门窗，防止火势蔓延。

2. 灭火行动

在确保自身安全的前提下，使用附近的灭火器材进行灭火。常见的灭火器材有灭火器、消火栓等。对于初起火灾，灭火器通常能够起到有效的灭火作用。使用灭火器时，应站在上风方向，距离火源3～5米处，将灭火器对准火焰根部喷射，按照灭火器的使用说明进行操作，直到火焰熄灭。如果火势较大，灭火器无法控制，应立即撤离现场，等待消防员到来。在撤离时，要关闭沿途的门窗，防止火势蔓延。

3. 协助消防与后期处理

消防员到达后，要积极配合他们的灭火工作，提供有关火灾现场的信息，如火灾发生的原因、燃烧物质的特性、建筑物的结构等，协助消防员制定灭火方案。火灾扑灭后，要协助有关部门进行火灾事故调查，查明火灾原因，评估火灾损失，总结经验教训，制定相应的整改措施，以防止类似火灾事故再次发生。同时，要对火灾现场进行清理和恢复，尽快恢复实习实训工作的正常开展。

（四）化学事故应急处理

1. 化学灼伤处理

如果皮肤接触到强酸、强碱等腐蚀性化学品，应立即用大量流动清水冲洗受伤部位，冲洗时间为15～30分钟。对于酸性化学灼伤，可在冲洗后用2%～5%的碳酸氢钠溶液湿敷；对于碱性化学灼伤，可在冲洗后用2%～3%的硼酸溶液湿敷。冲洗和湿敷过程中，要注意保护好周围的正常皮肤。如果灼伤面积较大或伤势较重，在进行初步处理后，应尽快送往医院烧伤科进行治疗。如果眼睛接触到化学品，应立即提起眼睑，用大量流动清水或生理盐水彻底冲洗眼睛至少15分钟。冲洗时，要注意转动眼球，确保眼睛的各个部位都能得到冲洗。冲洗后，用干净的纱布或毛巾轻轻覆盖眼睛，避免揉搓，并尽快送往医院眼科进行检查和治疗。

2. 吸入中毒处理

迅速将中毒者转移至通风良好的空旷地带，解开其衣领、腰带，保持呼吸通畅。如果中毒者意识清醒，应立即进行催吐。让中毒者喝大量清水，然后用手指或筷子刺激其咽喉部，使其呕吐，以减少毒物的吸收。催吐后，应尽快送往医院进行解毒治疗。在送往医院途中，要密切观察中毒者的呼吸、心跳等生命体征，如有必要可进行人工呼吸等急救措施。同时，要向医护人员详细告知中毒者接触的毒物名称、性质、接触时间等信息，以便医护人员制定相应的治疗方案。

3. 危险化学品泄漏处理

对于危险化学品泄漏，应立即采取措施控制泄漏源。如果是液体泄漏，可使用吸收材料（如沙子、蛭石、专用化学吸收剂等）进行吸收，将泄漏物收集到专用容器中，并按照危险废物收集、贮存和处置规定进行处理。如果是气体泄漏，要迅速关闭气源阀门，打开通风设备，加强通风换气，降低室内有害气体浓度。在处理危险化学品泄漏过程中，要佩戴合适的个人防护用品，如防毒面具、防护手套、防护靴等，防止自身受到伤害。泄漏处理完毕后，要对泄漏现场进行清理和消毒，确保环境安全。对受污染的土壤、水源等，要进行监测和评估，根据污染程度采取相应的修复措施。

安全讲堂

海姆立克急救法

一、背景和原理

海姆立克急救法主要用于抢救因异物阻塞气道导致的窒息。它的原理是通过快速向上冲击上腹部，使膈肌突然上升，产生向上的气流，从而将堵在气管内的异物排出。

二、操作步骤

(1) 站位：站在患者身后，双脚一前一后保持稳定。

(2) 找位置：双手环抱患者腰部，找到患者肚脐上方两横指处。

(3) 手法：一手握拳，拳眼向内放在定位点，另一手包住拳头。

(4) 发力：快速向后上方用力冲击腹部，就像要把患者抱起来一样。

(5) 重复：每次冲击要干脆有力，连续5～6次，直到异物排出。

记住口诀："身后抱，拳顶肚，快冲击，异物出！"

三、适用情形

当出现以下情形时，应立即使用海姆立克急救法：

(1) 突然不能说话、呼吸或咳嗽；

(2) 面色发青或发紫；

(3) 用手抓住自己的喉咙；

(4) 意识逐渐丧失。

需要注意的是，如果患者还能咳嗽或说话，说明气道没有完全阻塞，此时应鼓励患者继续咳嗽，不要立即使用海姆立克急救法。

课后实践

一、实践任务

假设你是一名实验实训室安全员，某天在实验实训室巡查时，突然发现以下事故场景之一。请根据所学知识，模拟应急处理流程，并撰写一份详细的应急处理报告。

可选事故场景（任选其一）：

(1) 触电事故：一名学生在操作电气设备时突然触电倒地，设备仍在运行。

(2) 机械伤害事故：一名学生在使用高速旋转设备时，不慎手臂被卷入设备，导致手臂受伤出血。

(3) 火灾事故：实验实训室角落的酒精灯倾倒，引燃附近易燃物，火势开始蔓延。

(4) 化学事故：一名学生在配制强酸溶液时，不慎溅到皮肤和眼睛，出现灼伤。

二、实践要求

(1) 应急处理步骤（按照通用原则与流程，分步骤描述应对措施）。

(2) 关键操作细节（如急救手法、灭火方式、泄漏控制等）。

(3) 后续处理建议（如事故报告、设备检修、安全整改等）。

(4) 预防措施（分析事故原因，提出避免类似事故的建议）。

三、评分标准

项目	分值	说明
流程完整性	30	是否涵盖报警、急救、控制、后续处理等环节
操作科学性	30	措施是否符合规范（如CPR手法、灭火器选择等）
预防建议合理性	20	是否针对事故根源提出有效的改进方案
报告清晰度	20	逻辑清晰、语言简练

任务五

集体活动安全

案例导读

新学期伊始，某大学举办社团招新活动，地点设在学校的主干道上。各社团为了吸引新生加入，纷纷使出浑身解数，现场热闹非凡。参与招新的社团众多，吸引了大量新生前来咨询报名，主干道上人头攒动。

中午时分，某热门社团宣布剩余名额有限，先到先得。这一消息瞬间引发了学生们的争抢，大家纷纷向该社团摊位涌去。狭窄的道路无法容纳如此多的学生同时移动，在拥挤过程中，有的学生被挤倒，随后引发了踩踏事故。此次事故造成10名学生受伤，其中1名学生头部受伤较为严重。

大学生集体活动安全教育至关重要。高校需强化活动组织管理，科学规划场地、控制人数，做好安全保障并制定应急预案，并利用多种渠道加强安全教育宣传。社团应摒弃不当宣传，引导学生有序参与。大学生自身要主动学习安全知识与应急技能，增强自我保护意识，自觉遵守秩序，冷静应对突发状况。只有学校、社团、学生三方协同发力，才能筑牢集体活动安全防线，避免悲剧发生。

一、集体活动中的常见风险

（一）人员拥挤和踩踏

在大型集会、热门讲座、校园招聘会等人员密集型活动中，当现场秩序失控时，极易引发拥挤和踩踏事故。例如，因通道狭窄、出口不畅，人群因恐慌、急于离场等情绪驱动，在有限空间内无序涌动，前面的人摔倒后，后面的人若来不及停下，就可能造成伤亡。

（二）舞台设备与场地风险

文艺演出时，舞台上的灯光、音响设备若安装不牢、调试不当，可能在表演中途掉落、短路起火，危及台上演员与台下观众安全；临时搭建的舞台结构不稳，也存在坍塌风险。此外，露天活动场地若选址不当，靠近河流、陡坡，或是地面有坑洼、障碍物未清理，容易导致参与者摔倒受伤。

（三）体育赛事中的运动损伤

运动会涵盖众多竞技项目。例如，赛跑中，运动员可能因抢道碰撞摔倒，扭伤脚踝、擦伤膝盖；对抗性运动（如橄榄球、跆拳道）中，激烈对抗下，骨折、脑震荡等意外时有发生；体操项目中，若保护措施不到位，失手坠落会造成重伤。同时，运动员赛前热身不充分、赛后拉伸不合理，也会加大肌肉拉伤、关节损伤的风险。

（四）集体出游交通与自然风险

班级、社团组织外出游玩，交通是首要关注点。租用的旅游大巴若车况不佳、司机疲劳驾驶或违规操作，途中可能发生交通事故。抵达自然景区后，若对当地天气变化、地理环境缺乏了解，暴雨引发山洪、迷路被困山林、在未开发区域贸然探险失足坠崖等危险便可能接踵而至。

二、室内集体活动安全要点

（一）场地与设施安全

1. 建筑结构稳固性

在举办任何活动之前，对场地建筑结构的稳固性进行全面、细致的确认至关重要。

这不仅关乎活动的顺利进行，更直接关系到在场所有人员的生命安全。首要任务是检查场地建筑是否符合相关的建筑规范标准，这需要专业知识和经验来判断。同时，要格外留意场地建筑有无裂缝、倾斜等明显迹象，尤其是那些由老旧建筑改造而成的活动场地。由于年代久远以及可能经历过不同程度的结构改动，这类场地的安全隐患相对更大。

例如，学校礼堂常常被用于举办各类文艺晚会，其内部空间较大，人员聚集较多。在活动筹备阶段，必须提前聘请专业的建筑勘察人员对礼堂进行全面检查，着重关注屋顶的承重能力以及承重墙的稳固性。屋顶若存在结构问题，在活动过程中可能因意外因素导致坍塌；而承重墙一旦受损，整个建筑的结构稳定性将受到严重威胁。只有确保这些关键部位的安全，才能为活动的顺利开展奠定坚实基础。

2. 消防设施完备

消防设施的完备性是活动场地安全不可忽视的重要环节。需要对灭火器、消火栓、感烟火灾探测器（又称烟雾报警器）、消防应急灯具等一系列消防设备进行逐一检查，确保其处于正常运行状态。这些消防设施不仅要能够正常使用，还需保证定期接受专业维护，以维持性能的可靠性。同时，要确保消防通道畅通无阻，严禁在通道内堆放任何杂物。安全通道门作为紧急情况下人员疏散的关键出口，必须保证能够随时正常开启。

设想在一场学术讲座中，如果感烟火灾探测器因长期未维护而失灵，当火灾发生时，无法及时发出警报，会导致人员无法第一时间察觉危险。同时，若消防通道被杂物堆满，消防车无法及时靠近火灾现场，救援工作将受到极大阻碍。而逃生门若不能正常开启，人员在紧急疏散时将被困在室内，后果不堪设想。因此，完善的消防设施和畅通的疏散通道是保障人员生命安全的关键防线。

3. 电气设备安全

电气设备的安全问题同样不容忽视。在活动前，应对场地内的插座、电线、灯具等各类电气元件进行全面排查，防止出现过载、短路、漏电等危险情况。活动中使用的音响、投影仪、电脑等设备，由于功率较大且使用频率高，更要确保其接地良好、电源线无破损。此外，要严格禁止私拉乱接临时电线的行为，这种不规范的操作极易引发电气火灾，给活动带来巨大的安全隐患。

由于电气设备在长期使用过程中，可能会因磨损、老化等原因出现故障，因此在活动前的检查必须细致入微。对于存在安全隐患的电气设备，应及时进行维修或更换，确保在活动期间能够安全、稳定地运行。

（二）人员管理与秩序维护

1. 合理规划容量

准确、合理地规划活动场地的容纳人数是人员管理的首要任务。要根据场地的实际情况，包括场地面积、出入口数量、疏散通道宽度等关键因素，运用专业的计算方法，精准地确定场地的最大容纳人数。在活动举办过程中，必须严格按照计算结果控制入场人数，坚决避免出现超载现象。

以学校体育馆举办大型演唱会为例，虽然体育馆的空间较大，但如果入场人数超过其合理承载范围，一旦发生紧急情况，人员密度过大将导致疏散困难。在狭小的空间内，大量人员拥挤在一起，极易引发踩踏事故。因此，合理规划场地容量并严格执行人员控制，是保障活动安全的重要前提。

安全讲堂

观看演唱会注意事项

观看演唱会已经成为一种常见的文化活动，大学生在享受音乐的同时也要注重安全和礼仪，助力营造良好的观演环境。

1. 出行安全

选择公共交通工具：尽量乘坐公交、地铁等公共交通工具前往演唱会现场，避免自驾造成交通拥堵和停车困难。如果必须开车，应遵守交通规则，有序停放车辆。

注意天气变化：出行前关注天气预报，做好防寒保暖或防晒防暑措施。避免在恶劣天气下出行，以确保自身安全。

2. 入场安全

遵守安检规定：积极配合现场安检，不要携带易燃易爆物品、管制刀具等危险物品入场。同时，避免携带大体积物品和易碎品，以减少安全隐患。

按顺序进入：按顺序排队入场，不要拥挤和推搡。在人数超员时，服从管理人员采取的暂时控制入场或分时段入场等措施。

3. 现场安全

注意座位和看台安全：按照门票上的座位号对号入座，不要随意站立或翻越隔离护栏。在看台区观看演出时，不要倚靠或翻越看台护栏，以防坠落。

提高防范意识：贵重物品尽量少带或不带，谨防遗失。要提高自身安全防范意识，防止盗窃等事件发生。如需报警或求助，就近与执勤民警联系。

文明观演：在演出现场不要大声喧哗、起哄，不做吸烟、随地吐痰、乱丢果皮垃圾等不文明行为。遵守现场秩序，共同营造良好的观演环境。

4. 紧急疏散与撤离

熟悉紧急疏散标志：在活动现场，注意寻找并熟悉紧急疏散标志的位置，以便在紧急情况下迅速撤离。

保持冷静，有序撤离：一旦发生事故或紧急情况，保持冷静，不要惊慌失措。听从现场公安民警或工作人员的指挥，迅速、有序地撤离现场。同时，注意收听现场疏散的广播提示，以最快的速度撤离到安全地点。

2. 维持入场和退场秩序

为确保人员能够安全、有序地进出活动场地，设置清晰、明确的指示标志至关重要。这些标志应分布在场地的各个关键位置，如入口、出口、楼梯间、通道等，能够引导人员快速找到正确的行进方向。同时，安排足够数量的安保人员在关键节点进行疏导，如出入口、人员容易聚集的区域等。

在热门讲座散场时，大量人员会同时向出口涌去，如果没有有效的疏导措施，大量人员蜂拥而出，很容易发生拥挤、踩踏等事故。安保人员可以通过合理的引导，控制人员流动速度，确保人员有序疏散，避免因混乱导致的安全事故。

3. 规范活动流程

明确且合理的活动流程安排是保障活动顺利进行的关键。在活动策划阶段，就需要详细规划各个环节的具体内容和时间安排，确保每个环节都能够紧密衔接、平稳过渡。同时，要明确主持人、工作人员在活动中的各自职责，使其清楚知道在不同环节需要完成的任务。

以知识竞赛为例，在抢答环节，如果规则不明确，学生可能会为了抢答而争抢答题设备，导致现场秩序混乱，极易造成人员碰撞受伤。而通过清晰的规则设定和工作人员的有效组织，可以确保竞赛环节的有序进行，避免因流程混乱引发的安全问题。

三、户外集体活动安全关键

（一）出行与交通保障

1. 交通工具选择

集体出行若选用大巴，要考察租车公司资质、车辆年检情况、司机驾驶经验与健康状态，确保车辆性能良好、司机可靠。严禁租用无牌无证、超载超员或车况不佳的车辆。班级春游活动中租用大巴时，若司机疲劳驾驶或车辆制动系统有故障，路途上极易发生事故。

2. 行程路线规划

提前了解路况、天气变化，避开施工路段、地质灾害多发区域，合理安排休息站点。例如，户外徒步活动中，若选择路线不当，遇上暴雨可能遭遇山体滑坡、泥石流等地质灾害。

（二）自然环境应对

1. 气象灾害预防

活动前关注天气预报，遇恶劣天气如大风、暴雨、雷电、高温等，及时调整或取消活动。户外露营时，突遇雷电天气，若未提前知晓防雷电知识、未选好避雷场地，人员极易遭雷击。

2. 地理环境风险

熟悉活动场地地理特征，知晓哪里有河流、悬崖、密林等危险区域，提前做好警示标志，配备防护装备，安排专人看守。登山活动中，若对山路陡峭程度估计不足，未准备足够登山绳等防护用品，容易导致失足滑落。

（三）应急救援准备

1. 急救人员配备

活动队伍中至少要有一名经过专业急救培训的人员，如具备红十字救护员证的同学或老师。他们能够在人员受伤的第一时间进行正确的急救处理，为后续的医疗救援争取时间。例如，在有人扭伤脚踝时，他们能及时进行冰敷和固定处理。

2. 救援物资储备

携带充足且适用的救援物资，包括急救药品（如感冒药、退烧药、消炎药、止痛药、碘伏等）、急救设备（如氧气瓶、急救包等）。根据活动的类型和地点，还应准备特殊的救援物资，如在山区活动要准备防蛇虫叮咬的药品和急救包。

3. 救援联络机制

建立可靠的救援联络机制，提前了解活动区域附近的医疗机构、救援机构的联系方式，并确保活动现场通信畅通。可以准备卫星电话或对讲机作为备用通信设备，以防手机信号不佳，从而在出现紧急情况时，能够迅速联系到救援力量。

四、集体活动应急处置流程

（一）事故报警

当集体活动现场不幸发生安全事故时，现场工作人员肩负着至关重要的使命。在第一时间，现场工作人员务必迅速拨打校园安保电话以及 120 急救电话。报警时，需保持冷静，清晰、准确且全面地报告关键信息。对于事故发生地点，要精确到具体的活动场地名称、所在区域的详细位置，如某公园内的特定活动草坪、学校操场的某一角等，必要时可描述周边显著的地标性建筑，以便救援人员能够快速定位。

明确事故性质同样关键，无论是火灾、坍塌、溺水还是其他类型的事故，这将帮助救援人员提前做好相应的救援准备。同时，要如实报告受伤人数，尽量对伤者的伤势情况做出初步判断并告知，如重伤、轻伤的大致人数，是否有生命垂危人员等。只有确保信息准确无误，才能为救援力量争取宝贵的时间，使救援人员能够以最快速度抵达事故现场开展救援行动。

（二）人员疏散

在事故发生后，迅速且有序地疏散人群是保障生命安全的关键环节。安保人员需立即按照预先精心规划的疏散路线展开行动。为了确保疏散过程的高效与安全，可利用扩音设备，如手持喇叭，大声、清晰地向人群传达疏散指令，告知大家不要惊慌，按照指定路线有序撤离。

同时，充分发挥指示标志的作用，引导人员朝着正确的方向疏散。在疏散过程中，现场工作人员要始终将学生群体的安全放在首位，优先安排学生撤离。这就要求现场工作人员密切关注学生的动态，尤其是在楼梯口、通道转弯处等容易发生拥堵的地方，要进行有效的疏导，防止学生因慌乱拥挤而引发二次事故。

例如，在疏散过程中，可能会出现人群因恐慌而不听指挥的情况，此时现场工作人员应保持耐心，通过安抚性语言和坚定的行动，引导人群恢复秩序。若遇到通道被堵塞的情况，要迅速寻找其他可行的疏散路径，并及时告知大家。

（三）现场急救

一旦发现有伤者，在专业医护人员尚未到达之前，经过急救培训的现场工作人员应毫不犹豫地迅速投入初步救治工作中。对于骨折伤员，要准确判断骨折部位，使用现场可用的材料，如木板、树枝等，对伤肢进行妥善固定，以避免因骨折部位的移动而造成二次伤害。

对于出血伤口，应立即采用按压止血法，用干净的纱布、毛巾或衣物等按压在伤口上，施加适当的压力，直至出血停止或明显减缓。若遇到窒息者，要争分夺秒地清理其呼吸道，将其口中的异物、呕吐物等清除干净，保持呼吸道通畅。

（四）信息通报

学校相关部门在事故发生后，应立即启动信息通报机制，及时向全校师生通报事故情况，这是稳定人心、避免恐慌情绪蔓延的重要举措。通报内容应全面、准确，包括事故发生的详细经过，如事故发生的时间、具体场景、引发事故的可能原因等。

学校相关部门应如实报告伤亡情况，让大家了解事件的严重程度。同时，要详细说明已采取的救援措施，如救援人员是否已经到达现场、伤者是否已经得到初步救治并送往医院等，让大家知晓学校正在积极应对此次事故。此外，还需明确告知后续的处理安排，如对事故原因的调查计划、对受伤学生的后续关怀措施等，确保信息的透明度。

课后实践

一、实践任务

“安全出行，快乐同行”——集体活动安全预案设计。

二、任务背景

假设你所在的班级或社团计划组织一次集体外出活动，作为活动负责人之一，你需要结合课程所学知识，制定一份详细的安全预案，确保活动安全、有序地进行。

三、实践内容

（1）活动基本信息：活动类型（如户外徒步、文艺演出、体育比赛等）、参与人数、时间、地点。

（2）活动流程：简要说明活动安排。

（3）风险评估：列出活动中可能存在的3～5项安全隐患（如交通、场地、天气、设备等），并分析其可能造成的后果。针对每项风险，提出具体预防措施（如检查车辆安全、提前查看天气预报、准备急救包等）。

（4）应急处理方案：假设活动中发生某种突发情况（如人员受伤、设备故障、天气突变等），描述应急处置流程（包括报警、疏散、急救等步骤）。

（5）安全责任分工：明确活动组织者、安全员、急救员等人员的职责（如谁负责联络救援、谁维护秩序等）。

四、提交形式

以小组（3～5人）为单位，提交一份《××活动安全预案》（800～1 000字），要求逻辑清晰、措施具体可行。

五、评分标准

项目	分值	说明
风险评估全面性	20	是否涵盖交通、环境、设备等关键风险点
预防措施可行性	30	措施是否具体、可操作（如“提前联系正规租车公司”优于“注意交通安全”）
应急流程合理性	30	突发情况处理步骤是否清晰、符合实际（如急救措施是否正确）
分工与责任明确性	20	各岗位职责（如张三负责携带急救包并监控天气变化）是否明确

项目三

掌握消防知识　增强消防意识

任务一

消防安全认知——预防火灾的首道防线

案例导读

2016 年 8 月 17 日凌晨 1 时 30 分左右，某大学 13 号公寓某一楼宿舍留校学生在宿舍点燃了蚊香（据说放在鞋盒子里，且周边堆有杂乱的衣物等可燃物）后外出上网，因蚊香点燃了可燃物导致整个宿舍全部被烧毁，整个宿舍楼 300 多人在浓烟中疏散、安全撤离，所幸没有人员受伤。此前 14 日，2 号公寓两名留校学生在走廊使用液体酒精炉吃火锅，在没有熄灭火焰的情况下添加酒精，发生火灾，两人烧伤，其中一人烧伤面积达 40%。

我们可以从上述起火事件中吸取以下几点教训：

(1) 避免使用明火：宿舍内应严格禁止使用明火，如蚊香、蜡烛、酒精炉等，因为这些物品极易引发火灾。

(2) 加强安全教育：学校应定期对学生进行消防安全教育，强调使用电器、火源时的注意事项，以及火灾发生时的逃生自救方法。

(3) 完善消防设施：确保宿舍楼内的消防设施完好，包括灭火器、消火栓、感烟火灾探测器等，并定期进行检查和维护。

(4) 增强责任意识：培养学生的责任意识，让他们明白自己的行为可能对他人造成的影响，从而自觉遵守安全规定。

(5) 及时通报情况：一旦发生火灾，应立即启动应急预案，及时通报情况，确保信息畅通，以便快速、有效地处理火情。

我们应总结火灾原因，深刻汲取火灾事故教训，从而提高学校宿舍的消防安全管理水平，减少火灾事故的发生。

一、燃烧的基本知识

（一）燃烧的基本概念

燃烧俗称着火，是指燃烧物与氧化剂作用发生的放热反应，通常伴有火焰、发光和冒烟现象，即燃烧是一种剧烈的发光放热化学反应。燃烧具有三个特征，即化学反应、放热、发光。

（二）燃烧的条件

物质燃烧必须具备以下三个条件，即可燃物、助燃物和着火源（温度）。只有这三个条件同时具备且互相作用，才可能发生燃烧现象，无论缺少哪一个条件，燃烧现象都不会发生。

（1）可燃物，即可以燃烧的物品，与空气中的氧或其他氧化剂作用，引起放热反应的物质。

（2）助燃物，又称氧化剂，即能与可燃物发生放热反应，协助燃烧的物质。燃烧过程中的氧化剂主要是空气中游离的氧。

（3）着火源（温度），即点燃火的能源，它是可燃物与氧发生放热反应的能量来源，常见的是热能，以及能转变成热能的化学能、电能、机械能和核能。着火源能供给的能量大小通常由其温度来表示。

（三）燃烧的种类

1. 着火

着火是指可燃物受到外界火源的直接作用而开始持续燃烧的现象，这是日常生活中最常见的燃烧现象。可燃物开始持续燃烧所需的最低温度叫作该物质的着火点，又称燃点。物质的燃点越低，越容易着火。

2. 闪燃

闪燃是指可燃性液体挥发的蒸气与空气混合达到一定浓度或者可燃性固体加热到一定温度后，遇明火会发生一闪即灭的燃烧。闪燃是可燃性液体的特征之一。各种液体表面都有一定量的蒸气存在，同一种液体的温度越高，蒸气浓度就越大。液体表面的蒸气与空气混合形成可燃气体，当达到一定温度时，如火焰或高热物体靠近此液体表面，就会发生一闪即灭的燃烧现象，是火警的先兆。

发生闪燃时的固体最低温度称为闪点。闪点是发生持续燃烧的先兆，当可燃性液体的温度高于闪点时，随时都有被点燃的危险。闪点是评定液体火灾危险性大小的主要依据之一。可燃性液体的闪点越低，火灾危险性就越大。在防火工作中，应根据可燃性液体闪点的高低，采取相应的安全防范措施。

3. 自燃

自燃是指可燃物在没有外部火源的作用时，因受热或自身发热并蓄热所产生的燃烧。

4. 爆炸

爆炸是指在周围介质中瞬间形成高压的化学反应或状态变化，通常伴有强烈放热、发光和声响。爆炸的化学能或机械能会转化为动能，释放出巨大能量，或是气体在瞬间会发生剧烈膨胀。常见的爆炸分为物理爆炸和化学爆炸。

（四）可燃物燃烧的特点

1. 气体燃烧

气体燃烧是指气体在助燃性介质中发热发光的一种氧化过程。气体最容易燃烧，只要达到本身氧化分解所需热量，或被加热到燃点，就能迅速燃烧。

2. 液体燃烧

液体燃烧是液体蒸发出蒸气而进行燃烧，所以燃烧与否、燃烧速率均与可燃性液体的蒸气压、闪点、沸点和蒸发速度有关。

3. 固体燃烧

凡遇火、受热、撞击、摩擦或与氧化剂接触而着火的固体物质，称为可燃性固体。可燃性固体只有通过受热、蒸发、热分解等过程解析出的可燃气体浓度达到燃烧的极限，才能持续不断地发生燃烧。

二、火灾的概念、类型与等级

(一) 火灾的概念

火灾是指在时间和空间上失去控制的燃烧。在各种灾害中，火灾是最经常、最普遍的威胁公共安全的主要灾害之一。

(二) 火灾的类型

根据可燃物类型和燃烧特性划分，可将火灾划分为 A、B、C、D、E、F 六种类型。将火灾划分为不同的类型，有利于在灭火时采用正确的灭火方法。

A 类火灾：固体物质火灾。这种物质通常具有有机物性质，一般在燃烧时能产生灼热的余烬，如木材、干草、煤炭、棉、麻、纸张等。

B 类火灾：液体或可熔化的固体物质火灾，如由煤油、柴油、原油、甲醇、乙醇、沥青等燃烧造成的火灾。

C 类火灾：气体火灾，如由煤气、天然气、甲烷、氢气等燃烧造成的火灾。

D 类火灾：金属火灾，如由钾、钠、镁、锂、铝镁合金等燃烧造成的火灾。

E 类火灾：带电火灾，如物体带电燃烧的火灾。

F 类火灾：烹饪器具内的烹饪物（如动植物油脂）火灾。

(三) 火灾等级划分

根据 2025 年 3 月 14 日国家消防救援局、公安部等七部门印发的《火灾统计管理规定》（自 2025 年 5 月 1 日起施行），根据火灾造成的人员伤亡、受灾户数和直接财产损失，将火灾划分为四个等级。

特别重大火灾是指造成 30 人以上死亡，或者 100 人以上重伤和死亡，或者受灾 100 户以上，或者 3 亿元以上直接财产损失的火灾。

重大火灾是指造成 10 人以上 30 人以下死亡，或者 50 人以上 100 人以下重伤和死亡，或者受灾 50 户以上 100 户以下，或者 1 亿元以上 3 亿元以下直接财产损失的火灾。

较大火灾是指造成 3 人以上 10 人以下死亡，或者 10 人以上 50 人以下重伤和死亡，或者受灾 10 户以上 50 户以下，或者3 000万元以上 1 亿元以下直接财产损失的火灾。

一般火灾是指造成 3 人以下死亡，或者 10 人以下重伤和死亡，受灾 10 户以下，3 000万元以下直接财产损失的火灾；其中，无人员伤亡且直接财产损失在 1 000 元以下的，为轻微火灾。

三、火灾的蔓延

（一）室内火灾的发展过程

火灾的发展，一般都要经过一个火势由小到大、由弱到强的逐步发展的过程。建筑火灾通常出现于建筑物内的局部区域或房间内，随后蔓延至邻近区域或房间，最后导致整个楼层起火，甚至蔓延至整栋建筑。房间中局部燃烧发展为全屋燃烧的过程是轰燃，也是室内火灾的突出特点。轰燃通常标志着火灾进入充分发展阶段。假若安全疏散没有在轰燃发生之前完成，仍然留在室内的人将很难幸存。

（二）建筑物内火灾蔓延的途径

建筑物内某一房间发生火灾，当火势发展到由房间内局部燃烧向全室性燃烧过渡时，在“轰”的声响中瞬间点燃室内所有可燃物，之后火势就会突破该房间的限制向其他空间蔓延。火灾蔓延的途径有水平方向蔓延和通过竖井蔓延两种。火灾蔓延是指火焰或热烟气通过内墙门、隔墙、楼板、外墙窗口洞孔从一个地方传播到另一个地方，其传播方式包括热传导、热对流及热辐射。

四、火灾发生的规律

火灾的发生、发展是客观存在的。人们可以认识火灾，找出它们的规律和特点，采取对策防止火灾和战胜火灾。

（一）火灾会随社会环境因素的变化而变化

火灾发生的影响因素有很多，不仅与气候、环境有关，还与政治、经济、文化、风俗习惯等方面的因素有关，如政局稳定、法制健全、社会安定、消防管理严格、经济发达、物质丰富、技术更新、教育普及及习惯养成等。

（二）火灾会随季节的变化而变化

我国火灾的季节性分布呈现明显的地域差异。北方地区，冬季（当年 12 月—次年 2 月）是火灾高发期，原因在于低温干燥环境下取暖设备使用频繁。南方地区在夏季（6—8 月）因高温易引起电气设备过热、汽车自燃等问题，火灾整体风险高于北方。森林火灾多集中在春季（3—5 月），因气候干燥且农事活动频繁，易因烧荒等行为引发。

（三）火灾昼夜变化的规律

火灾在一天 24 小时内呈现的一般规律是：白天起火风险大，以下午为最大，次数较多，但成灾率低，损失相对小；夜间起火风险小，以后半夜为最小，次数最少，但成灾率高，损失较大。

五、火灾的危害

学校人员密集，学生在公寓楼集中住宿，教室、实验室多，仪器设备价格昂贵，防火重点部位多。如果忽视消防安全工作，防火意识淡薄，未投入资金改造陈旧老化的电源线路，在日常生活和开展各类试验时用电用火中操作不规范，易导致火灾的发生，毁坏生活和学习的环境。所以，火灾危害着校园公共安全，危害着师生的人身与财产安全，它能瞬间吞噬大量的物质财富和科学实验数据资料，使之顷刻化为灰烬，带来无法估量的损失。火灾不仅会影响正常的教学、科研和生活秩序，而且由于高校的特殊性，会造成重大的社会影响和严重后果。

火灾是残酷的，但它又是可以预防的。在大学校园里，要保障教学、生活以及师生人身的安全，只有让每一个人从思想上高度重视，在行动上落到实处，才可以有效地预防火灾。在做好防火工作的同时，加强对火灾扑救知识的学习，掌握火灾的规律和特点，就能够在发生火灾时有效地灭火，最大限度地减少因火灾造成的人身伤亡和财产损失。

析案明理

2010 年 11 月 15 日，位于上海市静安区胶州路的一栋高层公寓发生火灾。经查，当日 14 时 14 分，无证电焊工违章操作引发火灾，此次火灾造成 58 人死亡、71 人受伤。2013 年 6 月 3 日，位于吉林省德惠市的某禽业有限公司主厂房发生特别重大火灾爆炸事故，共造成 121 人死亡、70 余人受伤，事故原因是：该公司主厂房部分电气线路短路，引燃周围可燃物，燃烧产生的高温导致氨设备和氨管道发生物理爆炸。

人类与火的历史渊源可追溯至旧石器时代，火的利用造就了今天人类社会的文明发展和幸福生活；火一旦失控，超出有效范围内的燃烧就会发展为火灾，带给人类的是破坏，是灾难，是死亡。火灾危害是除战争、瘟疫、地震和洪水等自然灾害外危害比较大的灾害，它造成的人身伤亡和财产损失难以估计和无法挽回，它的破坏力非常大。

六、火灾的预防

为加强全民消防宣传教育，增强全民消防意识，提高全民防火、灭火、自我保护能力，根据现阶段我国火灾特点，公安部、教育部、民政部、文化部（现为文化和旅游部）等部门联合制定了《消防安全常识二十条》，内容如下：

（1）自觉维护公共消防安全，发现火灾迅速拨打 119 电话报警，消防队救火不收费。

（2）发现火灾隐患和消防安全违法行为可拨打 96119 电话，向当地公安消防部门举报。

（3）不埋压、圈占、损坏、挪用、遮挡、私自未经允许使用消防设施和器材。

（4）不携带易燃易爆危险品进入公共场所、乘坐公共交通工具。

（5）不在严禁烟火的场所动用明火和吸烟。

（6）购买合格的烟花爆竹，燃放时遵守安全燃放规定，注意消防安全。

（7）家庭和单位配备必要的消防器材并掌握正确的使用方法。

（8）每个家庭都应制订消防安全计划，绘制逃生疏散路线图，及时检查、消除火灾隐患。

（9）室内装修装饰不应采用易燃材料。

（10）正确使用电气设备，不乱接电源线，不超负荷用电，及时更换老化电气设备和线路，外出时要关闭电源开关。

（11）正确使用、经常检查燃气设施和用具，发现燃气泄漏，迅速关阀门、开门窗，切勿触动电器开关和使用明火。

（12）教育儿童不玩火，将打火机和火柴放在儿童拿不到的地方。

（13）不占用、堵塞或封闭安全出口、疏散通道和消防车通道，不设置妨碍消防车通行和火灾扑救的障碍物。

（14）不躺在床上或沙发上吸烟，不乱扔烟头。

（15）学校和单位定期组织逃生疏散演练。

（16）进入公共场所注意观察安全出口和疏散通道，记住疏散方向。

（17）遇到火灾时沉着、冷静，迅速正确逃生，不贪恋财物、不乘坐电梯、不盲目跳楼。

（18）必须穿过浓烟逃生时，尽量用浸湿的衣物保护头部和身体，捂住口鼻，弯腰低姿前行。

（19）身上着火，可就地打滚或用厚重衣物覆盖，压灭火苗。

（20）大火封门无法逃生时，可用浸湿的毛巾、衣物等堵塞门缝，发出求救信号等待救援。

七、大学生应如何预防火灾

火灾是残酷的，但它是可以预防的。大学生只有在思想上高度重视，在行动上落到实处，才可能有效地预防火灾。

（一）增强消防安全意识

大学生只有增强了消防安全意识，才会时刻留意周边环境，控制一切火源；才会将预防火灾放在心头，时刻保持高度警惕；才会主动学习消防知识，掌握防范措施，避免火灾事故的发生。

（二）遵守学校防火安全管理规定

为了保障大学生的安全，各高校制定了有关防火安全管理规定，如不得私拉乱接电线，未经批准不得随意增加用电设备；禁止使用电炉、“热得快”、电吹风等；禁止在教学楼、实验楼、宿舍楼、图书馆等公共场所吸烟；禁止在宿舍使用蜡烛；禁止在铺位上为手机、电脑等电器充电等等。绝大多数大学生都能遵守规定，但也有极少数大学生消防安全意识淡薄，常常违规而行，导致火灾发生。

（三）加强消防法规学习

火灾防范管理要依法进行，这是由火灾的破坏性所决定的。为有效控制火灾的发生，我国以法律的形式制定了强制性规范。《中华人民共和国消防法》第五条规定："任何单位和个人都有维护消防安全、保护消防设施、预防火灾、报告火警的义务。任何单位和成年人都有参加有组织的灭火工作的义务。"《中华人民共和国刑法》第一百一十四条及第一百一十五条，对放火及过失引起火灾的法律责任也进行了明确规定，其中故意纵火的最高刑罚是死刑。

课后实践

一、实践目的

识别潜在的安全隐患并采取正确的应急措施，能够在紧急情况下保护自己和家人的安全，理解预防火灾的重要性。

二、实践内容

1. 案例分析

某天下午，小明放学回家，发现家中厨房的燃气灶上正在煮东西，但妈妈却不在厨房。小明闻到一股轻微的燃气味，他注意到燃气灶的火虽然很小，但锅里的水已经烧干了，锅底开始冒烟。小明立即意识到可能发生了燃气泄漏。

（1）请分析小明在这种情况下可能面临哪些危险。

（2）请列出小明应该采取的紧急措施，并说明理由。

2. 分组讨论

主题：消防安全的认识与火灾的预防。

讨论题目：小华在放学后独自一人在家做作业。突然，他闻到客厅里有烧焦的味道，走过去发现电视机的电源线因为过热而起火，火势开始蔓延到沙发。小华家中有一支灭火器，但他从未使用过。

（1）小华首先应该做什么？

（2）如果小华决定使用灭火器，他应该如何操作？

（3）在使用灭火器之前，小华应该检查什么？

（4）如果火势太大，小华无法扑灭，他应该怎么做？

（5）小华在日常生活中应该如何预防类似事故的发生？

3. 讨论步骤

（1）将学生分成若干小组，每组4～6人。

（2）每组选择一名组长，负责主持讨论和记录讨论结果。

（3）给每组分配讨论题目，并提供大约20分钟的时间进行讨论。

（4）每组讨论结束后，由组长代表小组汇报讨论结果。

(5) 全班进行交流，分享各组的成果，并进行总结。

三、实践要求

讨论结束后，教师可以针对每个讨论题目给出专业的指导意见和建议，确保学生能够掌握正确的火灾逃生及疏散知识和技能。

任务二

校园消防安全——守护学生成长的屏障

案例导读

【案例 1】2024 年 9 月 2 日，广东惠州一院校宿舍起火冒烟。消防员到达现场时，明火已被扑灭。经了解，发生事故的是一个男生宿舍，宿舍管理员发现该宿舍冒烟起火后，立即报警求助，该起火灾造成宿舍中的书桌和部分书籍被烧毁。经现场勘验，起火点为书桌旁边的垃圾袋，起火原因为烟头引燃垃圾袋内可燃物。

【案例 2】2024 年 9 月 20 日凌晨 4 时许，徐州某高校东校区女生宿舍发生火灾，浓烟从宿舍楼窗口窜出，大批学生被紧急疏散。事故发生后，当地消防救援部门紧急赶赴现场展开灭火救援。该校事后通报，火灾是因使用违章电器引发的。

大学校园火灾时有发生，自觉防火的警钟已在我们的耳畔敲响。大学生应掌握消防知识，提高防火技能，履行公民应尽的消防安全义务，为校园的安全防火工作尽一份心，出一份力。

一、校园火灾的类型

一般而言，高校校园内火灾从发生的原因上可分为生活火灾、电器火灾、自然现象火灾、人为纵火等类型。

（一）生活火灾

生活用火包括炊事用火、取暖用火、照明用火等，由生活用火造成的火灾称为生活火灾。随着社会的发展，炊事、取暖用火的能源选择日益广泛，有燃气、燃煤、燃油、烧柴、用电等多种形式。大学生因生活用火造成火灾的原因多种多样，主要有：在宿舍内违章乱设燃气、燃油、电器火源；火源位置接近可燃物；乱拉电源线路，电线穿梭于可燃物中间；违反规定存放易燃易爆物品；使用大功率照明设备，用纸张、可燃布料做灯罩；乱扔烟头；躺在床上吸烟；在室内燃放烟花爆竹、玩火；违规在宿舍内为手机、电动车电池等充电，将充电设备放置在床铺、衣物等可燃物附近，或长时间无人看管持续充电。生活火灾案例很多，如某校一男生酒醉后躺在床上吸烟，但他很快就睡着了，烟头掉落到床上，引燃床上铺盖及宿舍内的其他可燃物，造成重大火灾事故，教训极为惨重。某校一名学生暑假住校期间，夜间用蜡烛照明看书，突然想起去别的宿舍看望同学，两个多小时后回来，宿舍内的所有物品已化为灰烬。火灾原因是未熄灭的蜡烛先引燃书本，继而引燃其他可燃物。某学生的一台悬于床头的台灯长时间未关闭，纸制灯罩与高温灯泡接触时，热量无法及时散出，导致纸张持续受热，纸制灯罩被引燃，引起火灾，烧毁了整个宿舍。还有学生在宿舍违规给电动车电池“飞线”充电。夜间学生将电池放在床边充电后熟睡，因电池老化短路引发热失控，导致高温着火，引燃床单和周边物品，火势迅速蔓延而导致整个宿舍被烧毁。

另外，大学生在宿舍或实验室违章使用燃气灶具，因管理不善引起火灾事故也时有发生。某大学的一名学生利用假期在实验室做实验，为求方便，在实验室住宿并违章使用小燃气灶做饭，在有事离开时忘记关掉燃气灶，长时间的燃烧引燃周围的衣物而酿成火灾，整个实验室被大火吞噬，造成重大损失。某宿舍学生为图方便，将多部手机及充电宝同时连接一个插线板充电，且充电时无人看管，插线板因过载发热，引燃下方的书本和衣物，引发火灾造成财产损失。

有统计表明，生活火灾已占校园火灾事故总数的70%以上。安全使用生活火源必须引起大学生的高度重视，大学生必须学会自防自救。

（二）电器火灾

如今，大学生拥有各种电器，大到电视机、计算机，小到台灯、充电器、吹风机，还有违章购置的电磁炉等电热器具。由于大学生宿舍所设电源插座较少，不少大学生违章乱拉电源线路，不合规范程序的安装操作致使电源短路、断路、接触电阻过大、负荷增大等引起电器火灾的隐患因素增多。个别大学生购置不合格的电器也会导致火灾的发生。尤其是电暖器的大量使用，引发火灾的危险性最大。

例如，某高校的一名学生上课前没有切断电褥子的电源，由于电褥子的开关接触不良失火，烧毁了整个宿舍。某高校的学生宿舍楼内一宿舍因违章使用“热得快”烧水发生火灾。以上引起火灾的共同原因都是使用者中途遇事离开宿舍，忘记关掉电器电源。

（三）自然现象火灾

自然现象火灾不常见。这类火灾基本有两种：一种是雷电，另一种是物质的自燃。雷电是常见的自然现象。黄磷、锌粉、铝粉等燃点低的物质在自然环境下就可燃烧；钾、钠等碱金属遇水即剧烈燃烧；不干的柴草、煤泥及沾油的化纤、棉纱等大量堆积，经生物作用或氧化作用积聚大量热量，使物质达到自燃点而自行燃烧发生火灾。我们一定要以科学的态度和手段加强对易燃易爆物品的日常管理。

（四）人为纵火

纵火都带有目的，多发生在夜深人静之时，有较大的危害性，表现为企图毁灭证据、逃避罪责或破坏经济建设等多种形式，以及烧毁他人财产或危害他人生命的私仇纵火等。这类纵火行为是国家严厉打击的犯罪行为。

安全讲堂

《中华人民共和国刑法》第一百一十四条和第一百一十五条的相关规定

二、校园火灾发生的原因

（一）违章使用大功率电器

高校的建筑物供电线路、供电设备都是按照实际使用情况设计的，尤其是学生宿舍的供电线路、供电设备都是按照普通的照明用电设计的，线路负荷较小。大学生在宿舍内违章使用“热得快”、电炉、电暖器、电热杯、电热壶、电热锅、电磁炉、电吹风等大功率加热电器具，一旦线路超负荷运行极易引起火灾。

（二）违章私拉乱接电线

私拉乱接电线，容易损坏电线绝缘层，引起线路短路和触电事故。有的大学生购买的电线、插座是劣质产品，极易造成线路短路或因接触不良发热而漏电或起火。

（三）使用电器不慎

大学生经常使用的计算机、充电器、电蚊香等电器，办公室里的办公设备，实验室里的器材设备等电器，如长时间通电，无人监管，就可能会因散热不良或线路老化引起电器元件发热或线路短路，从而引发火灾。

（四）使用灯具不当

大学生使用台灯、床头灯等灯具时，若这些灯具紧邻蚊帐、被褥、书籍等易燃物，极易引发火灾，因为在电能转化为光能的过程中，往往会产生大量的热，灯泡表面温度较高，而尼龙、棉絮、纸张等物品燃点较低，高温灯泡过于靠近这些物品，时间一长就会被引燃。

析案明理

2006 年 10 月 8 日上午 9 时，武汉某大学男生宿舍一寝室起火，学校安全保卫人员用灭火器及时扑救，四个床位被烧毁了两个。起火时寝室里没人，导致火灾的原因是台灯因长时间使用后没有关闭而导致电线短路。

许多火灾事故是由于大学生在思想上忽视学校的防火安全管理规定而引起的，危害了公共安全。

（五）违章使用明火

大学生在办公楼、实验室、教室等地违章使用明火，特别是在宿舍点蜡烛照明，用燃料乙醇（酒精）炉、煤油炉、液化气等做饭，焚烧书信、纸张等杂物，稍有不慎，都可能导致火灾发生。

（六）吸烟不慎

点燃的烟头表面温度为200℃～300℃，中心温度高达700℃～800℃。普通可燃物的燃点大多低于烟头表面温度，若点燃的烟头碰到低于烟头表面温度的可燃物，就会引发火灾。例如，带火的烟头、高温的烟灰等掉落在蚊帐、被褥、纸张等可燃物上，就会引发火灾。

（七）使用蚊香不当

点燃的蚊香中心温度可达700℃～800℃，表面温度约为130℃。而布匹的燃点为200℃左右，纸张的燃点为130℃左右。点燃的蚊香歪倒、移动都可能直接引燃附近的易燃物，掐灭蚊香时乱弹香头，也可能引发火灾。

（八）存放易燃、易爆等违禁品

违反规定存放烟花爆竹、汽油、燃料乙醇、香蕉水、油漆、化学试剂、生物制剂等易燃易爆物品或危险品，存在一定的火灾安全隐患。

（九）违反操作规程

大学生若在用火、用电和使用危险品、化学品、药物制剂等时，不按操作规程操作，极易发生火灾事故。用火时，应将周围的可燃物清理，以免火星飞到可燃物上引起燃烧；做化学实验时，勿将相互抵触的化学试剂混在一起；试验温度过高或操作不当，也会引起火灾事故。

析案明理

2006年9月的一天下午，西安某高校实验室有两人正在做实验时骤然起火，学校安全保卫人员和消防车迅速赶到现场灭火施救，明火经过两个多小时扑救后全部熄灭。

经过现场勘查，两名大学生在实验室用小型电动搅拌器搅拌塑料水桶内的不明物质，不明物质突然发出带有冲击波的一声闷响，蹲在地上围着搅拌器的一名大学生身上迅速燃起明火，随后引燃室内易燃物品，将室内的桌椅、少量化学试剂、计算机及实验用具全部烧毁。火灾造成两人一死一伤的严重后果。

通过上述案例我们应该吸取以下教训。

（1）充分了解实验物质性质：在进行实验前，必须对所使用的化学物质或材料进行全面的了解，包括其物理性质、化学性质、潜在的危险性以及可能发生的反应等。

实验人员可以通过查阅相关资料、文献或咨询专业人士来获取这些信息，确保在实验过程中能够采取正确的操作方法和安全措施，避免因对物质性质不了解而导致的意外事故。

（2）严格规范实验操作：实验人员应严格按照实验操作规程进行实验，不可随意更改实验步骤或操作方法。在实验过程中，要保持专注和谨慎，避免因操作失误或疏忽大意而引发火灾等安全事故。同时，实验室应制定详细的操作规程和安全指南，供实验人员学习和遵守。

（3）加强实验室安全管理：高校应建立健全实验室安全管理制度，明确实验室管理人员和实验人员的安全责任，定期开展安全检查和隐患排查，及时发现实验室存在的安全隐患并进行整改。此外，还应加强对实验人员的安全培训和教育，增强他们的安全意识并提升他们的应急处置能力，确保实验室的安全运行。

三、校园火灾的特点

（1）人员伤亡大。高校是人群高度集中的地方，教学楼、宿舍、图书馆、食堂等是人群高度密集场所，一旦发生火灾，极易造成严重后果。

（2）损失大。高校教学、科研、实验仪器设备多，动植物标本、图书资料多，财产的损失将无法弥补。珍贵的标本、图书资料、档案往往经过了几十年甚至上百年的积累和保存，因火灾造成损失，则不可复得。这类火灾造成的损失极为惨重。

（3）影响大。高校历来是国家、社会和家庭高度关注的地方，一旦发生重大火灾，其影响将无法估量。

四、校园火灾的影响

（一）造成惨重的财产损失

学校是综合教学体的统称，包括教学楼、宿舍楼、实验楼、图书馆等多种功能楼群，一旦出现火灾，导致大量的经济损失，且需要很长的时间才能恢复原貌。特别是涉及化学试剂、药物制剂、高密度实验制品的实验室，以及人员密集的图书馆，发生火灾后，对学校将是毁灭性的打击，损失不可估量。

（二）造成大量的人员伤亡

由于部分师生的观念未得到扭转，认为消防应该是学校的事情，与教职工、学生没有太大的关系，加之目前很多高校的高层建筑较多，一旦出现火灾，很容易造成混乱局面，踩踏、烟雾等都会成为导致人员伤亡的主要原因。

（三）严重扰乱教学秩序

校园火灾出现之后，教学楼、实验楼、学生宿舍等需要重建，各个方面都需要重新开始，很容易导致学生无心学习，或者因惧怕再次出现校园火灾而厌学或选择退学、休学等，对正常的教学秩序产生非常大的打击，造成不良的社会影响。高校人员比较集中，社会关注度高、社会影响面广，一旦校园发生火灾，媒体会铺天盖地进行报道，为了蹭热度，部分不明真相的人会通过抖音、快手等短视频平台以短视频等方式发布到网络，引起社会的关注，造成不良的社会影响。

五、校园火灾的预防

我们的生活离不开火。如果用火不当或者监管不严，很容易发生火灾。火灾严重威胁着人们的生活，给人们的人身与财产安全、社会发展造成巨大的损失。消防安全十分重要。在校园生活中，消防安全无处不在，所有人都应该时时刻刻地注意消防安全。避免火灾事故的最好办法是预防。预防是指预先做好事物发展过程中可能出现偏离主观预期轨道或客观普遍规律的应对措施。校园火灾应以预防为主，防消结合，重在预防。

（一）学校方面

1. 制定学校相关消防安全管理办法，落实消防安全责任

各高校要根据《中华人民共和国消防法》《普通高等学校消防安全工作指南》等相关文件规定，制定适合自己学校的消防安全管理办法、消防应急管理预案、寝室消防安全管理规定、消防安全巡查与隐患排查工作机制等，将消防安全落实到管理上、落实到制度上、落实到人头上，让消防安全管理工作有法可依、有据可循，达到人人消防的目的。

2. 认真抓好校园消防安全宣传教育，筑牢消防安全防线

高校每年应至少开展两次消防安全实战演练，即春季消防安全实战演练和秋季消防安全实战演练。另外，在每年的特殊时间和特殊节点，如全民国家安全教育日、全国消防日等重要时间节点上，可邀请属地消防应急管理单位或具备相关消防安全资质的消防安全管理公司，参与学校开展的消防安全教育知识讲座、消防安全知识培训、消防安全知识演练等，还要针对不同的群体和部门开展专门的消防安全演练和培训，如食堂、实验室、校区经营户等，让全校师生和服务人员能更好地参与其中，充分认识到消防安全工作在服务学校教学、科研等方面的重要意义和作用。

3. 抓好各级消防安全巡查与隐患排查工作，在预防上下功夫

高校要根据制定的安全巡查与隐患排查工作机制，每日开展全校消防安全巡查与隐患排查工作，对重点楼栋、重点部门和部位更要不定期、不定时地进行检查，特别是实验室、食堂、学生宿舍、附属厂房、校办企业（单位）等；还要建立安全巡查与隐患排查工作台账，对存在消防安全隐患的部门或单位要及时组织开展安全巡查与隐患排查工作，以书面形式通知对方进行整改，并给出整改时限，对整改的情况要及时反馈至相关部门，预防消防安全事故的发生。

4. 建立智慧消防系统

随着社会的发展，城市高层、大型建筑和各类场所、单位日益增多，消防安全形势异常严峻。消防安全监督管理部门人员有限，消防安全监管缺乏有效的技术手段支撑和社会化手段配合，无法及时发现、消除、整改重大火险隐患。多种原因导致火灾风险和发生概率仍然居高不下。高校是人员密集场所，建立智慧消防系统尤其重要，这对于预防和发现初起火灾有着重要的作用。

（二）学生方面

1. 不玩火

高校学生要遵守学校消防安全管理制度和《大学生手册》等各项管理规定，要充分认识到玩火的危害性和可能带来的严重后果，无论任何时候都不玩火，严禁在身上携带包括打火机、火柴、鞭炮等易诱发火灾的物品，以免产生不必要的火灾安全隐患。

2. 爱护消防设备，保持通道畅通

消防通道是指消防员实施营救和被困人员疏散的专用通道，包括楼梯口、过道、消防车通道等区域，通常设有消防指示灯和安全出口标志。消防通道在各种险情中起到不可估量的作用。《中华人民共和国消防法》第二十八条规定：任何单位、个人不得损坏、挪用或者擅自拆除、停用消防设施、器材，不得埋压圈占、遮挡消火栓或者占用防火间距，不得占用、堵塞、封闭疏散通道、安全出口、消防车通道。人员密集场所的门窗不得设置影响逃生和灭火救援的障碍物。第六十条规定：单位违反本法规定，责令改正，处五千元以上五万元以下罚款。个人违反本规定的处警告或者五百元以下罚款。大学生应遵照消防法规，爱护校园消防设备，保持消防通道畅通无阻。

3. 熟悉校园消防安全知识及注意事项

（1）学校应该加强对全校师生的消防安全教育，并提倡“消防安全人人有责”、保护消防设施、预防火灾，向全校师生普及火警电话 119；让师生熟知消防自防自救的常识和安全逃生技能，并在情况允许的条件下每年安排两次消防安全实战演练。

（2）学校应该保证校园内各种消防设施处于良好状态，安排专门的负责人进行定期检查、维护，并做好各项检查记录和检查工作台账。

（3）学校应该保持教学楼的安全通道和安全出口畅通，安全疏散指示标志应明显，消防应急灯具可正常使用，每一个教室门口应贴有本层安全逃生指示图。

（4）学校应该在图书馆、实验室、微机室等人员较多场所的明显处贴有严禁吸烟的标志，并在学校禁止私拉乱接电线。

（5）学校内易燃、易爆的危险实验用品要做到专门存放并配备标准的全套灭火器。在做实验之前，教师应该向学生重点强调实验过程中的注意事项，做好教学示范，指导学生正确、规范地操作实验，防止违规和不慎操作酿成火灾的悲剧。

4. 正确使用电气设备

不使用违禁电气设备，不使用不合格电气设备，不乱搭乱接电线，不违规使用电焊、切割等设备。另外，实验室、大型仪器设备等的消防设施须使用双电源双回路供电系统，不能使用单电源单回路供电系统等。

5. 掌握灭火器、消火栓等消防设施设备的使用方法

常用的灭火器种类较多。目前，校园内常用的灭火器为干粉灭火器。大学生要学会使用干粉灭火器，在遇到初起火灾时，干粉灭火器能有效地扑灭和应对火灾。

另外，消火栓是一种固定式消防设施，主要作用是控制可燃物、隔绝助燃物、消除着火源。消火栓分为室内消火栓和室外消火栓。大学生要学会正确使用消火栓，特别是水带的铺设和开阀灭火等重要环节。

六、校园火灾的扑救

(一) 及时报警

发现火灾立即报警有着重要的意义，接警单位和部门可及时组织人员、物资进行抢险，有效控制火势蔓延，减少公私财产和人员伤亡损失。由于错误估计自己的灭火能力、怕追究责任或影响声誉，不愿报警，惊慌失措忘记报警，及错误地认为消防队灭火要钱等种种原因，人们不能准确、及时报警，贻误时机，使许多小火情发展为重大火灾，教训极为惨痛。

无论火灾大小，都要及时报警，不应存在任何侥幸心理。大学生除了要准确掌握报警时机外，还要准确掌握报警方法。

(1) 准确拨打火警电话 119。

(2) 详细反映火警内容并介绍清楚：发生火灾单位或个人的详细地址、具体部位；是何种起火物，有没有易燃易爆物品，若有，是何种物品；火势情况，即烟雾、火光和火势大小等；报警人姓名及电话号码。

(3) 报警后立即派人到路口接应消防车。

(4) 着火后，还应向周围人员求助，争取支援。

(二) 组织扑救

采取有效灭火方法是战胜火灾的法宝。灭火“三原则”：救人第一和集中兵力于火场主要方面；先控制火势、后消灭火灾；先重点、后一般。这三个原则是根据火灾特点，分析火场元素的轻重缓急得出的科学结论。根据灭火“三原则”，应采取以下扑救措施组织工作。

(1) 先报警，并向周围人员发出火警信号。

(2) 就地取材，立即使用火场及附近的灭火器具进行灭火，利用初起火灾的不稳定性，力争将火灾消灭在初期。

(3) 若有多名人员，应立即组织分工扑救，分头抢险。

(4) 如有老弱病残人员和贵重物资，首先要将之疏散到安全地带。

(5) 如有火场指挥，一定要服从命令。

(6) 不要莽撞行事，要特别注意安全。

（7）消防员到达火灾现场后，应做好消防员交办的各项任务。

（三）疏散逃生人员

火场上必须采取一切措施保障人员的生命安全。身处火场，保护生命安全是人的本能，但逃生无术，往往使人身临绝境，造成伤亡。所以，当火灾发生时，除消防员展开营救外，遇困人员还要设法自救。

1. 火灾时人的心理

火灾时，人们通常有五种心理：

（1）没有充分的心理准备，一旦起火，很多人都表现出惊慌失措、过度紧张，或丧失正常的思维和判断能力，行动上易产生盲目性。

（2）容易从熟悉的通道逃生，很少利用不熟悉的通道逃生。

（3）恐惧心理加剧，火灾往往伴随着停电，黑暗易使人往哪怕只有一丝光亮的明处躲避。

（4）强烈的求生欲望，使人处于绝境时，做出平时想都不敢想的行为，如跳楼逃生等。

（5）盲目求同心理，起火后，一人奔跑，不管正确与否，其他人也紧紧跟随。

有时，火势蔓延速度相当快，同时产生大量的有毒气体，上述五种心理很容易使人坐失良机，难以逃生。采取正确行动、赢得时间是安全逃生的关键。

2. 逃生要点

逃生的具体要点包括以下几个方面：

（1）进入火险大的场所时，要善于观察，熟悉室内防火通道，以防不测。

（2）身处火场时，要保持冷静，针对火情做出正确判断，选择最佳的逃生路线和方法。

（3）火势猛烈时，不可因贪恋财物而失去宝贵的逃生时间。

（4）必须经过有火通道时，要用湿毛巾捂住口鼻、防止或减少吸入有毒气体，并低姿或匍匐前进。

（5）有火场指挥时，要听从引导，避免莽撞。

（6）处于高层时，不要跳楼，应退守至安全位置，紧闭火灾方向的门窗；火势逼近时，可用水冷却门窗，以呼喊、掷物、打光等方式向营救人员示警解救。有条件的可将床单等撕开连接成长条，固定在门窗上顺着下滑，但必须保证安全系数和足够的长度。高层受困时更应注意防止烟气中毒。

（7）低层受困时，可将被子、床垫等物扔向楼下，然后对准跳下，以防摔伤。

（8）身上着火时，千万不能奔跑，可就地打滚儿，将火压灭；也可用湿物覆盖在着火部位，或用水浇灭。附近有水池、河流时，可直接跳入水里灭火，但不会游泳、不懂水性的人要避免这样做。要特别注意，不要用灭火器向人体直接喷射灭火。

安全讲堂

新时代消防安全工作

随着社会的进步、人民生活水平的提高，用火部位和用电量不断增加，造成的火灾事故给国家和家庭带来了不可弥补的损失。

党的二十大报告提出："坚持安全第一、预防为主，建立大安全大应急框架，完善公共安全体系，推动公共安全治理模式向事前预防转型。"这为新时代做好消防安全工作提供了根本遵循，指明了前进方向。应着力实现预防重点从局部治理向全线管控转型，推动消防安全向综合监管的方向转变。既要抓好大型商业综合体等高风险区域火灾防控，坚决遏制群死群伤的特别重大火灾的发生，也要抓好"九小场所"火灾防控，让"小险"不酿成"大灾"；又要以加强前瞻性预测预判、开展全链条安全管控等方面工作为抓手，进一步拓宽治理路径，丰富治理手段。

课后实践

一、实践目的

增强消防安全的意识，了解火灾所造成的严重后果以及如何避免火灾的方法。

二、实践内容

1. 简答题

(1) 你有哪些传播消防知识的方法？

(2) 在遇到宿舍着火的情况时，第一时间该怎样做？

2. 分组讨论

2021 年 7 月 25 日，某高校研究生宿舍发生一起火情，过火面积约为 1 平方米，财产损失为一台壁挂式空调、两个衣柜及一批衣物。现场未造成人员伤亡和重大财产损失。经过勘察，起火原因为：该宿舍学生未及时将长时间插于插座上的电吹风机拔离插座，导致电吹风机短路引燃了周边可燃物，引起火灾。

在生活中，我们应该如何避免火灾的发生？

请从以下几个方面进行分组讨论：

第一组：电器使用与维护。

第二组：生活习惯与安全意识。

第三组：火灾预防措施。

第四组：紧急应对与互助。

3. 讨论步骤

(1) 将学生分成若干小组，每组 4～6 人。

(2) 每组选择一名组长，负责主持讨论和记录讨论结果。

(3) 给每组分配讨论题目，并提供大约 20 分钟的时间进行讨论。

(4) 每组讨论结束后，由组长代表小组汇报讨论结果。

(5) 全班进行交流，分享各组的成果，并进行总结。

三、实践要求

讨论结束后，教师可以针对每个讨论题目给出专业的指导意见和建议，确保学生能够掌握正确的校园消防安全的知识。

任务三
消防器材与安全标志——应急救援的得力助手

案例导读

2022年5月8日下午，位于华北地区的一所高校内发生了一起因学生不会正确使用灭火器而导致火灾损失扩大的事件。

当天，该校某学院的一间实验室内，一名学生在进行化学实验操作时，不慎将酒精洒出，接触到附近的加热装置后瞬间起火。实验室的感烟火灾探测器立即发出警报，周围的同学迅速疏散，但也有几位同学试图使用实验室门口配备的灭火器灭火。

然而，这些同学由于没有接受过专业的灭火器使用培训，在操作时状况百出。有的同学不知道要先拔掉保险销，直接按压把手，导致无法喷出灭火剂；有的同学虽然拔掉了保险销，但是没有握住喷管对准火焰根部，只是对着火焰上方喷射，根本无法有效灭火。尽管有同学拨打了119火警电话，学校的安保人员和消防员很快赶到现场并扑灭了火灾，但由于初期灭火的延误，实验室里的一些精密仪器和实验资料被烧毁，直接经济损失达到数十万元。

以上案例暴露了以下几个问题：

(1) 消防器材使用知识匮乏：学生和教师对灭火器等消防器材的使用方法不熟悉，导致火灾初期未能有效控制火情。

(2) 消防安全教育不足：学校未定期组织消防演练和培训，师生缺乏应对火灾的基本技能。

(3) 应急预案不完善：火灾发生时，现场人员未能按照正确的应急程序处理火情，导致火势扩大。

火灾导致实验室严重损毁的事件给我们以下几点启示：

(1) 加强消防器材使用培训：学校应定期组织师生学习灭火器、消火栓等器材的使用方法，确保每个人都能在紧急情况下正确操作。

(2) 开展消防安全教育：将消防安全知识纳入日常教学，通过讲座、演练等形式提高师生的安全意识和应急能力。

(3) 完善应急预案：制定详细的火灾应急预案，明确疏散路线和职责分工，确保火灾发生时能够迅速、有序地应对。

(4) 定期检查消防设施：确保校园内的消防器材和设施处于良好状态，及时更换过期或损坏的设备。

一、常用消防器材、设施的选择和使用方法

（一）常用灭火器

灭火器是由筒体、器头、喷嘴等部件组成，借助驱动压力将所灌装的灭火剂喷出的移动式器具。灭火器具有结构简单、轻便灵活、操作方便、使用面广的特点，是扑救初起火灾最有效的工具之一。大学生在校园里学习和生活中，只要留心，就会看到宿舍楼道、实验室、教室和礼堂等地方都摆放着灭火器。灭火器是按建筑物的面积和危险等级来配置的，一般情况下，将配置好的灭火器放在灭火器箱内，手提式灭火器应悬挂在距地面约 1.5 米的位置。一旦发生火灾，大学生必须沉着冷静，可以根据火情大小，一边报警一边用灭火器灭火。

1. 灭火器的种类

灭火器的种类很多，一般可按三种方式分类。按其移动方式可分为手提式和推车式灭火器；按驱动灭火剂的动力来源可分为储气瓶式、储压式、化学反应式灭火器；按所罐装的灭火剂则又可分为泡沫、干粉、卤代烷、二氧化碳、酸碱、清水等灭火器。

2. 灭火器的选择

大学生在面对初起的火情时，不能盲目地使用灭火器，要根据燃烧物质种类的不同性质有选择性地使用灭火器灭火。

（1）扑救固体物质火灾（A 类火灾），可选择水基型灭火器、泡沫灭火器、干粉灭火器、卤代烷灭火器。

（2）扑救液体或可熔化的固体物质火灾（B 类火灾），可选择泡沫灭火器、干粉灭火器、卤代烷灭火器、二氧化碳灭火器。

（3）扑救气体火灾（C 类火灾），可选择干粉灭火器、卤代烷灭火器、二氧化碳灭火器等。

（4）扑救金属火灾（D 类火灾），可选择粉状石墨灭火器，也可用干砂或铸铁屑末代替。目前，一般校园里不配备这种专用干粉灭火器。

（5）扑救带电火灾（E 类火灾），可选择干粉灭火器、卤代烷灭火器、二氧化碳灭火器等。带电火灾包括家用电器、电子元件、电气设备（计算机、复印机、打印机、传真机、发电机、电动机、变压器等）以及电线电缆等燃烧时仍带电的火灾。而顶挂、壁挂的日常照明灯具及起火后可自行切断电源的设备所发生的火灾则不应列入带电火灾范围。

（6）扑救烹饪器具内的烹饪物（如动植物油脂）火灾（F 类火灾），可选择干粉灭火器。

此外，扑救档案、文献资料和重要图书、珍藏绘画火灾，必须选择卤代烷灭火器等专用灭火器。否则，火虽然被扑灭，但是需要保存的东西也失去了应有的价值。

3. 灭火器的使用方法

火灾初起时燃烧范围小、火势弱，是人们用灭火器灭火的最佳时机。因此，正确、合理地使用灭火器灭火显得非常重要。下面是一些常用的灭火器使用方法。

（1）二氧化碳灭火器的使用方法。

二氧化碳灭火器（见图 3-1）主要针对各种易燃、可燃性液体、可燃气体火灾，也可扑救仪器仪表、图书档案、工艺品和低压电气设备等初起火灾。将二氧化碳灭火器提到或扛到火场附近，在距离燃烧物 5 米左右，放下灭火器，拔出保险销，一手握住喇叭筒根部的手柄，另一只手紧握启闭阀的压把。对没有喷射软管的二氧化碳灭火器，应把喇叭筒往上扳 70°～90°。使用时，不能直接用手抓住喇叭筒外壁或金属连线管，防止手被冻伤。灭火时，当可燃性液体呈流淌状燃烧时，使用者将二氧化碳灭火器的喷流由近而远向火焰喷射。如果可燃性液体在容器内燃烧，使用者应将喇叭筒提起，从容器的一侧上部向燃烧的容器中喷射。但不能将二氧化碳喷流直接冲击可燃液面，以防止使可燃性液体冲出容器而扩大火势，造成灭火困难。在室外使用二氧化碳灭火器时，应选择在上风方向喷射。在室内窄小空间使用二氧化碳灭火器时，灭火后操作者应迅速离开，以防窒息。

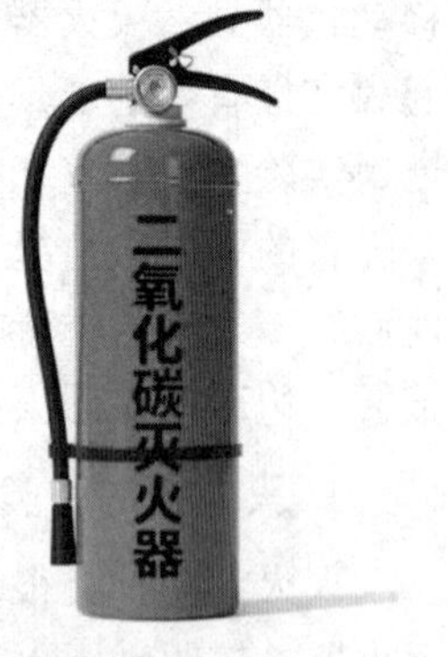

图 3-1　二氧化碳灭火器

（2）手提式干粉灭火器的使用方法。

手提式干粉灭火器（见图 3-2）主要针对各种易燃、可燃性液体和气体火灾，以及电气设备火灾。灭火时，可手提或肩扛灭火器快速奔赴火场，在距离燃烧处 2～5 米，放下灭火器，如在室外，应选择站在上风方向喷射。使用的干粉灭火器若是储气瓶式，操作者应一手紧握喷枪，另一手提起储气瓶上的开启提环。如果储气瓶的开启是手轮式的，则向逆时针方向旋开，并旋到最高位置，随即提起灭火器。当干粉喷出后，迅速对准火焰的根部进行扫射灭火。使用的干粉灭火器若是储压式，操作者应先将开启压把上的保险销拔下，然后握住喷射软管前端喷嘴部，另一只手将开启压把压下，打开灭火器进行灭火。在使用时，操作者一手应始终压下压把，不能放开，否则会中断喷射。使用干粉灭火器扑救可燃性液体火灾时，应对准火焰根部扫射，如果被扑救的液体火灾呈流淌状燃烧，应对准火焰根部由近而远，并左右扫射直至把火焰全部扑灭。如果可燃性液体在容器内燃烧，使用者应对准火焰根部左右晃动扫射，使喷射出的干粉流覆盖整个容器开口表面；当火焰被赶出容器时，操作者仍应继续喷射，直至将火焰全部扑灭。在扑救容器内可燃性液体火灾时，应注意不能将喷嘴直接对准液面喷射，防止喷流的冲击力使可燃性液体溅出而扩大火势，造成灭火困难。如果可燃性液体在金属容器中燃烧时间过长，容器的壁温已高于扑救可燃性液体的燃点，此时

图 3-2　手提式干粉灭火器

极易造成灭火后复燃的现象，若与泡沫类灭火器联用，则灭火效果更佳。

注意：使用手提式干粉灭火器扑救固体可燃物火灾时，应对准燃烧最猛烈处喷射，并上下、左右扫射。若条件许可，操作者可提着灭火器沿着燃烧物的四周边走边喷，将干粉灭火剂均匀地喷在燃烧物的表面，直至将火焰全部扑灭。

(3) 推车式干粉灭火器的使用方法。

推车式干粉灭火器（见图 3-3）的使用方法与手提式干粉灭火器的使用方法类似。只是推车式干粉灭火器的体积相对较大，灭火使用时间长。一般情况下，在重点防火部位配备有推车式干粉灭火器。

图 3-3　推车式干粉灭火器

(二) 室内外消火栓

1. 室内外消火栓的使用方法

室内墙上消火栓箱内装有消防水带和水枪，紧急情况下击碎消火栓箱门玻璃，把水枪、消防水带和消防接口接好，将水枪拉至需要灭火的部位，水带要拉直，然后打开阀门用水枪喷水实施扑救。室内外消火栓如图 3-4 所示。

图 3-4　室内外消火栓

室外消火栓同样需要接好水枪、消防水带和消防接口，把水枪拉直使用，但需要用专用扳手打开消火栓阀门并喷水灭火。

2. 不能用消火栓水扑救的火灾

(1) 碱金属火灾。因为水与碱金属（如金属钾、钠）接触后会发生剧烈反应，生成氢气和氢氧化物，反应伴随大量热量释放，容易引起爆炸。

(2) 碳化碱金属、氢化碱金属火灾。如碳化钾、碳化钠、碳化铝和碳化钙以及氢化钾、氯化镁等遇水能发生化学反应，释放大量热量，可能引起着火和爆炸。

(3) 轻于水的和不溶于水的油品或易燃液体火灾。

(4) 熔化的铁水、钢水不能用水扑救。

(5) 三酸（硫酸、硝酸、盐酸）不能用强大水流扑救，必要时可用喷雾水流扑救。

(6) 高压配电装置火灾。在没有良好接地设备或没有切断电流的情况下，不能用水扑救。

（三）消防逃生工具

1. 消防逃生面具

消防逃生面具是指在火灾逃生时用来防止有害烟雾和有害气体侵害的面具。消防逃生面具通常由阻燃隔热材料制成，并设有滤毒罐，以过滤有害烟雾和有害气体。消防逃生面具如图 3-5 所示。

消防逃生面具的使用方法如下：

（1）打开包装盒，取出消防逃生面具并撕开真空包装；

（2）拔掉滤毒罐前后孔的两个红色橡胶塞；

（3）从下巴处开始向上佩戴，将滤毒罐置于鼻子前方；

（4）收紧头带，避免出现缝隙。

2. 消防逃生绳

消防逃生绳是一种可在火灾中自救、救人或转移财物的工具。消防逃生绳一般由安全绳、安全带、缓降器、安全挂钩组成，并经过阻燃处理，具有耐火、耐高温等特性。消防逃生绳如图 3-6 所示。

在逃生通道全部被火封堵时，被困人员应当保持冷静，通过正确使用消防逃生绳逃生。消防逃生绳的使用方法如下：

（1）将安全挂钩固定在牢固的物体上，如栏杆、柱子、窗户边框等；

（2）将安全带缠绕在臀部、腰间或腋下，调紧松紧扣；

（3）将安全绳顺着窗户抛向楼下；

（4）沿着墙面缓缓下降。

3. 灭火毯

灭火毯如图 3-7 所示。

灭火毯的使用方法如下：

（1）灭火毯应固定或放置于比较显眼且能快速拿取的墙壁上或抽屉内。

（2）当发生火灾时，快速取出灭火毯，双手握住两根黑色拉带。

（3）将灭火毯轻轻抖开，作为盾牌状拿在手中。

（4）将灭火毯轻轻地覆盖在火焰上，同时切断电源或气源。

（5）将灭火毯持续覆盖在着火物体上，并采取积极灭火措施直至着火物体完全熄灭。

（6）待着火物体熄灭，并于灭火毯冷却后，将毯子收起来，可以第二次使用。

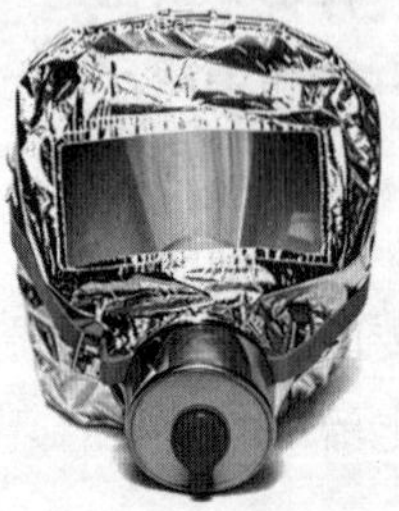

图 3-5　消防逃生面具

图 3-6　消防逃生绳

图 3-7　灭火毯

（四）其他消防工具

1. 消防水带

使用说明：

（1）铺设时应避免骤然曲折，以防止降低耐水压能力，还应避免扭转，以防止充水后水带转动面使内扣式水带接口脱开。

（2）充水后应避免在地面上强行拖拉，需要改变位置时要尽量抬起移动，以减少水带与地面的磨损。

消防水带如图 3－8 所示。

2. 消防警铃

使用说明：当发生火灾时按下手动报警按钮，消防警铃就会发出火警警报，提醒人们注意火灾。消防警铃如图 3－9 所示。

3. 消火栓按钮

使用说明：当发生火灾时按下按钮，可用于手动启动消火栓。消火栓按钮如图 3－10 所示。

图 3－8　消防水带

图 3－9　消防警铃

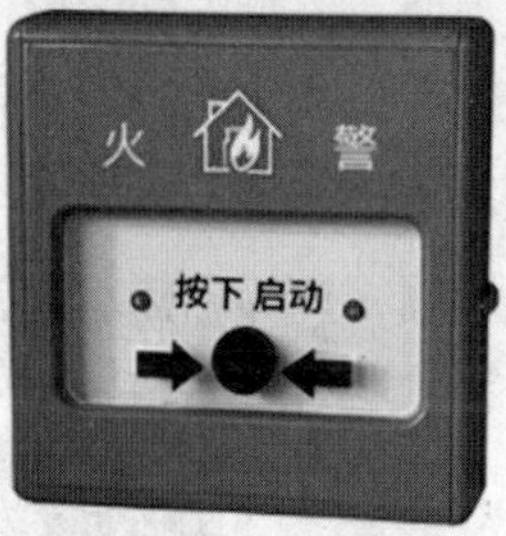

图 3－10　消火栓按钮

4. 感烟火灾探测器

感烟火灾探测器如图 3－11 所示，圆锥形，配置要求是 1 个/50～60 平方米。

使用说明：当空气中烟的浓度达到一定程度时，感烟火灾探测器就会自动报警，提醒人们发生火灾的位置。

5. 感温火灾探测器

感温火灾探测器如图 3－12 所示，圆锥形，配置要求是 1 个/50～60 平方米。

使用说明：当空气中热量达到一定程度时，感温火灾探测器就会自动报警，提醒人们发生火灾的位置。

6. 消防应急灯具

使用说明：发生火灾时通常会伴有停电等现象，消防应急灯具是一种自动充电的照明灯具，当发生火灾或停电时，消防应急灯具会自动启动照明，指示人们安全通道和出口的位置，以免人们因找不到安全出口而被撞伤。消防应急灯具如图 3－13 所示。

图 3-11　感烟火灾探测器

图 3-12　感温火灾探测器

图 3-13　消防应急灯具

二、消防安全标志

消防安全标志由几何形状、安全色、表示特定消防安全信息的图形符号构成。消防安全标志有助于引导人们在发生事故时采取合理、正确的行动，目的是保证消防安全。

（一）火灾报警装置标志

1. 发声报警器

说明：该标志标示发声警报器的位置。当遇到紧急情况时，发声报警器会发出声音以引起人们的注意。发声报警器标志如图 3-14 所示。

2. 火警电话

说明：该标志标示火警电话的位置和号码，提醒人们在发生火灾时及时报警，保证生命安全。火警电话标志如图 3-15 所示。

图 3-14　发声报警器标志

图 3-15　火警电话标志

（二）紧急疏散逃生标志

1. 安全出口

说明：该标志提示通往安全场所的疏散出口。根据到达出口的方向，可选用向左或向右的标志。该标志应与疏散方向标志组合使用。安全出口标志是在紧急情况（如火灾、地震等）下，引导人们迅速找到安全疏散通道和出口的重要标志。它能够帮助处于危险环境中的人员快速、准确地识别逃生方向，从而保障生命安全。安全出口标志如图 3-16 所示。

2. 滑动开门

说明：该标志提示滑动门的位置及方向。箭头指示该门的开启方向。滑动开门标志如图 3－17 所示。

图 3－16　安全出口标志

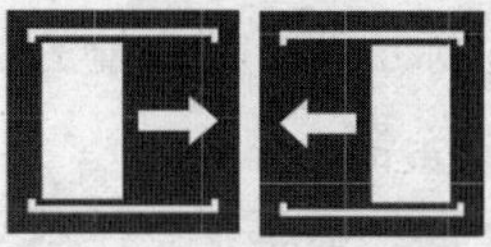

图 3－17　滑动开门标志

3. 推开或拉开

说明：推开或拉开标志提示门的推开方向。推开标志通常设置在门上，表示直接向前推门才能打开；而拉开标志设置在门的反面，表示需要拉动门才能打开。这些标志对于在紧急情况下快速疏散至关重要，特别是在视线不佳或紧张的情况下，它们可以帮助人们迅速理解如何操作门，以便尽快撤离到安全区域。推开或拉开标志如图 3－18 所示。

4. 击碎板面

说明：该标志提示需击碎板面才能取到钥匙、工具，操作应急设备或开启紧急逃生出口。击碎板面标志如图 3－19 所示。

推开　　拉开

图 3－18　推开或拉开标志

图 3－19　击碎板面标志

（三）灭火设备标志

1. 灭火设备

说明：该标志标示灭火设备集中摆放的位置。灭火设备标志如图 3－20 所示。

2. 手提式灭火器

说明：该标志标示手提式灭火器的位置。手提式灭火器标志如图 3－21 所示。

3. 消防软管卷盘

说明：该标志标示消防软管卷盘、消火栓箱、消防水带的位置。消防软管卷盘标志如图 3－22 所示。

图 3－20　灭火设备标志

图 3－21　手提式灭火器标志

图 3－22　消防软管卷盘标志

4. 地下消火栓

说明：该标志标示地下消火栓的位置。地下消火栓标志如图 3－23 所示。

5. 地上消火栓

说明：该标志标示地上消火栓的位置。地上消火栓标志如图 3－24 所示。

6. 消防水泵接合器

说明：该标志标示消防水泵接合器的位置。消防水泵接合器标志如图 3－25 所示。

图 3－23　地下消火栓标志

图 3－24　地上消火栓标志

图 3－25　消防水泵接合器标志

7. 名称：逃生梯

说明：该标志提示固定安装的逃生梯的位置。逃生梯标志如图 3－26 所示。

图 3－26　逃生梯标志

（四）禁止和警告标志

1. 当心易燃物

说明：该标志警示来自易燃物质的危险，如易燃液体、易燃气体、易燃固体等，需小心火源、避免明火作业和采取防火措施，以防火灾发生。当心易燃物标志如图 3－27 所示。

2. 当心氧化物

说明：该标志警示来自氧化物的危险。这类物质本身不一定可燃，但能导致或有助于其他物质燃烧，如高锰酸钾、过氧化氢等。遇到此类标志需避免与可燃物混合，防止发生剧烈氧化反应而引发燃烧、爆炸等危险。当心氧化物标志如图 3－28 所示。

3. 当心爆炸物

说明：该标志警示来自爆炸物的危险，在爆炸物附近或处置爆炸物时应当心。提醒人们需注意安全，避免明火、静电、剧烈撞击等可能引发爆炸的因素。当心爆炸物标志如图 3－29 所示。

图 3－27　当心易燃物标志

图 3－28　当心氧化物标志

图 3－29　当心爆炸物标志

4. 禁止用水灭火

说明：该标志表示禁止用水作灭火剂或用水灭火。这可能是因为该区域存在遇水会发生剧烈反应、爆炸、释放有毒气体等情况的物质，使用水作灭火剂或用水灭火不仅无法有效灭火，反而可能会使火势蔓延或引发更严重的危险，如存在碱金属、碳化钙等物质的区域。禁止用水灭火标志如图 3－30 所示。

5. 禁止吸烟

说明：该标志表示禁止吸烟。在该标志所设置的区域内，不允许吸烟。设置此标志的目的通常是维护公共环境的空气质量、保障他人的健康权益，避免因吸烟产生的二手烟对周围人群造成危害，同时也是出于防火等安全方面的考虑。禁止吸烟标志如图 3－31 所示。

6. 禁止烟火

说明：该标志表示禁止吸烟或各种形式的明火。在有易燃易爆物质的场所、森林等易起火区域，设置此标志可防止因明火引发火灾、爆炸等危险。禁止烟火标志如图 3－32 所示。

图 3－30　禁止用水灭火标志

图 3－31　禁止吸烟标志

图 3－32　禁止烟火标志

7. 禁止放易燃物

说明：该标志表示禁止存放易燃物。这是为防止因易燃物聚集而引发火灾、爆炸等危险。禁止放易燃物标志如图 3－33 所示。

8. 禁止燃放鞭炮

说明：该标志表示禁止燃放鞭炮或焰火。目的是防止因燃放鞭炮引发火灾、造成噪声污染、危害人身安全等，保障区域内的公共安全、环境安静和人员健康。禁止燃放鞭炮标志如图 3－34 所示。

图 3－33　禁止放易燃物标志

图 3－34　禁止燃放鞭炮标志

9. 禁止阻塞

说明：该标志表示禁止阻塞的指定区域（如疏散通道）。该标志通常用于提醒人们不要占用、堵塞或封闭疏散通道、安全出口等，以确保在紧急情况下能够迅速疏散和救援。禁止阻塞标志如图 3－35 所示。

10. 禁止锁闭

说明：该标志表示禁止锁闭的指定部位（如疏散通道和安全出口的门）。该标志通常设置在紧急出口、房门等位置，目的是提醒人们这些出口在紧急情况下必须能够迅速开启，以便人员疏散。禁止锁闭标志如图 3－36 所示。

图 3－35 禁止阻塞标志

图 3－36 禁止锁闭标志

课后实践

一、实践任务

灭火器的操作。

二、实践目的

巩固灭火器知识，切实提升消防安全应急操作能力。在真实火灾场景中，正确使用灭火器能有效控制火势，减少人身与财产损失。

三、实践内容

1. 器材准备

干粉灭火器 1 个、模拟火源铁桶 1 个、点火工具、防护手套、灭火毯（备用）。同学们需在老师指导下，检查器材是否完好，确认模拟火源周边无易燃杂物，保持安全操作距离（半径 3 米内无人员聚集，除操作者和指导老师外）。

2. 操作流程

（1）每位同学依次上前，在老师观察下独立完成灭火器操作。

（2）操作时严格遵循“提、拔、握、压”四步骤：提起灭火器，拔掉保险销，握住喷管前端，在距离模拟火源 2～5 米上风处，对准火焰根部，压下压把，从而喷射灭火剂，直至模拟火源完全熄灭。

（3）操作过程中，需大声口述每个步骤名称，如“我现在提起灭火器”“正在拔掉保险销”等，以便老师和同学监督。

四、实践要求

（1）操作时必须佩戴防护手套，严禁触碰喷管金属部分，防止冻伤。

（2）若模拟火源意外失控，迅速使用灭火毯覆盖，同时老师立即介入处理。

（3）在操作过程中感到紧张不适的同学，应暂停模拟操作，进行心理疏导后再重新尝试。

任务四

火场自救互救——守护生命的关键行动

案例导读

2021 年 9 月的一个凌晨，浙江某高校一栋男生宿舍楼突然发生火灾。起火点位于宿舍楼的 5 楼，火势迅速蔓延，浓烟滚滚。当时宿舍楼内大部分学生都已入睡，情况十分危急。火灾最初是由一名夜间上厕所的学生发现的。他看到浓烟从 5 楼楼梯口冒出，立即意识到发生了火灾，迅速返回宿舍叫醒室友，并拨打 119 火警电话。在报警的同时，宿舍楼内的学生开始紧急疏散。由于火势蔓延迅速，楼内的学生利用湿毛巾捂住口鼻，弯腰沿着安全通道有序撤离。部分学生还敲响了附近的宿舍门，提醒其他同学逃生。在疏散过程中，有一名学生被困在 5 楼的阳台，无法通过楼梯逃生。他的室友和几名同学没有放弃他，用湿毛巾堵住门缝，防止烟雾进入房间，同时用床单和衣物结成绳子，帮助被困同学成功从阳台逃生。消防员接到报警后，迅速赶到现场，展开灭火和救援工作。经过近一个小时的紧张救援，火势被控制，所有被困学生均成功获救。

后续处理：火灾发生后，学校外全体学生进行了消防安全教育，加强了宿舍楼的消防安全设施检查，并对火灾原因进行了调查。经调查，起火原因是学生在宿舍内违规使用电器，导致线路短路引发火灾。

大学生应提高消防安全意识，遵守宿舍管理规定，不使用违规电器，确保人身与财产安全。同时，学生在火灾发生时能够保持冷静，正确使用自救和互救方法，为成功逃生赢得了宝贵时间。这起事件也提醒我们，掌握基本的消防安全知识和自救互救技能至关重要。

一、火场自救

如果你被困火场中，你应当利用周围一切可利用的条件逃生，可以利用逃生梯、室内楼梯逃生，千万不能乘坐电梯，电梯井直通各层，烟、热、火很容易涌入。在热的作用下，会造成电梯失控或变形。此外，也可以利用建筑物外墙的水管逃生。

发生火灾后，会产生浓烟，遇到浓烟时要马上停下来，千万不要试图从烟火里出来。火灾中产生的浓烟，由于热空气上升的作用，将飘浮在上层，因此在火灾发生时离地面 30 厘米以下的地方空气较干净，因此在浓烟中应尽量采取低姿势爬行，头部尽量贴近地面。

在浓烟中逃生时，人体如果防护不当，容易吸入浓烟，导致昏厥或窒息，同时眼睛也会因烟的刺激，导致刺痛而睁不开。此时，可以利用透明塑料袋。透明塑料袋不分大小都可利用，使用大的塑料袋可将整个头罩住，并提供足量的氧气供逃生之用，如果没有大的塑料袋，小的塑料袋也可以，虽然不能完全罩住头部，但也可以遮住口鼻部分，供给逃生需要的氧气。使用塑料袋时，一定要将其完全张开，但千万别用嘴吹开，因为吹进去的气体是二氧化碳，效果适得其反。

如果是晚上听到报警，首先应该用手背去接触房门，试一试房门是否已变热。如果房门是热的，便不能打开门，否则烟和火就会冲进室内；如果房门不热，说明火势可能还不大，通过正常的途径逃离房间是可能的。离开房间以后，一定要随手关好身后的门，以防火势蔓延。

二、室内火灾

（一）室内火灾的特点

大部分室内火灾都有以下特点：

1. 突发性

一般情况下，火灾隐患都有较长时间的潜伏性，往往是小患不除，酿成大灾。火灾的发生大多是随机和难以预料的，人们要保护自身安全，就必须在没有任何精神准备的条件下，对眼前所发生的火灾作出相应的反应。一旦反应迟缓或判断失误，人身与财产就会遭受伤亡或损失。火灾的突发性是火灾中引起惊慌的重要原因。

2. 多变性

火灾的多变性特点包含两个方面：

（1）火灾千差万别，引起火灾的原因多种多样，每次火灾的形成和发展过程都各不相同。

（2）火灾在发展过程中瞬息万变，不易掌握。火灾的蔓延发展受到各种外界条件的影响和制约，与可燃物的种类、数量、起火单位的布局、通风状况、初起火灾的处置措施等有关。火灾的多变性特点，要求人们更多地学习和了解消防常识，懂得火灾发展过程和燃烧特点，掌握自救逃生知识。

3. 瞬时性

大火来势迅猛，这是尽人皆知的浅显道理，由此，可以联想到火灾瞬时性特点。实践证明，火灾中被困人员所表现出的行为多属于被动的反应性行为。瞬时性的行为反应包括逃生手段与个体的应变能力，与每个人的知识素养是分不开的。瞬间的错误反应往往会铸成大错，造成终身的遗憾。“时间就是生命。”在火灾中，无论是灭火、救人还是自救逃生，都必须争分夺秒，准确把握稍纵即逝的时机。当被大火围困时，要沉着冷静，尽快地判明情况，采取安全、有效的逃生方法，撤至安全地带。

（二）室内火灾逃生与自救

当发现楼道内失火时，切忌慌张、乱跑，要冷静地观察着火方位，确定风向，并在火势未蔓延前，朝逆风方向快速离开火灾区域。起火时，如果楼道被烟火封死，应该立即关闭房门和室内通风孔，防止烟雾进入。随后用湿毛巾堵住口鼻，防止吸入烟雾和有毒气体，并将穿在身上的衣服浇湿，以免引火烧身。如果楼道中只有烟没有火，可在头上套一个较大的透明塑料袋，防止烟雾和有毒气体刺激眼睛和进入呼吸道，并采用弯腰的姿势，逃离着火区域。如果室内着火，浓烟太大，则可用湿口罩或湿毛巾捂住口鼻后，爬行穿过危险区域。但若是火势太猛，又不了解火场情况，千万不可盲目地向外冲，此时应该做的就是赶紧趴在地上大声地呼救，以便得到及时的营救；也可以将楼梯间的窗户玻璃打破，向外高声呼救，让救援人员知道你的确切位置，以便更早地获救。

（三）室内火灾逃生的要诀

（1）一旦身受火灾威胁，千万不要惊慌失措，要冷静地确定自己所处位置，并迅速逃生离开，不要贪恋财物。

（2）如果门的周围火势不大，应迅速离开火场。如果火势较大，则可以采取保护措施，用水淋湿衣服、用打湿的棉被包住头部和上身等，之后再离开火场。

（3）身处楼房时，发现火情时既不要盲目打开门窗，否则有可能引火入室，也不要盲目乱跑，更不要跳楼逃生，这样会造成不应有的伤亡。可以躲到厕所或者阳台上，紧闭门窗，隔断火源，等待救援。

（4）在失火的楼房内，逃生时不可乘坐电梯，应通过防火通道走楼梯脱险。因为失火后电梯竖井往往会成为烟火的通道，并且电梯随时可能发生故障。

（5）逃生时，尽量采取保护措施，如用湿毛巾捂住口鼻、用湿衣物包裹身体。

（6）如果身上衣物着火，可以迅速脱掉衣物，或者就地滚动，以身体压灭火焰，还可以想办法用水将身上的火熄灭。

（7）火灾发生时，常会产生对人体有毒、有害的气体，所以要预防烟雾和有毒气体，应尽量选择在上风处停留或以湿的毛巾或口罩保护口、鼻及眼睛，避免烟雾和有毒气体侵害。

三、室外火灾

（一）室外火灾的特点

室外火灾一般是发生在建筑物外或者建筑物表层的火灾。室外火灾与室内火灾相比，有以下特点。

（1）室外火灾受空间的限制小，燃烧时处于完全敞露状态，供氧充分，空气对流快，火势蔓延速度快，燃烧面积大。

（2）室外火灾受气温影响大。气温越高，可燃物与着火点的温差就越小，越容易被引燃，造成火势发展迅猛。气温越低，火源与环境温度的温差就越大，火场周围可燃物质所蒸发出的气体会相对减少，火势蔓延速度会相对减慢。但是，随着火场上空气对流速度加快，火场周围温度会迅速升高，燃烧速度加快。

（3）风对室外火灾的发展起决定性影响。风会给燃烧区域带来大量新鲜空气，随着空气中的氧气的不断增多，燃烧更加猛烈。火势蔓延方向会随着风向改变而改变。在大风中发生火灾，会造成飞火随风飘扬，形成多处火场，致使燃烧范围迅速扩大。

（4）室外火灾由于火势多变，经常出现不规则燃烧现象，火势难以控制，用水量大，扑救难度大，因此往往会形成立体、多层次燃烧，导致扑救更加困难，火灾危害和损失也更为严重。

（二）室外火灾逃生与自救

（1）保持镇静，及时报警，服从现场工作人员指挥，有序疏散。

（2）火灾中对人身造成的伤害主要来自高温、浓烟和一氧化碳，因此一旦发现自己身处着火区域，应当使用沾湿的毛巾遮住口鼻，附近有水的话最好把身上的衣服弄湿。

（3）判明火势、火苗燃烧方向，逆风逃生，果断迎风跑出火灾包围圈，切勿顺风而逃。在山林中遭遇火灾时一定要密切关注风向变化，这不仅决定了大火的蔓延方向，也决定了逃生方向正确与否。

（4）当烟尘袭来时，用湿毛巾或衣服掩住口、鼻并迅速躲避。

（5）躲避不及时，应选在附近没有可燃物的平地卧地避烟，不可选择低洼地或坑、洞等容易沉淀烟尘的地方。

（6）被大火包围在半山腰时，要快速向山下跑，切忌往山上跑，通常，火势向上蔓延的速度要比人的奔跑速度快得多。

（7）逃离火灾现场后，在灾害现场休息的时候要防止毒蜂和野兽等的侵袭。

四、逃生自救常识 12 条

（1）发现火灾，及时报警，拨打 119 火警电话。报火警时的要点：1）说清着火单位的具体地址；2）说清是什么东西着火和火势大小，以便消防救援机构调配相应的消防车辆；3）说清报警人的姓名和使用的电话号码；4）注意听清消防救援机构的询问，正确、简洁地予以回答，待对方明确说明可以挂断电话时，方可挂断电话；5）报警后要到路口等候消防车，指示消防车去火场的道路。

（2）当周围发生火灾时，一定要保持镇定，以免在慌乱中做出错误的判断或采取错误的行动，受到不应有的伤害。

（3）受到火势威胁时，要当机立断，披上浸湿的衣物、被褥等向安全出口方向跑；不要往柜子里或床底下钻，也不要躲藏在角落里；更不要贪恋财物，盲目地往火场里跑。

（4）当发生火灾的楼层在自己所处的楼层之上时，应迅速向楼下跑，因为火是向上蔓延的。千万不要盲目跳楼，可利用疏散楼梯、阳台、落水管等逃生自救。

（5）燃烧时会散发出大量的烟雾和有毒气体，它们的蔓延速度快于人的奔跑速度。当烟雾呛人时，要用湿毛巾、浸湿的衣服等捂住口、鼻并屏住呼吸，不要大声呼叫。尽量使身体贴近地面，靠墙边爬行逃离火场。

（6）无论是位于起火房间还是未起火房间，逃到室外后，都要随手关闭通道上的门窗以减缓烟雾沿人们逃离的通道蔓延。

（7）失去自救能力时，应努力滚到墙边，便于消防员寻找、营救，消防员进入室内都是沿墙壁摸索着行进。此外，滚到墙边也可以防止因房屋倒塌而砸伤自己。

（8）当自己所在的地方被大火封闭时，可以暂时退入居室，关闭所有通向火区的门、窗，用浸湿的被褥、衣物等堵塞门、窗缝隙，并泼水降温。同时，要积极向外寻找救援，用手挥舞色彩明亮的衣物，通过呼叫等方式向窗外发送求救信号，以引起救援人员的注意，等待救援。

（9）一旦被火势困住，要积极采取紧急避难措施。一些大型综合性多功能建筑会在电梯、楼梯、公共厕所附近以及走廊末端设置避难间。发生家庭火灾时，可根据情况，如利用阳台等可燃物少、方便同外界接触的空间，自创小空间避难。

（10）若被困在二层以下的楼层内，被烟火威胁，时间紧迫无条件采取任何措施，也可以跳楼逃生。在跳楼前，应先向地面抛一些棉被、床垫等柔软物品，然后抓住窗台或阳台，身体下垂，自然下滑，使双脚着落在柔软物上。

（11）在超市、宾馆、食堂等公共场所时要注意观察并记住场所的进出口、楼道口的方位及走向；一旦在公共场所遇到火灾，要听从现场工作人员指挥；逃生时，可一只手放胸前保护自己，用肩和背承受外部压力，用另一只手拿湿毛巾捂住口、鼻，防止吸入有毒气体。

（12）火场不可乘坐电梯。因为发生火灾后，往往容易断电而造成电梯故障，给救援工作增加难度；另外，火场中烟气涌入电梯通道极易形成烟囱效应，人在电梯里随时会被浓烟雾和有毒气体熏呛而窒息。

析案明理

2025 年 6 月 2 日凌晨 5 时，重庆某高校 1 号宿舍楼发生一起火灾。当日凌晨，宿舍楼 2 楼活动室突发火情，楼内浓烟迅速扩散。睡梦中的学生被嘈杂声和烟雾惊醒，不少学生以为是“早八课”的动静或有人吵架，直到开门发现浓烟弥漫才意识到发生火情。学生们纷纷叫醒室友，用湿毛巾或湿巾捂住口鼻，摸索着下楼疏散。楼内有工作人员引导疏散，消防部门接警后迅速抵达现场，消防员佩戴防护装备进入楼内开展排烟和火情控制工作。约 10 分钟后整栋楼学生全部转移至安全区域，至清晨 6 时许，明火被完全扑灭。

庆幸的是，学生们临灾自救措施到位，没有发生意外。在火灾中，被困人员应有良好的心理素质，保持镇静，不要惊慌，不盲目地行动，选择正确的逃生方法。必须注意的是，火灾现场的温度是十分惊人的，而且烟雾会挡住视线，能见度非常低。在这种情况下，更需要保持镇静，不能惊慌。

课后实践

一、实践目的

了解火场自救、互救的基本知识和技能，提高在紧急情况下的应对能力。

二、实践内容

1. 分组讨论

主题一：火场逃生计划与行动

（1）题目：假设你们所在的学校突然发生火灾，请你们小组讨论并制订一个逃生计划。

（2）讨论目标：通过讨论，应能理解并掌握基本的火场逃生知识和技巧，并学会在紧急情况下互相协作。

主题二：火场互救策略

（1）题目：在火场中，如果发现有同学受伤或被困，你们小组将如何进行互救？

（2）讨论目标：通过讨论，应能掌握基本的急救技能，并学会在紧急情况下如何为他人提供帮助。

2. 讨论步骤

（1）将学生分成若干小组，每组4～6人。

（2）每组选择一名组长，负责主持讨论和记录讨论结果。

（3）给每组分配讨论题目，并提供大约20分钟的时间进行讨论。

（4）每组讨论结束后，由组长代表小组汇报讨论结果。

（5）全班进行交流，分享各组的成果，并进行总结。

三、实践要求

讨论结束后，教师可以针对每个讨论题目给出专业的指导意见和建议，确保学生能够掌握正确的火场自救与互救的知识。

任务五

火场逃生疏散——安全撤离的必备要点

案例导读

2025年4月14日晚10时，南京某大学某栋学生宿舍楼一楼发生火情，起火原因为电能计量柜故障。火灾发生时，宿舍楼内的感烟火灾探测器被迅速触发，学校消防控制中心第一时间接到报警信号，并立即启动应急预案。

在发现火情后，学校保卫处迅速组织学生疏散，并联合消防部门赶赴现场进行扑救。由于处置及时，火势在短时间内被控制并扑灭，未造成人员伤亡。根据现场目击者描述，火灾发生时宿舍楼外可见浓烟和明火，但未蔓延至其他楼层。

该大学在事后通报中指出，此次火灾虽规模较小，但暴露出高校宿舍用电设备管理中存在的隐患，尤其是在高温季节用电量激增的情况下，需加强对电气设备的维护与检查，以防范类似事件的发生。学校表示，将进一步强化宿舍用电安全管理，提升应急响应能力，确保校园安全。除此之外，每个人都应该掌握基本的消防知识和自救技能。当发生火灾时，要想办法保护好自己的人身与财产安全，尽快逃离火场，一定要冷静。如果火势不大，可尽快采取措施扑救；如果火势凶猛，应迅速撤离，并第一时间报警。在火灾中，盲目逃生可能会加剧危险。正确的做法是迅速评估情况，选择最安全的逃生路线或等待救援。

正确的消防知识和自救技能在紧急情况下能够救命，因此，增强消防安全意识和自救能力是非常必要的。

一、火灾逃生要诀

（一）熟悉环境，记住出口

熟悉校园内各建筑物的逃生通道、安全出口和消防设施的位置，以便在火灾发生时迅速逃离火场。

（二）扑灭小火，阻止燃烧

在火灾初起阶段，若发现火势并不是很大，且对人身安全威胁不大，应迅速使用周围的消防器材（如灭火器、消火栓等）或其他合适的工具（如沙土、湿拖把等），将火扑灭。切不可因惊慌失措而使小火发展成为大火。

（三）辨明方向，迅速撤离

遇到火灾时，应首先保持冷静，然后迅速找准安全通道、安全出口和避险点的方向，并判断自己所处位置与这些地方的距离，选择最合适的逃生路线，尽快撤离险地。不能盲目跟从人流奔跑或独自胡乱奔跑。

（四）简易防护，捂鼻匍匐

火势较大时，逃生路线上的一些区域可能会充满烟雾，因此防止烟雾中毒和窒息至关重要。一般来说，烟雾较空气轻，多飘往空间上部，因此，贴近地面、匍匐而行是避免烟雾遮挡视线和减少吸入烟雾的有效方法。匍匐前进时，还可通过佩戴防毒面具、穿阻燃隔热服等来保障自身安全；若没有专门的消防工具，则可用湿毛巾、口罩等捂住口、鼻，以减少烟雾吸入。此外，用湿毛巾、湿棉被、湿毯子等将头部、身体裹好，也是避免自身受到伤害的有效逃生方法。

（五）善用通道，缓降逃生

一般来说，各建筑物都会设有两个或两个以上的安全通道或安全出口。发生火灾时，要根据实际情况从比较安全的通道撤离火场。

若火势较大或安全通道被堵，可利用身边的绳子、床单、窗帘、衣服等自制简易逃生绳，并将其拴在窗框、床架等比较牢固的物体上，然后从窗台或阳台沿着逃生绳缓缓降到地面，从而安全逃生。若楼层过高，则不宜采用此方法逃生。

（六）紧急避难，关好门窗

若无法及时通过安全通道撤离，则应当就近选择比较安全的避难场所（如洗手间、阳台等地），等待消防员的到来。在避难场所，应当尽可能地关闭与火场相连的门窗，并用湿毛巾、湿布堵塞门缝，或不断往门上和自己身上浇水。此外，由于消防员进入室内都是沿墙壁摸索行进，因此在失去自救能力时，应努力爬到墙边或门边，以便消防员营救。

（七）积极求救，固守待援

被困于火场的人员应设法引起消防员和附近居民的注意，以寻求救助。在白天，可向窗外晃动颜色鲜艳的衣物或反光的镜子，也可向外抛轻物；在晚上，可用手电筒向外探照或用力敲击东西。

安全讲堂

身临火场的处置

如果身上的衣物由于静电作用等原因着火，应迅速将衣服脱下或撕下；也可用湿物覆盖在着火部位；或可就地打滚，将火压灭，但注意不要滚动太快；如果有水，可迅速用水浇灭；附近有水池、河流时，可直接跳入灭火，但不会游泳的人不能这样做。

注意：如果人体被火烧伤，一定不能用水浇，以防止感染；也不要用灭火器向人体直接喷射灭火。

二、火灾逃生禁忌

（一）惊慌失措

发生火灾时，切不可因惊慌失措而盲目地选择逃生路线或做出过激行为。盲目选择逃生路线会导致误入火灾严重区域而受困，而砸门砸窗、胡乱奔跑等过激行为会增加受伤、受困的概率。

（二）盲目呼喊

发生火灾时，会产生大量的烟雾和有毒气体，盲目大声呼喊会吸入较多有毒气体，损害健康。此外，烟雾的温度通常较高，吸入高温烟雾可能会导致呼吸道灼伤。

（三）贪恋财物

逃生时不要因为穿衣服或寻找财物而浪费宝贵的逃生时间，更不要为了携带大件物品而影响逃生速度。

（四）乱开门窗

发生火灾时，若自己在房间内，不要随意打开靠近火源的门窗，以免火势蔓延至房间内，但可以打开靠户外的窗户，使房间内的烟雾散去。

（五）乘电梯逃生

电梯的供电系统在火灾中随时可能会断电，且电梯门也可能因高温而变形，从而使人困在电梯内，因此，发生火灾时千万不要乘电梯逃生。

（六）随意奔跑

在火场上切忌随意奔跑，以免被火烧伤。人在奔跑时会加速周围空气的流动，进而助长周围的火势。若身上沾染火苗，更不能奔跑，以免加速衣物燃烧，同时应当及时脱去衣物或就地打滚来灭掉身上的火苗。

（七）跳楼逃生

在楼层较高的情况下，切忌跳楼逃生，而应当在相对安全的地方避险，等待救援人员到来。

（八）往高处跑

由于火灾通常是从下往上蔓延的，且蔓延速度较快，因此在避险时应尽量向下逃离火场。若被迫逃到最高处，也应当站在上风向，以争取救援时间。

三、火场逃生的注意事项

（1）不能因为惊慌失措而忘记报警，大家都知道“早报警、损失少”的道理，报警晚，后果则不堪设想。

（2）争分夺秒扑灭初起火灾。可利用周围的灭火设备，抓紧有利时机，趁火灾还没有发展起来，及时控制和扑灭，使损失降至最低。

（3）建筑物起火后，切莫进入电梯逃生，火场电梯的供电系统随时会断电使人们困在其中，由于电梯井的烟囱效应，有毒烟气和高温会直接威胁被困人员的生命。

（4）逃生时，每过一扇门窗，都要随手关闭，防止产生空气对流，使烟火沿行走路线蔓延。

（5）逃生时为防止吸入烟气中毒，穿过烟火区域时，应佩戴防毒面具，用淋湿的被褥、毯子裹身；如无防毒面具，可用毛巾捂鼻，降低身姿，快速冲出危险区。

（6）逆风撤离。应根据火灾发生时的风向来确定逃生方向，迅速逃到火场的上风处躲避火焰和烟气，同时也能获得更多的逃生时间。

（7）如果是宾馆、饭店发生火灾，应注意听广播通知，广播会报告着火的楼层、部位，以及安全疏散的路线、方法等。

（8）疏散要有序。遇到不顾他人死活的行为和无序拥挤现象，要坚决制止，只有有序的快速疏散，才能最大限度地减少伤亡。

（9）切勿冒险跳楼逃生。发生火灾时，当选择的逃生路线被大火封死，火势越来越大、烟雾越来越浓时，人们就很容易失去理智。此时，切记不要跳楼、跳窗，而应另谋生路，不可盲目地采取冒险行为。

（10）切勿从高处往低处逃生。特别是高层建筑一旦失火，人们总是习惯性地认为，只有尽快逃到一层，跑出室外，才有生的希望。殊不知，盲目朝楼下逃生，可能自投火海。因此，在发生火灾时，有条件的，可登上房顶或在房间内采取有效的防烟、防火措施后等待救援。

（11）切勿向光亮处逃生。在突遇火灾时，人们总是习惯向着有光、明亮的方向逃生。而这时的火场中，光亮之地正是火魔肆无忌惮地逞威之处。

（12）切勿盲目跟着别人逃生。当人突然面临火灾威胁时，极易因惊慌失措而失去正常的判断和思维能力，第一反应就是盲目跟着别人逃生。常见的盲目追随行为有跳窗、跳楼，逃（躲）进厕所、浴室等。克服盲目追随的方法是平时要多了解与掌握一定的消防自救与逃生知识，避免事到临头时没有主见。

（13）切勿从进来的原路逃生。这是许多人在火灾中逃生时会发生的行为。一旦发生火灾时，人们总是习惯沿着进来的出入口和楼道进行逃生，当发现此路被封死时，已失去最佳逃生时间。因此，当进入一幢新的大楼或宾馆等场所时，一定要对周围的环境和出入口进行必要的了解与熟悉，以防万一。

析案明理

2008 年 9 月 20 日，广东省深圳市龙岗区龙岗街道某俱乐部发生一起特大火灾事故，造成 43 人死亡、88 人受伤。

事发当天，该俱乐部内聚集人员超过 500 人，超员 100 多人。事发时，一名演员在舞台上手持火枪道具，对天花板表演开枪，火枪发射的烟花弹引燃天花板上的聚氨酯泡沫塑料，引发大火。大火后，从消防通道逃出的仅有几十人，由于人群恐慌，没有组织性逃生，导致人员滞留、踩踏不断，让灾情加重。

面对滚滚浓烟和熊熊烈焰，只要冷静、机智地运用火场自救与逃生知识，就有极大可能拯救自己。因此，掌握多一些火场自救的要诀，困境中也许就能获得第二次生命。

课后实践

一、实践目的

了解火灾逃生的基本知识和注意事项，并在紧急情况下采取正确的行动，提高火灾发生时的自救能力。

二、实践内容

1. 案例分析

小王在放学后独自一人在家做作业。突然，他听到楼上传来嘈杂声和呼救声，紧接着闻到浓烈的烟味。小王意识到可能发生了火灾。他透过窗户看到楼上有烟雾冒出，但不确定火源的具体位置。

（1）请分析小王在这种情况下可能面临哪些危险。

（2）如果小王被困在房间内，无法通过正常途径逃生，他应该如何自救？

（3）请列举三个在火灾逃生疏散过程中不应该做的事情。

2. 分组讨论

(1) 主题。

火灾逃生疏散注意事项。

(2) 讨论题目：

1) 火灾发生时，应该如何快速判断火情并做出逃生决策?

2) 在火灾逃生过程中，应该采取哪些具体的自我保护措施?

3) 火灾逃生时，如何正确使用湿毛巾或衣物来减少吸入烟雾和有毒气体?

4) 在火灾逃生过程中，哪些行为是绝对禁止的?

5) 如何在火灾发生后，迅速、有效地通知家人、邻居和消防部门?

3. 讨论步骤

(1) 将学生分成若干小组，每组4～6人。

(2) 每组选择一名组长，负责主持讨论和记录讨论结果。

(3) 给每组分配讨论题目，并提供大约20分钟的时间进行讨论。

(4) 每组讨论结束后，由组长代表小组汇报讨论结果。

(5) 全班进行交流，分享各组的讨论成果，并进行总结。

三、实践要求

讨论结束后，教师可以针对每个讨论题目给出专业的指导意见和建议，确保学生能够掌握正确的火灾逃生和疏散知识及技能。

项目四

关注生活安全　畅享大学生活

任务一 自然灾害防范与应对

案例导读

2008 年 5 月 12 日，四川省阿坝藏族羌族自治州汶川县境内发生里氏 8.0 级地震，震源深度 14 千米，地震最大烈度 11 度，影响波及大半个中国。“5・12” 汶川地震是中华人民共和国成立以来破坏力最大的地震之一，也是继唐山大地震后伤亡最严重的一次地震，造成直接经济损失 8 451.4 亿元。自 2009 年起，每年 5 月 12 日被确定为全国“防灾减灾日”。

一、地震灾害

(一) 地震的成因与分布

地震是受地壳运动和挤压造成的自然现象，是地球上最严重的自然灾害之一，地壳运动的猛烈程度直接影响地震的破坏力。随着地球板块运动，板块与板块之间持续挤压与碰撞，导致地下岩层发生形变，产生岩层内部应力。形变的不断加剧致使岩层内部应变能大量累积，当岩层无法承受自身形变应力而发生破裂时，能量会沿着断层向外释放，一部分能量以波的形式向外传递，最终形成地震。火山活动或水库的修建也可能诱发地震。

世界上有三大地震带：环太平洋地震带、欧亚地震带和大洋中脊地震活动带。

中国的地震活动主要分布在 5 个地区：西南地区，包括西藏、四川中西部和云南中西部；西部地区，主要在甘肃河西走廊、青海、宁夏以及新疆天山南北麓；华北地区，主要在太行山两侧、汾渭河谷、阴山—燕山一带、山东中部和渤海湾；东南沿海地区，广东、福建等地；中国的台湾及其附近海域。

(二) 地震的预警信号——地震前兆

地震前自然界出现的可能与地震发生有关的各种征兆被称作地震前兆。地震前兆包括微观前兆和宏观前兆。

微观前兆：人的感官不易察觉，须用仪器才能测量到的震前变化。例如：地面的变形，地球的磁场、重力场的变化，地下水化学成分的变化，小地震的活动等。

宏观前兆：人的感官能察觉到的地震前兆。它们大多在临近地震发生时出现，如井水的升降、变浑，动物行为反常等。

（三）地震时的避险措施

（1）震时就近躲避，震后迅速撤离到安全的地方，是应急避震较好的办法。这是因为震时预警时间很短，人又往往无法自主行动，再加上门窗变形等，从室内跑出去十分困难。如果在楼里，跑出来几乎是不可能的；但如果在平房里，发现预警现象早，室外比较空旷，则可力争跑出避震。

（2）在室内时，应迅速躲在坚固家具（如桌子、床等）的下面或墙角处，用柔软物品保护好头部和颈部，避免被掉落的物品砸伤。如果没有坚固家具可躲，也可以选择承重墙的墙角，让身体紧贴墙根，头部尽量靠近墙面，用双手护住要害部位。

（3）在室外时，要远离建筑物、电线杆、广告牌等可能倒塌的物体，尽快跑到空旷的广场、操场等安全地带。如果身处山区，要警惕山体滑坡和泥石流的危险，向与泥石流流向垂直的方向逃生。

（4）趴下，使身体重心降到最低，脸朝下，不要压住口、鼻，以利呼吸；蹲下或坐下时尽量蜷曲身体；抓住身边牢固的物体，以防摔倒或因身体移位，暴露在坚实物体外而受伤。

（5）低头，用手护住头部和后颈，如果可能，就用身边的物品，如枕头、被褥等顶在头上以保护头颈部；低头、闭眼，以防异物伤害眼睛；如果有可能，就用湿毛巾捂住口、鼻，以防灰土、毒气。

（6）不要随便点明火，因为空气中可能有易燃易爆气体；要避开人流，不要乱挤乱拥。因为拥挤中不但不能脱离险境，反而可能因跌倒、踩踏、碰撞等而受伤。

析案明理

2008 年“5·12”汶川地震，因为四川省绵阳市安县（现安州区）桑枣镇桑枣中学校长叶志平长期坚持在学校组织自然灾害演练，所以桑枣中学的 2 200 多名师生在地震中无一人伤亡。

在平时的紧急疏散演练时，叶校长要求教师站在各层的楼梯拐弯处。因为在拐弯处学生最容易摔倒。孩子如果在这里摔倒了，教师是成人，完全有力气可以一把把孩子从人流中抓住并提起来，不至于让别人踩到。叶校长除了做紧急疏散演练，还经常利用学生下课后、课间操、午饭和晚饭以及放晚自习后的时间，在教学楼中人流量最大的时候，看学生的疏散情况。

地震那天，教师和学生就是按照平时的训练秩序，用熟练的方式完成了安全疏散。地震波一来，教师喊：“所有人趴在桌子下！”学生立即趴下去。教师把教室的前后门都打开了，怕地震扭曲了房门。地震波一过，学生立即冲出了教室，教师站在楼梯上，喊：“快一点，慢一点！”这看似矛盾的话，反映了教师的心情：既怕学生跑得太慢，再遇到地震，又怕学生跑得太快，摔倒了。

由于平时的多次演练，在地震发生后，全校 2 200 多名师生，从不同的教学楼和不同的教室中，全部冲到操场上，以班级为单位站好，用时 1 分 36 秒。学校所在的安县紧邻地震最为惨烈的北川，而这所学校的学生紧紧地挨着站在操场上，教师站在最外圈。

（四）地震后的自救与互救

1. 自救

若被埋压在废墟下，要保持冷静，尽量节省体力。有条件时，可以用石块、铁器等敲击物体发出求救信号。如果受伤，要尽量对伤口进行简单的包扎止血，防止失血过多。

2. 互救

要遵循先救近、后救远，先救易、后救难，先救青壮年和医务人员、以增加帮手的原则。在救援过程中，要注意避免对被救人员造成二次伤害，如小心搬开废墟，避免盲目拖拽伤员。

二、暴雨及洪涝灾害

（一）暴雨及洪涝灾害的成因

暴雨是指 24 小时降水量达到 50 毫米或者以上的强降水。根据降水强度，暴雨被分为三个等级，分别是暴雨、大暴雨、特大暴雨。持续性暴雨来临，如果排水不畅，极易积水成涝，形成洪涝灾害。

（二）暴雨预警

暴雨预警信号分为四级，分别用蓝色、黄色、橙色、红色来表示。

1. 暴雨蓝色预警

12 小时内降雨量将达 50 毫米以上，或者已达 50 毫米以上且降雨可能持续（见图 4-1）。

防御指南：

（1）政府及相关部门按照职责做好防暴雨准备工作；

（2）学校、幼儿园采取适当措施，保障学生和幼儿安全；

（3）驾驶人员应当注意道路积水和交通阻塞，确保安全；

（4）检查城市、农田、鱼塘的排水系统，做好排涝准备。

2. 暴雨黄色预警

6 小时内降雨量将达 50 毫米以上，或者已达 50 毫米以上且降雨可能持续（见图 4-2）。

防御指南：

（1）政府及相关部门按照职责做好防暴雨准备工作；

（2）交通管理部门应当根据路况在强降雨路段采取交通管制措施，在积水路段实行交通引导；

（3）切断低洼地带有危险的室外电源，暂停在空旷地方的户外作业，将危险地带人员和危房居民转移到安全场所避雨；

（4）检查城市、农田、鱼塘排水系统，采取必要的排涝措施。

图 4-1　暴雨蓝色预警

图 4-2　暴雨黄色预警

3. 暴雨橙色预警

3 小时内降雨量将达 50 毫米以上，或者已达 50 毫米以上且降雨可能持续（见图 4-3）。

防御指南：

（1）政府及相关部门按照职责做好防暴雨应急工作；

（2）切断有危险的室外电源，暂停户外作业；

（3）处于危险地带的单位应当停课、停业，采取专门措施保护已到校学生、幼儿和其他上班人员的安全；

（4）做好城市、农田的排涝，注意防范可能引发的山洪、滑坡、泥石流等灾害。

4. 暴雨红色预警

3 小时内降雨量将达 100 毫米以上，或者已达 100 毫米以上且降雨可能持续（见图 4-4）。

图 4-3　暴雨橙色预警

图 4-4　暴雨红色预警

防御指南：

（1）政府及相关部门按照职责做好防暴雨应急和抢险工作；

（2）停止集会、停课、停业（特殊行业除外）；

（3）做好山洪、滑坡、泥石流等灾害的防御和抢险工作。

（三）洪涝灾害的应对方法

（1）暴雨来临前，应停止一切室外活动，提前收取露天晾晒物品，关紧门窗，并将贵重物品放置在室内高处，及时切断室外电源。

（2）暴雨时，如果身处室外，要注意路况，谨防摔倒，避开电线、电缆及电器设施，不骑自行车，不在汽车内逗留。

（3）洪涝灾害来临时，就如果来不及转移，就要迅速向高处（如楼顶、大树上等）

转移，并尽可能寻找可以漂浮的物品（如门板、木盆等），以备洪水上涨时逃生使用。在洪水中行走时，要注意避开漩涡和暗流，防止被卷入水中。如果被洪水围困，要保持冷静，等待救援人员到来，不要轻易尝试涉水过河。

课后实践

【实践任务 1】 分组查找关于国内外重大自然灾害的案例，了解灾害发生的原因、过程、影响及应对措施，并对收集到的案例进行分析讨论，总结成功经验和教训，提出改进建议。

【实践任务 2】 设计并制作关于自然灾害防范的宣传海报，内容包括灾害预警信号、应急避险知识、自救互救方法等。编写自然灾害防范宣传册，将所学知识整理成册，方便更多人了解和学习。

任务二
疾病预防与健康生活

案例导读

2024 年 11 月，某高校男生宿舍 307 室 6 名学生中 5 人相继出现高热（39℃～40℃）、肌肉酸痛症状，校医院确诊为甲型 H3N2 流感聚集性感染。溯源发现：首发病例小王曾带病参加篮球赛后未及时更衣，次日隐瞒症状上课；宿舍空调长期设定 26℃且门窗紧闭；共用毛巾挂在暖气片上烘干；室友小张出现症状后仍去图书馆自习。

一、常见疾病的常识

(一) 呼吸道疾病

1. 常见的呼吸道疾病

常见的呼吸道疾病有感冒、流感、肺炎等。感冒通常由病毒感染引起，症状相对较轻，如流鼻涕、打喷嚏、咳嗽等。流感则由流感病毒引起，症状较为严重，常伴有高热、头痛、肌肉酸痛等。肺炎是由细菌、病毒或其他微生物引起的肺部感染，肺炎的临床症状包括发烧、咳嗽、呼吸困难等，部分病例会表现为持续高烧和持续咳嗽等症状。这些疾病主要通过飞沫传播，在人员密集的场所容易传播，具有群体聚集性发病的特点。

2. 预防呼吸道疾病的方法

(1) 保持良好的个人卫生习惯。勤洗手，尽量避免用手触摸眼睛、鼻或口。洗手后，用清洁的毛巾或纸巾擦干，不要与他人共用毛巾。

(2) 经常开窗通风，保持室内空气新鲜。注意保持宿舍和学习场所环境清洁。

（3）在呼吸道传染病高发季节，易感人群应尽量避免去人群密集的公共场所，减少可能与患病人群的接触机会。如前往公共场所，可佩戴口罩以减少接触病原风险。传染病暴发时，应尽量避免去高发地区，减少感染风险。

（4）接种流感、流脑、麻疹、水痘等疫苗，保持充足的睡眠、充分的营养、适量的体育锻炼。

（二）胃肠道疾病

胃肠道疾病主要指胃炎、肠炎、食物中毒等，发病原因主要是饮食不洁、暴饮暴食、食用变质食物、感染细菌或病毒等。症状包括腹痛、腹泻、恶心、呕吐等。

预防胃肠道疾病要重视饮食卫生，选择新鲜干净的食材，烹饪食物时要烧熟煮透，避免食用生冷食物，餐具要定期消毒等。要养成良好的饮食习惯，定时定量进食，不挑食、不偏食。

（三）常见的传染病及防控

1. 艾滋病

艾滋病，又称获得性免疫缺陷综合征（AIDS），是由人类免疫缺陷病毒（HIV）引发的全身性疾病。HIV 主要侵犯人体的免疫系统，未经治疗的感染者在疾病晚期易于并发各种严重感染和恶性肿瘤，最终导致死亡。

艾滋病早期症状可能包括发热、咽痛、盗汗、恶心、呕吐、腹泻、皮疹、关节疼痛、淋巴结肿大及其他神经系统症状等。艾滋病主要经血液、性接触、母婴传播。

预防艾滋病要做到洁身自好，避免共用注射器等。目前尚无根治艾滋病的有效药物。世界卫生组织于 1988 年 1 月将每年的 12 月 1 日定为世界艾滋病日（见图 4－5）。

2. 肺结核

肺结核，也常被称为“肺痨”，是由结核分枝杆菌感染引发的传染性呼吸系统病症。该病主要在肺组织、气管、支气管和胸膜部位形成病灶。肺结核是全球十大死亡原因之一，患者死亡率高。咳嗽、咳痰两周以上或痰中带血是肺结核的常见可疑症状，发热为最常见的全身症状。日常生活中如有上述不适，应积极就医咨询，以便于早期明确诊断，排查自身疾病。此病易感人群包括免疫力较低的老年人、HIV 感染者、糖尿病患者、尘肺患者、免疫抑制剂使用者等。

肺结核主要经呼吸道飞沫传播。肺结核患者在咳嗽、打喷嚏、大笑、谈话和唱歌时，可把含有结核分枝杆菌的微滴从呼吸道播散至空气中，并可停留数小时，若被他人吸入则可引起感染。

每年的 3 月 24 日为世界防治结核病日（见图 4－6）。

3. 学校在传染病防控方面的措施

学校应高度重视传染病防控工作，定期开展各种形式的传染病防控知识宣传和讲座，让学生对传染病有基本的了解，清楚自己在传染病防控中的责任和义务。大学生如发现自己或他人有传染病症状，要及时报告学校相关部门，早隔离早治疗，将传染病影响降至最低。

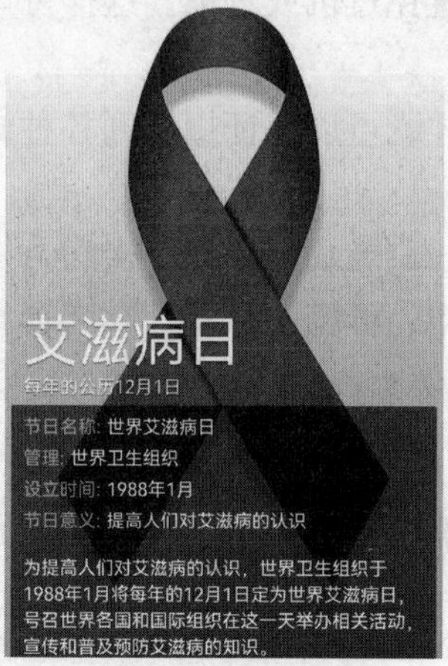

图 4-5 世界艾滋病日

图 4-6 世界防治结核病日

安全讲堂

传染病的分类

《中华人民共和国传染病防治法》第三条规定，传染病分为甲类、乙类和丙类：

甲类传染病包括：鼠疫、霍乱。

乙类传染病包括：新型冠状病毒感染、传染性非典型肺炎、艾滋病、病毒性肝炎、脊髓灰质炎、人感染新亚型流感、麻疹、流行性出血热、狂犬病、流行性乙型脑炎、登革热、猴痘、炭疽、细菌性和阿米巴性痢疾、肺结核、伤寒和副伤寒、流行性脑脊髓膜炎、百日咳、白喉、新生儿破伤风、猩红热、布鲁氏菌病、淋病、梅毒、钩端螺旋体病、血吸虫病、疟疾。

丙类传染病包括：流行性感冒、流行性腮腺炎、风疹、急性出血性结膜炎、麻风病、流行性和地方性斑疹伤寒、黑热病、包虫病、丝虫病，除霍乱、细菌性和阿米巴性痢疾、伤寒和副伤寒以外的感染性腹泻病。

国务院卫生行政部门根据传染病暴发、流行情况和危害程度，可以决定增加、减少或者调整乙类、丙类传染病病种并予以公布。

二、健康生活方式的养成

（一）合理饮食

1. 合理饮食的基本原则

（1）均衡饮食：是指摄取各种营养素，包括蛋白质、脂肪、碳水化合物、维生素和矿物质等，以满足身体的需要。饮食不均衡可能导致营养不足或过剩，进而引发健康问题。

（2）适量摄取：根据个人的年龄、性别、体重、身体状况和活动水平，适当调整食物的摄入量。过量或过少的摄取都可能对健康造成影响，如肥胖、营养不良等。

（3）定时定量：按照一定的时间和数量进食，避免过饥或过饱。这样可以保持血糖稳定，避免诸如糖尿病等疾病。

（4）多样化选择：保持食物种类的多样性，这样既可以保证摄取到各种营养素，也可以提高饮食的口感和色彩，增进食欲。

（5）注重食品安全：选择新鲜、无污染的食品，避免食物中毒等疾病。

（6）低脂、低糖、低盐、高膳食纤维：保持低脂、低糖、低盐、高膳食纤维的饮食习惯，有助于维持健康的体重和预防慢性病。

2. 合理的加工方法

不同的烹饪方式对食物中的营养成分有不同的影响，我们应选择健康的烹饪方式，避免过度加工和高温烹饪。

3. 良好的进食方式

三餐搭配合理，早吃好，午吃饱，晚餐要吃得少。少食多餐能降低胆固醇总量和低密度脂蛋白水平。

4. 量出为入的饮食习惯

根据体力消耗状况，合理安排饭量，避免暴饮暴食。

安全讲堂

人体所需的五大营养素

除水之外，人体所需的营养素还有蛋白质、脂类、碳水化合物、维生素、矿物质五大类，这些都是人体必需的成分，每种营养素在体内都有其独特的作用。

（1）蛋白质：是构成细胞和组织的关键成分，也是酶、激素和抗体等生物活性物质的重要原料。富含蛋白质的食物包括肉类、鱼类、鸡蛋、乳制品和豆类等。

（2）脂类：是人体的重要组成部分，包括脂肪和类脂，能够提供能量、保持体温和保护内脏。富含脂类的食物有肉类、鱼类、鸡蛋、乳制品、坚果和植物油等。

（3）碳水化合物：是主要的能量来源，参与细胞结构和多种生理活动。富含碳水化合物的食物有米饭、面粉、玉米和土豆等。

（4）维生素：是必需的微量营养素，对于维持正常生理功能很重要。不同维生素有不同的作用，如维生素A有助于保护视力，维生素C可以增强免疫力，维生素D可以促进骨骼健康等。富含维生素的食物包括水果、蔬菜、全谷物、坚果、鸡蛋和乳制品等。

（5）矿物质：是构成身体组织和维持正常生理功能所需的元素。不同矿物质有不同的作用，如钙有助于骨骼健康，铁促进红细胞生成，锌增强免疫力等。富含矿物质的食物有肉类、鱼类、贝类、乳制品、豆类、全谷物和蔬菜等。

(二) 规律作息

规律的作息习惯对健康具有非常重要的作用。

(1) 规律的作息习惯有助于维持身体的生物钟稳定。人体的生理节律受到生物钟调控，包括睡眠、饮食、体温等方面。规律的作息可以帮助我们的生物钟保持正常的节律，有助于睡眠质量的提高和身体功能的调节。

(2) 规律的作息习惯有助于保持充足的睡眠。充足的睡眠对身体各个系统的正常功能都至关重要，包括神经系统、免疫系统、内分泌系统等。规律的作息可以帮助我们建立健康的睡眠习惯，提高睡眠质量，增强身体的抵抗力。

(3) 规律的作息习惯有助于提高身体的抵抗力。充足的睡眠和规律的作息可以增强免疫系统的功能，提高身体对疾病和压力的抵抗能力。规律的作息还可以降低患上慢性疾病的风险，如心血管疾病、糖尿病等。

(4) 规律的作息习惯有助于改善心理健康。充足的睡眠和规律的作息可以降低焦虑、抑郁等心理健康问题的发生风险，提高情绪稳定性和心理抗压能力。

(5) 规律的作息习惯有助于增强注意力和记忆力。充足的睡眠和规律的作息可以提高大脑的工作效率，增强学习和工作的表现，提高记忆力，使注意力集中。

(6) 规律的作息习惯有助于减轻身体疲劳。充足的睡眠和规律的作息可以帮助身体充分休息和恢复，减少疲劳感和身体不适，提高身体的精力和活力。

大学生应每天保证 7～8 小时的睡眠时间，养成早睡早起的好习惯；制定合理的作息时间表，包括起床、睡觉、学习、运动、休息等时间安排，避免熬夜。

析案明理

一提起大二那年，某校新闻学院本科生李某便立刻回忆起无数个疯狂熬夜的夜晚：一天的学习结束后，他会从晚上 9 点排练话剧至凌晨一两点，有的同学还会睡在剧团的沙发上。随着身体状况濒临崩溃，李某意识到，自己的睡眠和健康仿佛被无形的手“剥夺”了。

该校社会与人口学院本科生马某也有类似的体验，大学常常让她有种“时间不够用”的感觉，与高中相比，身边每个人都越睡越晚。马某说：“高中忙，大家还能作息规律。现在到了大四，按理说课业负担最重的时候已经过去了，但有时到了凌晨两三点，宿舍还没有一个人睡觉。”

中国睡眠研究会发布的《2024 中国居民睡眠健康白皮书》（以下简称《白皮书》）显示，在参与调查的人群中，00 后成为熬夜主力军，平均入睡时间为 0:33；在参与调查的大学生群体中，52%的人在零点至半夜两点入睡，19%的人入睡时间晚于半夜两点。中国睡眠研究会理事长黄志力在解读《白皮书》时谈到，年轻人普遍面临睡得晚、起得更晚等睡眠难题。

马某总结了 3 种熬夜类型，分别是“劳动型”、“自由型”和“虚无型”。

“劳动型”熬夜的同学往往是由于学习、工作任务没有在白天完成，只能转战夜晚继续。对于他们而言，身体需求是可以“改造”和“干预”的，健康是可以“牺牲”的，比如通过喝咖啡让自己保持清醒。一位经常熬夜学习的访谈者提到，“熬夜是用现在的健康交换未来”。马某回忆，周围有同学曾在期末周连续好几天不睡觉，“他觉得要在期末用尽一切力量获得尽可能高的分数，即使要牺牲健康和睡眠”。

“自由型”熬夜则指利用夜晚获得对时间的掌控权。有的访谈者觉得，自己在白天没有得到很好的休息和放松，晚上成为释放压力、创造生命体验的时段，比如深夜去当兼职调酒师、排练话剧、去酒吧蹦迪。他们的不睡觉行为是在和传统的时间安排作抗争，争取对时间的“自主性”。

“虚无型”熬夜和上述两种不同，这类学生没有要忙的事，不是生理性失眠，也不知道要干什么。“他们会在一种虚无的心理状态中消磨夜晚的时间。这类熬夜者不愿意睡觉，也跟他们感受到‘白天时间被剥夺’的‘不适感’有关。”马某说。

“这3种类型的访谈者常常有一个共同点：他们都面临‘时间荒’，觉得属于自己的时间不够。”马某表示，在现实生活中，这3种熬夜类型可能会在一个人身上同时出现。熬夜，本质上是一个时间管理问题。

熬夜背后的“时间荒”原因是我们现在生活节奏的加快。研究发现，在社会加速发展的大背景下，外界环境、氛围等也导致了时间的紧缺，压缩甚至放弃睡眠成为大学生应对“时间荒”的手段之一。

年轻人往往认为自己有更多“健康资本”。在访谈过程中，不止一个访谈者告诉马某，自己选择熬夜，是因为在当下完成这件事的重要性大于熬夜带来的危害，“熬夜可以给我带来时间和效率”。

有一些人熬夜，是因为对睡眠的知识了解不足，认为只要“睡够了”，几点睡都无所谓。马某发现，年轻人往往认为自己有更多“健康资本”。

但李某已经深刻感受到了熬夜带来的后果。大三最忙碌的一段时间，李某常常连续几晚不睡觉，这导致他在一年内发了3次高烧，每次持续三四天，却查不出具体的感染源。李某说：“我查资料时看到，连续几天不睡觉容易让身体暴发炎症风暴。”

“熬完夜后，身体的感受是最真实的。”现在李某对于熬夜的认知也发生了一些变化。“我现在有一个底线：睡眠不能低于6个小时。因为我知道如果不这样，说不定周末又要去医院输液了。我现在对时间安排有了更清醒的觉察。”

（三）适量运动

适量运动既可以促进新陈代谢和血液循环，还能增强肌肉等。

（1）促进新陈代谢：适量运动可以消耗足够的能量，促进脂肪的消耗以及有害物质的排出，促进自身的新陈代谢。

（2）促进血液循环：适量运动使全身毛细血管扩张，增加心脏泵血功能，促进血液循环，增强心肺功能。

（3）增强肌肉：适量运动能够消耗脂肪，有利于肌肉的生长，保持肌肉正常的张力。

此外，适量运动可以释放生活中的压力，有利于养成良好的心态，同时也有利于身体的自我平衡，增强自身抵抗力。适合大学生的运动项目有跑步、游泳、篮球、足球、瑜伽、健身操等。

制订运动计划，建议每周进行至少 150 分钟的中等强度有氧运动，如快走、慢跑等，也可以结合力量训练，如举重、俯卧撑、仰卧起坐等。在运动前要做好热身准备，运动过程中要注意安全，避免受伤，运动后要进行拉伸放松。

课后实践

【实践任务 1】 设计健康宣传海报，向公众传播疾病预防和健康生活的知识。

【实践任务 2】 开展模拟疾病防控游戏，通过游戏的形式加深对疾病预防的理解。

【实践任务 3】 分享个人健康生活经验，与同学们交流并互相学习。

任务三
急救技能与实践

案例导读

地铁站内，一名男子摔倒在地，不省人事。众人急忙上前查看，此时该男子已丧失意识，大动脉搏动消失、呼吸停止，面色、口唇青紫。通过急救员资格考试的张女士立即对他进行心肺复苏，直至救护车赶到。因抢救及时，男子很快恢复了自主心跳、呼吸和意识，被送往医院进行进一步治疗。

心搏骤停后的 4 分钟被称作“黄金 4 分钟”，有效的心肺复苏可挽救生命，但要遵循“及时＋正确＋坚持”的原则。

一、心肺复苏术（CPR）

心肺复苏术（CPR），是针对骤停的心脏和呼吸采取的救命技术，是为了恢复患者自主呼吸和自主循环的技术。心搏骤停也叫心跳骤停，是指由各种原因引起的、在未能预计的情况和时间内心脏突然停止搏动，从而导致有效心泵功能和有效循环突然中止，引起全身组织细胞严重缺血、缺氧和代谢障碍，如不及时抢救可能会失去生命。心搏骤停不同于任何慢性病终末期的心脏停搏，若及时采取正确有效的复苏措施，病人的生命有可能被挽回 。

心搏骤停一旦发生，如得不到及时的抢救复苏，4～6 分钟后，患者的大脑和其他人体重要器官组织会产生不可逆的损害，因此心搏骤停后的心肺复苏（CPR）必须在现场立即进行，为抢救直至挽回心搏骤停伤病员的生命而赢得最宝贵的时间。

（一）CPR 的操作流程

（1）首先判断患者的意识，轻拍患者肩膀并呼喊，观察患者有无反应。然后检查患者的呼吸，将耳朵贴近患者口鼻，感受有无气息，同时观察患者胸部有无起伏，时间不超过 10 秒。如果患者无意识且无呼吸或仅有濒死叹息样呼吸，应立即呼叫急救人员并开始心肺复苏。

（2）其次进行胸外按压，应使患者仰卧在硬板上或地上，施救者位于患者一侧，两乳头连线中点（胸骨中下 1/3 交界处）为按压部位，双手交叠，用上半身的力量垂直向下按压，按压频率为每分钟 100～120 次，按压深度至少 5 厘米。胸外按压注意事项如图 4－7 所示。

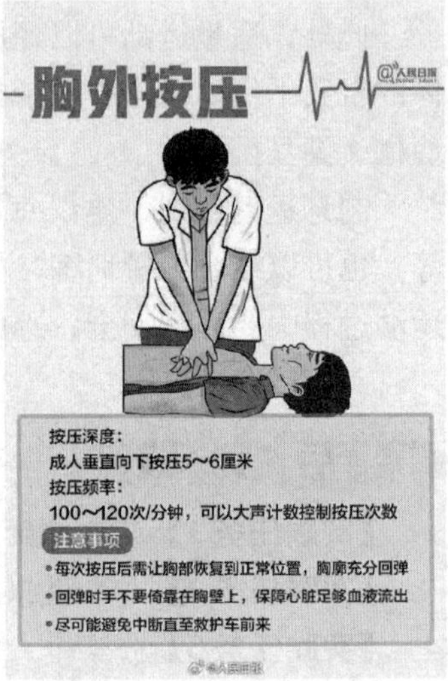

图 4－7　胸外按压注重事项

（3）最后进行人工呼吸，每按压 30 次后，开放患者气道（采用仰头抬颌法），捏住患者鼻子，口对口吹气 2 次，每次吹气时间约 1 秒，观察患者胸部有明显起伏即可。如此反复进行按压与吹气，直到急救人员到达或患者恢复自主呼吸和心跳。

（二）CPR 的注意事项

（1）按压时要保证手臂伸直，垂直向下用力，避免按压时晃动或弯曲手臂，以免影响按压效果。

安全讲堂

《中华人民共和国民法典》第一百八十四条

（2）吹气时要注意力度适中，避免吹气过大或过小。如果患者牙关紧闭，无法进行口对口吹气，可以采用口对鼻吹气的方法。

（3）在进行心肺复苏过程中，要尽量减少中断按压的时间，除了必要的检查（如呼吸、脉搏检查）和人工呼吸，按压应持续进行。

二、自动体外除颤器（AED）的使用

自动体外除颤器（AED）又称自动体外电击器、自动电击器、自动除颤器、心脏除颤器等，是一种便携式的医疗设备，可以诊断特定的心律失常，并且给予电击除颤，是可被非专业人员使用的用于抢救心搏骤停患者的医疗设备（见图 4－8）。基本上所有发生心搏骤停需要心肺复苏的病人都需要使用自动体外除颤器。在心跳骤停时，在最佳抢救时间的“黄金 4 分钟”内，利用自动体外除颤器对患者进行除颤和心肺复苏，是有效

制止猝死的办法之一。

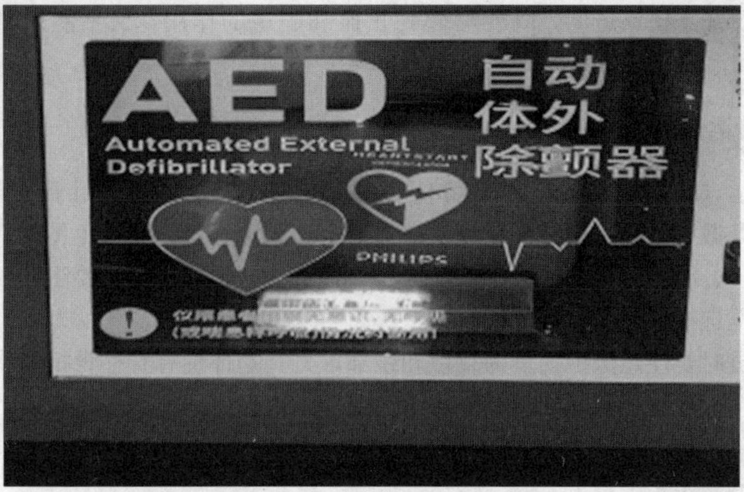

图 4－8　自动体外除颤器

（一）AED 的操作步骤

（1）开启 AED，按照语音提示操作。首先将电极片贴在患者裸露的胸部，一片贴在右锁骨下方，另一片贴在左乳头外侧。确保电极片与皮肤紧密接触，无褶皱或气泡。

（2）将电极片插头插入 AED 主机，AED 会自动分析患者的心律。在此期间，不要触碰患者，以免干扰分析结果。

（3）如果 AED 提示需要除颤，确保周围人员远离患者，按下放电按钮进行除颤。除颤后立即继续进行心肺复苏，按照 30：2 的按压与吹气比例进行操作，然后 AED 会再次分析心律，根据提示决定是否再次除颤。

（二）AED 使用的注意事项

（1）AED 应放置在人员密集场所容易获取的地方，如学校的教学楼、体育馆、宿舍等。定期对 AED 进行检查和维护，确保其处于正常工作状态。

（2）使用 AED 时，要确保患者胸部皮肤干燥、无汗水或毛发，如有必要，应先擦干皮肤或剃除毛发后再贴电极片。如果患者身上佩戴有金属饰品或植入有心脏起搏器等医疗设备，应尽量避开这些部位贴电极片。

三、其他急救技能

（一）止血包扎

止血包扎有直接压迫止血法、加压包扎止血法及止血带止血法三种。直接压迫止血法适用于小伤口出血，用干净纱布或毛巾直接按压在伤口上，保持压力 5～10 分钟；加压包扎止血法适用于四肢较大伤口出血，在伤口处覆盖多层纱布或毛巾后，用绷带或三角巾进行包扎加压；止血带止血法适用于四肢大动脉出血，但使用时要注意记录使用时间，每隔 1 小时左右放松 1～2 分钟，避免肢体缺血性坏死。

包扎时要注意松紧适度，既能够起到止血和固定的作用，又不能过紧，影响血液循环。

（二）搬运伤员

伤员搬运方式主要分为担架搬运和徒手搬运两种。担架搬运适用于伤势较重、不能行走的伤员，搬运时要将伤员平稳地放在担架上，固定好身体，避免晃动；徒手搬运适用于伤势较轻、能够行走的伤员，如搀扶法、背负法、抱持法等。要注意根据伤员的伤势和身体状况选择合适的搬运方式。

搬运伤员时要注意保护伤员的脊柱和颈部，尤其是怀疑有脊柱骨折的伤员，要采用平托法或滚动法将伤员搬运到担架上，避免造成二次损伤。

课后实践

【实践任务 1】 参加校医务所组织的急救技能知识讲座。

【实践任务 2】 掌握基本的急救知识，会使用自动体外除颤器。

任务四
食品安全与营养

案例导读

2019 年 5 月，李某购买了某乳业公司生产的 18 罐固体饮料，共计 5 904 元。该产品配料表上标注了葡萄糖浆、植物脂肪粉、氨基酸等成分。李某认为，L-赖氨酸、L-蛋氨酸、L-色氨酸、L-酪氨酸 4 种氨基酸允许使用的食品类别中不包括固体饮料，构成超范围添加，遂将某乳业公司告上法庭。

人民法院经审理认为，根据《食品安全国家标准食品营养强化剂使用标准》（GB 14880—2012），L-赖氨酸可以添加于固体饮料中，其使用量为 4～8mg/kg（以 L-赖氨酸计）。某乳业公司既未能举证证明其添加的 L-赖氨酸未超标，也不能证明其他三种氨基酸能够用于非特殊膳食食品，应承担不利法律后果。人民法院判决某乳业公司支付给李某十倍货款的惩罚性赔偿金 59 040 元。

一、食品安全基础知识

食品安全指食品无毒、无害，符合应当有的营养要求，对人体健康不造成任何急性、亚急性或者慢性危害。“民以食为天”，人民群众十分重视食品安全。从公共卫生的角度来看，食品安全是一个食物中有毒、有害物质对人体健康影响的公共卫生问题，要求在食品加工、存储、销售等过程中确保食品卫生及食用安全，降低疾病隐患，谨防食物中毒。

（一）食品污染的类型与危害

食品污染的主要类型包括：生物性污染（如细菌、病毒、霉菌、寄生虫等污染）、化学性污染（如农药残留、兽药残留、重金属污染、食品添加剂滥用等）和物理性污染（如异物混入食品等）。

食品污染对人体健康的危害包括刺激肠胃、损害肝脏、影响生命健康等。

1. 刺激肠胃

食品受到污染多数是存放时间比较长，滋生细菌或者病毒引起的，还有可能是食物变质的原因，也不排除是农药污染所致。若是经常吃，会导致肠胃受到刺激，容易腹痛或者腹泻，还会引起恶心或者呕吐，甚至会引起一系列肠胃疾病。

2. 损害肝脏

被污染后的食品通常包含很多致病菌，如果继续食用，就会导致肝脏受损，容易引发肝炎，导致食欲低下或者全身乏力等症状。

3. 影响生命健康

食品污染对身体危害比较大，如果经常吃或者吃过多被污染的食品，可能会导致致癌物质进入体内，进而患上癌症等疾病，危及生命健康。

日常生活中，我们需要保持健康饮食和饮食丰富多样化。每年定期到医院做一次健康体检，如果发现患上疾病，就要积极治疗。

析案明理

某天，王女士出现腹痛、腹泻、恶心等症状，随即来到医院。医生表示，接诊时，王女士的症状与肠胃炎相似，而王女士眼睛上的异常却引起了医生的注意。血液检查结果显示，王女士的转氨酶指标是正常人的十倍，这意味着她的肝功能受到了严重的破坏，医生怀疑王女士的肝脏问题由中毒引起。最终，医生在王女士的粪便及呕吐物中检测出黄曲霉毒素超标。

原来，王女士在发病前一两日，吃了一包存放许久且已霉变的花生，最终导致黄曲霉毒素急性中毒。而像王女士这样因食用霉变花生导致中毒的事件并非个例。

浙江杭州的刘先生边看电视边吃花生。不料凌晨 3 点，他突然被一阵腹痛惊醒，爬起来呕吐、腹泻了十余次，被家人送往当地医院。值班医生发现刘先生肝功能指标高出正常值 200 多倍，刘先生被确诊为黄曲霉毒素中毒。

黄曲霉毒素的毒性非常强，是黄曲霉和寄生曲霉的代谢产物，是迄今发现的毒性和致癌性最强的真菌毒素之一。目前，已发现的黄曲霉毒素及其衍生物大约 20 种，其中以黄曲霉毒素 B1 最常见，其毒性约为砒霜的 68 倍。更可怕的是，黄曲霉毒素耐高温，裂解温度是 280℃。所以，日常烹饪的温度（100℃～200℃）根本奈何不了它，也不要指望开水煮或者油烹能把它杀灭。

安全讲堂

日常生活中黄曲霉毒素的产生及预防

黄曲霉毒素不仅“毒”，而且广泛存在于日常生活中，它最爱“藏”在这些食物及场所中：

（1）发霉的谷物，如大米、小米、玉米、豆类等淀粉含量高的谷物。

（2）发霉的花生及坚果。花生及坚果富含油脂，且黄曲霉毒素溶于油脂，所以它们易感染黄曲霉菌。

（3）劣质芝麻酱。有些商家为了降低成本，用糠芝麻、瘪花生甚至变质的芝麻、花生做原料，其中变质的花生中含有黄曲霉毒素。

（4）小作坊自榨油。有的花生外表正常，但内部已出现黄曲霉毒素，而小作坊榨油机工艺简单，缺乏除去有害物质的工艺，不能对原材料进行精炼，可能会出现农药残留、重金属污染及存在黄曲霉毒素等问题。

（5）长期不清理的冰箱。食物长时间放在冰箱内也会霉变，此时冰箱内易滋生黄曲霉毒素和其他细菌。

（6）木制砧板、木筷子。砧板及筷子的缝隙中易藏匿食物残渣，如使用后清洁不到位，或长时间放置在潮湿阴暗的角落，就容易产生霉变。

日常生活中可从以下几个方面预防黄曲霉毒素的产生：

（1）及时处理霉变食物。如发现家中大米、花生、坚果等食物发霉，应及时扔掉，且剩余部分不能食用。

（2）正确储存食物。粮食、坚果等要放在干燥通风的地方，避免因为保存不当出现霉变，此外家中不要过量囤积食物，降低黄曲霉毒素感染风险。

（3）注意厨具卫生。筷子、砧板等厨具要及时清洗干净，同时定期更换，以免滋生细菌。

（4）定期检查食品储存情况，发现问题及时处理，避免摄入霉变食物。

（二）食品添加剂的使用

食品添加剂是指为改善食品品质、色香味以及为防腐、保鲜和加工工艺的需要而加入食品中的人工合成或天然物质。

食品添加剂的主要作用包括：

（1）改善食品品质：食品添加剂可以提高食品的质量，满足人们对食品风味、色泽、口感的需求。

（2）防腐和保鲜：食品添加剂如防腐剂和抗氧化剂可以延长食品的保存期，防止由微生物引起的食品腐败变质，同时防止食物中毒。

（3）加工工艺的便利：食品添加剂使食品加工制造工艺更合理、更卫生、更便捷，有利于实现食品工业的机械化、自动化和规模化。

（4）节约资源和降低成本：在提升食品品质和档次的同时，增加其附加值，产生明显的经济效益和社会效益。

（5）食品添加剂的使用必须符合国家标准，过量使用或非法使用食品添加剂会对人体健康造成危害。

安全讲堂

食品禁止添加剂知多少

苏丹红：苏丹红并非食品添加剂，而是一种化学染色剂，具有致癌性，对人体的肝肾器官有毒性作用。国家禁止在食品加工中添加苏丹红。

吊白块（次硫酸氢钠甲醛或甲醛合次硫酸氢钠）：吊白块是一种工业用漂白剂，在食品加工过程中会分解产生甲醛，对人体有害。国家禁止在食品加工中添加吊白块。

工业用甲醛（福尔马林）：甲醛是一种工业漂白剂，具有防腐作用，但对人体有毒害。国家禁止在食品加工中添加和使用甲醛。

硼砂（硼醋钠）：硼砂是一种毒化工原料，国家禁止在食品加工中添加和使用硼砂。

砒霜：砒霜是一种有毒化工原料，国家禁止在食品加工中添加和使用砒霜。

硫酸：硫酸具有强烈的腐蚀性，不法商贩可能用于水果保鲜着色。国家禁止在食品加工中添加硫酸。

其他禁止添加剂：美术绿（铅铬绿）、矿物油、毛发水、蜂乳膏、墨汁、王金黄（碱性橙）、竹质精维素、金黄粉（磺酸苯基-7偶氮萘酚）、洗衣粉等，以及《食品安全国家标准 食品添加剂使用标准》（GB 2760—2024）中明确删除或限制使用的添加剂，如落葵红、密蒙黄、酸枣色等。

请注意，这些物质都是国家明确禁止在食品加工中添加的。消费者在购买食品时，应关注食品标签和配料表，避免购买含有这些禁止添加剂的食品。同时，也建议消费者选择正规渠道购买食品，以确保食品安全和质量。

二、食品选购与储存

（一）食品选购的要点

在购买食品时，要选择正规的超市、商场或农贸市场等场所，注意查看食品的生产日期、保质期、食品标签等信息，选择新鲜、无变质、包装完好的食品。对于肉类、鱼类等生鲜食品，要观察其色泽、气味、质地等是否正常；对于蔬菜水果，要挑选新鲜、无病虫害、无腐烂的。

避免购买三无食品（无生产日期、无质量合格证、无生产厂家）和过期食品。对于一些进口食品，要查看其是否有中文标签和检验检疫标志，确保食品符合我国的食品安全标准。

安全讲堂

如何放心选购进口食品

1. 看场所

在正规商场、超市、购物网站进行选购，食品经营场所应保持环境整洁，可以要求销售商提供报关单、入境货物检验检疫证明，查看合规进口手续。

2. 看标签

进口食品标签应符合《食品安全国家标准 预包装食品标签通则》（GB 7718—2025）有关规定，一般应包括品名、配料表、营养标签、净含量和规格（以计量方式销售的除外）；生产者和（或）经营者的名称、地址和联系方式、日期标示、贮存条件、食品生产许可证编号、产品标准代号、产品质量（品质）等级、致敏物质、营养标签、警示语等。

3. 看外观

进口食品内外包装应避免污染、破损、浸湿、渗透；食品感官性状应符合其应有性状；冷冻冷藏食品应符合其贮存要求。

（二）食品储存的方法

食品应根据其不同的特性，采用合适的储存方法：粮食类食品应储存在干燥、通风的地方，避免受潮发霉；肉类食品可以冷藏或冷冻保存，冷藏温度一般在0～4℃，冷冻温度在−18℃以下；蔬菜水果应放在阴凉通风处，避免阳光直射，一些易腐坏的水果如香蕉、芒果等不宜冷藏；乳制品应按照包装上的说明储存，一般在2～6℃冷藏保存。

三、食品加工与烹饪安全

（一）厨房卫生要求

定期打扫厨房地面、台面、炉灶等，保持厨房环境整洁。餐具要定期清洗消毒，可以采用煮沸消毒、消毒柜消毒或化学消毒剂消毒等方法。生熟食品要分开存放和加工，避免交叉污染，应使用不同的刀具、砧板、餐具等分别处理生熟食品。

（二）烹饪过程中的安全要点

在烹饪食物时，要注意控制火候，避免油温过高引起火灾。油炸食品时，不要离开厨房，防止食物炸焦引发火灾。烹饪过程中要经常检查电器（如炉灶、微波炉、烤箱等）的运行情况，发现故障及时维修或更换。

食物要烧熟煮透，尤其是肉类、蛋类、海鲜等食品，避免食用未熟透的食物导致食物中毒。例如：鸡蛋要煮至蛋黄凝固，肉类要确保内部温度达到一定标准（如鸡肉要达到74℃以上，猪肉要达到71℃以上等）。

课后实践

【实践任务1】参观学校餐厅，深入后厨及仓库，了解食品入库、保存、加工全过程，加深对食品安全的认识。

【实践任务 2】参加食品安全讲座，以制作宣传海报等方式向公众传播食品安全与营养知识，增强大众的食品安全意识。

任务五
用电安全与防范

案例导读

2024 年 12 月 11 日，广东某职业技术学院的一栋宿舍楼因电气设备短路引发火情，虽然未造成人员伤亡，但是现场火势迅速蔓延，导致整层楼停电。初步调查显示，违规用电行为是火情发生的原因。

"电"既是我们形影不离的好帮手，也是一个"隐秘杀手"。电气线路故障是家庭火灾事故的常见原因之一。随着居民生活水平的提高，居家生活用电量持续增加，稍有不慎就可能引发火灾事故。

一、用电安全基础知识

用电安全是日常生活中不可忽视的重要方面。通过正确使用电器、定期检查线路、避免私拉乱接电线以及增强用电安全意识等措施，我们可以有效降低触电、火灾等用电安全事故的风险。

（一）电的基本原理与危险性

1. 电的基本原理

电是指电荷的定向移动所产生的能量，具体来说是电子的能量。电子是带有负电荷的基本粒子。当电子在物质中移动时，它们带有能量，这种能量以电的形式表现出来，可以被用于传输信息、引发化学反应、驱动机器等。

2. 电的危险性

电的危险性主要体现在触电对人体造成的各种伤害，包括生命危险、烧伤、骨折和创伤、身体内部伤害以及精神创伤。

（1）生命危险：电压电流通常对人的生命构成直接威胁，触电可能导致心搏骤停、呼吸困难和其他严重的身体伤害甚至死亡。

（2）烧伤：电流通过身体时可能会引发烧伤，特别是在电流进入和离开身体的位置，可能导致组织损伤和疼痛。

（3）骨折和创伤：触电时，人们可能因受到惊吓或肌肉抽搐而跌倒，导致骨折、擦伤和其他创伤。

（4）身体内部伤害：电流穿过身体时，可能影响内部器官和神经系统，引发内部伤害和长期健康问题。

（5）精神创伤：触电伤害可能对幸存者产生持久的精神创伤，包括焦虑、抑郁和恐惧等精神问题。

（二）触电的生理机制

1. 电流强度与伤害程度的关系

不同电流强度对人体有不同的影响。感知电流在1毫安左右时，人体可以感觉电流接触部位有轻微的麻痹、刺痛感。摆脱电流[①]中，对于交流电来说，成年男性平均摆脱电流约为16毫安，女性约为10.5毫安；对于直流电来说，平均摆脱电流约为50毫安。伤害电流是指当电流超过50毫安时会对人体造成不同程度的伤害，甚至可能导致大脑昏迷、心脏停止跳动和严重的电灼伤。

2. 高压电击与低压电击的区别

高压电击常导致神志丧失、心室颤动等严重后果；而低压电击则常见于烧伤，烧伤的伤口呈焦黄或灰白色，形态多为椭圆形、圆形。

（三）常见的用电安全隐患

宿舍、教室、实验室等场所用电设备多，人员相对集中，存在较大的用电安全隐患。如私拉乱接电线，电线老化、破损，使用大功率违规电器（如热得快、电炉、电暖器等），可能在用电时发生漏电、电路发热甚至着火，引发火灾。在宿舍内使用明火（如蜡烛、蚊香等）靠近电气设备或易燃物，电气设备外绝缘一旦破损，漏电风险加大，易燃物燃点低，极易被引燃，进而引发火灾。用湿手触摸电器或插拔插头，极易触电。

二、电气设备的正确使用

（一）宿舍电器使用规范

宿舍内允许使用的小功率电器如电脑、手机充电器、台灯、电扇等，但像热得快、电炉等大功率发热电器严禁使用。为保证宿舍用电安全，每个宿舍均装有电控系统，对宿舍总用电功率进行限制，一旦用电功率超过限额，系统将自动断电。学生应正确使用小功率电器，如电脑使用后应正常关机，避免长时间待机；手机充电器不要长时间插在插座上，充电完成后应及时拔掉；台灯应放置在平稳的桌面上，避免灯罩接触易燃物等。

---

① 指人体能自主摆脱带电体的最大电流。

（二）实验室电气设备操作要点

1. 操作前的准备

（1）在使用电气设备之前，需要确保设备是否正常工作，检查设备是否有损坏或松动的部件，以及有无明显的电线断裂或接触不良。

（2）保证设备接线安全可靠，并确认电源开关处于关闭状态。

2. 安全用电原则

（1）严格遵守安全用电的原则，禁止私拉乱接电线或长时间使用未经检修的设备。

（2）设备的电源插头应与插座完全相配，避免出现插拔不良或电线接触不良的情况。

3. 操作步骤

（1）在开始操作电气设备之前，确保已经正确设置好所需的参数和功能，如设定合适的电压和频率。

（2）实验前先检查电气设备，再接通电源；实验结束后，先关闭电气设备，再关闭电源。

4. 特殊操作注意事项

（1）当需要带电操作时，必须佩戴绝缘手套或穿绝缘靴。

（2）切勿带电插、拔、接电气线路。

（3）动力出线的端子在不使用时要用绝缘胶带包好，防止因误合闸而触电。

5. 应急处理

（1）若电气设备发生过热现象或出现焦煳味，应立即关闭电源。

（2）如遇触电，应立即切断电源，或用绝缘物将触电者与带电体分离，再实施抢救。

6. 其他安全规定

（1）实验室内不能有裸露的电线头，如有裸露，应设置安全罩；需接地线的设备要按照规定接，以防发生漏电、触电事故。

（2）电源开关附近不得存放易燃易爆物品或堆放杂物，以免引发火灾事故。

遵循以上操作要点，可以确保实验室电气设备的安全、有效运行，同时可以保障实验人员的安全。

（三）公共场所电器使用注意事项

（1）合理控制电器使用时间。避免长时间运行电器，特别是空调、电风扇等设备，以免因超负荷运转导致温度过高而引发火灾。在使用电器时，要合理控制时间，让电器适时休息。

（2）避免大功率电器同时使用。不要将多个大功率电器插在同一个接线板上，以免超过接线板的额定功率，导致导线过热甚至引发火灾。应合理分配电器使用，避免超负荷。

（3）注意制冷设备的使用方法。空调周围不得堆放易燃物品，如窗帘、书籍等。冰箱应放置在通风良好的地方，避免储存酒精等易燃物品。使用过程中如发现异味或冒烟，应立即停机检查。

（4）定期检查和维护电气设备。公共场所的电线、插座等用电设施应定期检查，确保其外观完好，无破损、漏电现象。禁止使用损坏的电器及配件。

（5）禁止私拉乱接电线。不得私自改造电气线路或使用损坏的电配件，以免引发电线短路或火灾。临时用电设施和拉线应经过专业人员验收合格后方可使用，使用完毕后应及时拆除。

（6）增强安全意识。教职工和学生应接受用电安全教育，了解基本的电气安全知识，增强安全用电意识。定期进行安全检查和维护，确保电气设备的正常运行。

三、触电事故的预防与急救

（一）触电预防措施

学生在日常生活中要时刻保持警惕，避免接触带电体。不要在电线杆、变压器等电力设施附近玩耍或晾晒衣物；在进行电气维修或安装作业时（如有相关技能培训和许可），必须先切断电源，并佩戴绝缘手套、穿胶鞋等防护用品；遇到雷雨天气时，要远离大树、电线杆、金属广告牌等可能引雷的物体，不要在旷野中打伞或高举金属物品行走，应尽快进入室内并关闭电气设备和门窗。

（二）触电急救方法

一旦发生触电事故，应立即采取急救措施。首先要迅速切断电源，如果无法立即切断电源，可以使用干燥的木棒、竹竿等绝缘物将触电者与带电体分开，但绝不能用手直接去拉触电者，以免自己也触电。当触电者脱离电源后，要立即检查其呼吸和心跳情况。如果触电者呼吸、心跳停止，应立即进行心肺复苏，同时呼叫急救人员，在急救人员到达之前不要轻易放弃抢救。

课后实践

【实践任务1】参加电力专家或学校举办的安全用电知识讲座，了解电流对人体的危害、触电事故的预防、电气火灾的成因及预防措施等。

【实践任务2】绝缘体与导体实验。

（1）目的：了解导体和绝缘体的概念，认识人体也是导体，接触带电体可能导致触电。

（2）材料：铜丝、铁丝、塑料丝、小灯泡、电池、木棍等。

（3）步骤：分组进行实验，观察哪些物体（导体）能使小灯泡发光，哪些不能（绝缘体），总结导体和绝缘体的特性。

任务六

交通安全与出行

案例导读

学生王某某驾驶二轮电动车沿某市荣华桥由东向西行驶至滨河路十字路口时，违反交通信号灯通行，与沿滨河路由北向南行驶的严某某驾驶的小型客车发生碰撞，致王某某受伤、两车受损的交通事故。

一、交通法规与安全意识

（一）道路交通法规解读

道路交通法规主要规定了机动车与非机动车的驾驶规则、道路通行条件、交通事故处理以及相应的法律责任。

1. 机动车与非机动车的驾驶规则

（1）驾驶机动车应当依法取得机动车驾驶证，并按照驾驶证载明的准驾车型驾驶机动车。

（2）机动车行经人行横道时，应当减速行驶；遇行人通行，必须停车让行。

（3）机动车上道路行驶，不得超过限速标志标明的最高时速。在没有限速标志的路段，应当保持安全车速。

（4）驾驶拼装的机动车或者已达到报废标准的机动车上道路行驶的，公安机关交通管理部门应当予以收缴，强制报废，并处以罚款，吊销机动车驾驶证。

2. 道路通行条件

（1）法律规定了机动车、非机动车、行人等道路使用者的通行规则，以确保道路交通的安全和顺畅。

（2）学校、幼儿园、医院、养老院门前的道路没有行人过街设施的，应当施划人行横道线，设置提示标志。

3. 交通事故处理

（1）造成人员受伤的交通事故，应先救助伤者。

（2）机动车与非机动车驾驶人、行人之间发生交通事故的，由机动车一方承担责任。但有证据证明非机动车驾驶人、行人违反道路交通安全法律法规，且机动车驾驶人已经采取必要处置措施的，可减轻机动车一方的责任。

4. 法律责任

（1）驾驶报废机动车上道路行驶的，驾驶人将面临罚款和吊销机动车驾驶证的处罚。

（2）行人、乘车人、非机动车驾驶人违反道路交通安全法律法规的，将受到警告或罚款处罚。

此外，道路交通法规还涵盖了其他诸多方面，如机动车的登记与检验、道路交通信号的设置与使用、道路交通安全的宣传教育等，旨在全面规范道路交通行为，保障道路交通的安全与畅通。

（二）安全意识的培养

交通安全取决于安全意识的培养，如驾驶员超速、疲劳驾驶、酒后驾驶、违规变道等，以及行人乱穿马路、闯红灯、在马路上嬉戏打闹等不文明行为，都会引起交通事故，并带来人员伤亡、家庭破裂、财产损失等严重后果。了解交通安全隐患，培养安全意识，从而自觉遵守交通法规，养成文明出行的好习惯十分重要。

1. 驾驶员超速

超速是指驾驶员在驾车行驶中，汽车的行驶速度超过法律法规规定的速度。我国高速公路的汽车行驶速度最高不得超过 120km/h。超速行驶会导致严重的交通事故风险增加，包括追尾、车辆失控、连环相撞等恶性事故。

2. 疲劳驾驶

疲劳驾驶是指驾驶人在长时间连续行车后，产生生理机能和心理机能的失调，而在客观上出现驾驶技能下降的现象。驾驶人睡眠质量差或不足，长时间驾驶车辆，容易出现疲劳。如果疲劳后继续驾驶车辆，会感到困倦瞌睡，四肢无力，注意力不集中，判断能力下降，甚至出现精神恍惚或瞬间记忆消失，出现动作迟误或过早，操作停顿或修正时间不当等不安全因素，极易发生道路交通事故。因此，疲劳后严禁驾驶车辆。

3. 酒后驾驶

《车辆驾驶人员血液、呼气酒精含量阈值与检验》（GB 19522—2024）中规定，饮酒驾车（酒驾）是指车辆驾驶人员血液中的酒精含量大于或者等于 20mg/100mL，小于 80mg/100mL 的驾驶行为。醉酒驾车（醉驾）是指车辆驾驶人员血液中的酒精含量大于或者等于 80mg/100mL 的驾驶行为。喝酒时酒精的刺激使人兴奋，所以人们在不知不觉中就会喝多。当酒精在人体血液内达到一定浓度时，人对外界的反应能力及控制能力就会下降，处理紧急情况的能力也随之下降。对于酒后驾车者而言，其血液中酒精含量越高，发生撞车的概率越大。

4. 闯红灯

闯红灯是指机动车、非机动车、行人等违反交通信号灯指示，在红灯亮起禁止通行时越过停止线并继续行驶的行为。《中华人民共和国道路交通安全法》第二十六条规定：交通信号灯由红灯、绿灯、黄灯组成。红灯表示禁止通行，绿灯表示准许通行，黄灯表示警示。《中华人民共和国道路交通安全法》第四十四条规定：机动车通过交叉路口，应当按照交通信号灯、交通标志、交通标线或者交通警察的指挥通过；通过没有交通信号灯、交通标志、交能标线或者交通警察指挥的交叉路口时，应当减速慢行，并让行人和优先通行的车辆先行。

安全讲堂

六种闯灯情况

1. 遇红灯过线即停车

问：红灯亮时，车来不及刹住，车头冲出停止线，算不算闯红灯？

答：如果车辆在红灯时刹停于停止线上，一般不会被认作闯红灯，但有可能因越线停车或妨碍行人通行而受到处罚。若车辆过线后还有明显的位置移动，会算作闯红灯。电子眼拍摄闯红灯的 3 张照片为：车辆未达到停止线，车辆已越过停止线，车辆越过停止线后继续行驶（比第二张照片中机动车位置向前位移）。只有当这3张照片齐备时，才会被认定为闯红灯，扣6分。

2. 交警指挥下闯红灯

问：虽然信号灯是红灯，但执勤交警示意可以通行，是否算闯红灯？

答：当信号灯与交警手势发生冲突时，机动车驾驶人要服从交警的现场指挥。如果因交警现场指挥"被闯红灯"，驾驶人可以到事发地交警大队开具调流证明，免于处罚。

当事人若对处罚有异议，可通过行政复议、行政诉讼等渠道申诉解决。

3. 遇红灯车身全越线停车

问：如果没来得及刹车，导致车身全部越过停止线，算闯红灯吗？

答：若越过停止线后行驶距离很短，可能无法被电子眼抓拍到第三张照片，电子眼拍摄闯红灯的3张照片为：车辆未达到停止线，车辆已越过停止线，车辆越过停止线后继续行驶（比第二张照片中机动车位置向前位移）。但如有交警在场，依然有可能被交警认定为闯红灯或越线停车。

4. 越线停车后又倒车

问：遇红灯越线停车后，企图通过倒车来躲避处罚，会被处罚吗？

答：机动车不得在铁路道口、交叉路口、单行路、桥梁、急弯、陡坡或者隧道中倒车。如果违规倒车，可处警告或者二十元以上二百元以下罚款。

5. 跟大车后"误闯"红灯

问：有时因为前方的大车挡住了视线，便跟着大车驶过路口，算闯红灯吗？

答：驾驶人要保持足够的观望范围，要以能看到前方的信号灯、保证安全刹车距离为标准。一般情况下，机动车跟在大型车辆后面被拍，都是因为过路口抢信号灯。这种行为只能按闯红灯予以处罚。

6. 闯黄灯经过路口

问：驾驶人在信号灯变黄时经过路口，算闯红灯吗？

答：交警部门表示，《中华人民共和国道路交通安全法实施条例》规定，路口黄灯闪烁时，已经越过停止线的车辆可以继续通行。

如果黄灯已经亮起，还继续抢行通过，那么这样被拍也算闯红灯。

二、步行与骑行安全

（一）步行安全要点

在步行外出时要选择人行道行走，如果没有人行道，应靠路边行走。过马路时要走人行横道，按照交通信号灯指示通行，不要抢行或闯红灯。在通过没有交通信号灯的路口时，要注意观察左右车辆情况，确认安全后再通过。不要在马路上追逐打闹、玩耍或进行其他妨碍交通的活动，如低头玩手机、戴耳机听音乐等，以免分散注意力，忽视交通安全隐患。夜间行走时，要穿着颜色鲜艳的衣服或佩戴反光标志，以便驾驶员能够及时发现。

（二）骑行安全要点

骑自行车或电动车出行，首先要检查车辆的刹车、铃铛、轮胎等部件是否完好，确保车辆能够正常行驶。骑行时要佩戴安全头盔，这是保护头部免受伤害的重要措施。在道路上要遵守交通规则，在非机动车道内行驶。如果没有非机动车道，应靠道路右侧行驶，不要逆行或在机动车道内穿插行驶。转弯时要提前减速并伸手示意，不要突然转弯或猛拐。与机动车保持安全距离，避免并行或被机动车卷入车底。不要骑车带人，不要单手骑车或双手脱把骑车，更不要在骑行过程中接打电话或玩手机。

三、乘车安全

（一）公交与地铁乘车安全

乘坐公交车或地铁时，要在站台或指定地点候车，不要在机动车道上拦车。上车时要依次排队，不要拥挤推搡，避免发生踩踏事故。上车后要抓好扶手或站稳扶好，尤其是在车辆行驶过程中或起步、停车时，防止摔倒。不要将头、手或身体其他部位伸出窗外，以免被路边的物体刮伤或与其他车辆发生碰撞。携带的行李物品要妥善放置，不要妨碍其他乘客通行或影响驾驶员操作。在地铁车厢内，要遵守地铁的相关规定，如禁止吸烟、饮食、大声喧哗等。

（二）出租车与网约车安全

乘坐出租车或网约车时，要选择正规的运营车辆，通过正规的打车平台叫车，避免乘坐黑车。在上车前要核对车辆信息（如车牌号、车型等）与打车平台显示的是否一致，确认驾驶员身份信息（如姓名、照片等）。上车后要坐在后排座位，并系好安全带。如果是独自乘车，尤其是女性乘客，要保持警惕，将行程信息分享给家人或朋友，如车辆的车牌号、行驶路线、预计到达时间等。在乘车过程中，不要随意与驾驶员攀谈，不要透露个人隐私信息，如家庭住址、联系方式等。如果发现驾驶员有异常行为或行驶路线不正确，要及时质疑并要求停车或改变路线，必要时可拨打报警电话。

（三）长途客车与火车乘车安全

乘坐长途客车时，要在正规的汽车站购票上车，不要乘坐站外揽客的车辆。上车后要系好安全带，将行李放置在行李架上或指定的行李存放处，不要在车厢内放置易燃易爆等危险物品。在行驶过程中，要遵守客车的规定，不要在车厢内吸烟、随意走动或与驾驶员闲聊，以免影响驾驶员驾驶。乘坐火车时，要提前到达车站候车，按照车票信息找到对应的候车室和站台。上车后要将行李放置在行李架上或座位下方，妥善保管好个人财物。在车厢内要遵守列车的规定，既不要在连接处逗留，也不要向车窗外扔杂物，注意车厢内的广播提示，了解行程信息和到站时间。

课后实践

【实践任务1】参加交通安全知识讲座，了解交通规则、交通信号灯的指示、行人及车辆的通行规则等，增强交通安全意识。

【实践任务2】在交警或老师的指导下，在路口进行文明礼让体验活动，如引导行人过马路、提醒司机礼让行人等，亲身体验文明礼让的重要性。

任务七
旅游安全与防护

案例导读

2017年9月7日，一群户外旅友在湖北某村开展户外活动，通过一座禁止通行的软桥时发生倾斜侧翻，多名旅友落水、受伤。经核实，该软桥不对外开放通行，且桥头设有“禁止通行”标志。

2022年7月23日，湖北某景区，一名10岁男孩在网红吊桥上游玩“步步惊心”时从安全设备脱出坠入山谷，造成腰椎、胸椎骨折，头皮裂伤。

2024年8月10日，广西壮族自治区某景区登高观瀑魔毯项目发生故障，造成1名游客死亡，60名游客受伤（其中重伤1名，轻伤59名）。

2024年10月1日，浙江省温州市某景区内一辆缆车突发故障，导致一名游客因意外坠落受伤。

一、旅游目的地安全评估

（一）自然环境安全考量

在选择旅游目的地时，要充分了解当地的自然环境状况，如是否处于地震带、火山活动区、洪水易发区、台风路径经过地等自然灾害频发地区。前往山区旅游，要了解当地的地形地貌、山路状况以及是否存在山体滑坡、泥石流等地质灾害风险；前往海边旅游，要关注当地的潮汐变化、海浪情况以及是否有溺水危险；前往森林或草原地区旅游，要了解当地的野生动物分布情况以及是否有森林火灾风险等。我们可以通过查询当地旅游部门官方网站、气象部门官方网站、地质部门官方网站等获取相关信息，以便提前做好防范措施或调整旅游计划（见图4-9）。

图4-9　提前了解目的地环境

（二）社会治安状况调查

了解旅游目的地的社会治安状况也是至关重要的。我们可以查询当地的新闻报道、旅游论坛、社交媒体等，了解该地是否存在盗窃、抢劫、诈骗等犯罪活动高发区域或时段。对于一些治安状况相对较差的地区，要谨慎前往，或者在旅行过程中加强自我保护意识，如避免在夜间单独外出，不要携带过多现金和贵重物品，尽量在人员密集、治安良好的区域活动等。同时，要了解当地的文化习俗和宗教信仰，尊重当地的风俗习惯，避免因文化冲突带来麻烦或危险。

二、旅游行程规划与安全保障

（一）合理安排行程时间

在规划旅游行程时，要充分考虑交通、住宿、景点游览等各方面的时间安排，避免因行程过于紧凑导致疲劳驾驶或错过交通工具、景点开放时间等情况。合理安排休息时间，保证每天有足够的睡眠，以保持良好的精神状态和体力。尤其是在长途旅行或自驾游时，要避免连续长时间驾驶，每隔一段时间要停车休息，活动一下身体，防止因疲劳驾驶引发交通事故。

（二）选择正规旅游服务机构与交通工具

如果选择跟团旅游，要选择正规的旅行社，查看其资质证书、营业执照、经营许可证等相关证件，了解其信誉和口碑。签订详细的旅游合同，明确双方的权利和义务，包括行程安排、服务标准、费用明细、违约责任等内容。如果是自由行，在选择交通工具时，要选择正规的航空公司、铁路部门、长途客运公司等，购买正规的车票、机票等，不要乘坐非法运营的交通工具。在预订住宿时，要选择安全、卫生、信誉良好的酒店、民宿或客栈，可以查看在线旅游平台的用户评价和评分，了解其真实情况。

（三）旅游途中的安全注意事项

在旅游过程中，要随时关注天气变化，根据天气情况调整行程并穿着合适的衣物（见图 4－10）。在景区游览时，要遵守景区的规定，不要攀爬栏杆、触摸文物古迹、涉足危险区域等。在乘坐游乐设施时，要按照工作人员的指示正确佩戴安全带或其他安全防护设备，确保自身安全。在品尝当地美食时，要注意饮食卫生，选择正规的餐厅就餐，避免因食用不洁食物导致食物中毒。如果在旅游途中遇到突发疾病或受伤情况，要及时就医，并向当地的旅游部门或相关机构寻求帮助。

图 4－10　警惕恶劣天气影响

三、旅游应急处理与求助

（一）应急处理措施

大学生在旅游过程中应具备基本的应急处理能力。如果遇到轻微的擦伤、扭伤等，可以自行携带简单的急救包进行处理，如清洁伤口、消毒、包扎等。如果遇到较为严重的疾病或受伤情况，如突发心脏病、骨折等，要立即拨打当地的急救电话（如120急救电话），并在等待救援人员到来的过程中，尽量采取一些急救措施，如对心脏病患者进行心肺复苏（如果具备相关技能）、对骨折患者进行简单的固定等，以减轻患者的痛苦并防止病情恶化。

（二）求助渠道与方式

当遇到困难或危险时，大学生要知道如何寻求帮助。首先可以向景区工作人员、酒店服务人员、当地居民等求助，他们通常对当地情况比较熟悉，能够提供一些实际的帮助和建议。同时，要记住当地的报警电话（如110）、旅游投诉电话等，在遇到紧急情况或权益受到侵害时及时拨打。此外，还可以通过手机地图软件、旅游App等查找附近的医院、警察局、大使馆等重要机构的位置和联系方式，以便在需要时能够快速获得帮助。如果是在国外旅游，要了解中国驻当地大使馆或领事馆的联系方式，在遇到重大问题时可以向大使馆或领事馆寻求领事保护和协助（见图4－11）。

图4－11　迷路及时求助

课后实践

一、实践任务

拟一份出行计划。

（1）目的地：北京，时间：7天，交通工具：高铁/自驾车。

（2）参观地点：故宫、慕田峪长城、国家博物馆、天坛、颐和园、北大/清华、天坛等。

二、实践要求

计划要精确到每天，要标明乘坐交通工具及午餐、晚餐安排。出门时间、乘坐交通工具时间、住宿地点、景点游玩时间、注意事项、穿衣提醒等要素齐全。

项目五

保障网络安全　维护信息安全

任务一 网络安全事件的表现形式

案例导读

大学生李某在浏览招聘网站时，被沿海某省一所重点高中的教师招聘信息吸引。出于职业兴趣，她提交了个人简历。几天后，李某收到了一份来自该高中的详细表格，要求填写包括银行账户、工作经历、学习背景、联系方式等在内的个人信息。

李某误以为招聘方对她感兴趣，毫无戒备地填写了所有信息。然而，一周后，李某及其家人开始频繁收到垃圾短信、骚扰电话和推销邮件，生活受到严重干扰。经过仔细回想，李某意识到自己的个人信息很可能在填写那份“招聘表格”时遭到泄露。

随着人类社会全面进入信息化时代，网络空间和数字资源已成为国家综合实力的核心战略要素。在数字化转型加速推进的今天，网络与信息安全已上升为国家安全体系的重要组成部分。作为国家信息化建设的生力军，大学生的网络安全素养不仅关乎个人发展，更是构筑国家网络安全防线的关键基础。当前，网络攻击、数据泄露、信息诈骗等安全威胁日益严峻，强化网络安全意识、提升信息安全防护能力已成为当务之急。我们必须深刻认识到，培养正确的网络安全观、掌握基本的安全防护技能、树立数据安全意识，是每一位新时代大学生必须具备的核心素养。

一、网络陷阱

（一）网恋陷阱

网络交往的虚拟性为情感交流蒙上了一层朦胧的面纱。由于缺乏面对面的真实互动，人们往往只能依靠文字、语音等有限的信息去构建对方的形象，这种认知方式极易受到主观想象和情感投射的影响，导致对交往对象产生过度美化的认知偏差。

正处于情感需求旺盛期的大学生，很容易被这种经过美化的虚拟形象吸引，加之青春期的情感冲动，往往难以理性分辨网络情感的真实性。近年来，因网恋引发的诈骗、情感伤害等案例屡见不鲜。这些惨痛的教训警示我们：网络交友需谨慎，情感投入要理性。

在网络交往中，大学生要注意以下几点：

（1）认清网络交往的虚拟性：网络形象与现实人格可能存在巨大差异，切勿将虚拟情感等同于现实感情。

（2）警惕情感诈骗：不要轻信网络上的甜言蜜语，涉及金钱往来的更要提高警惕。

（3）保护个人隐私：避免向网友透露过多个人信息，谨防信息泄露。

（4）寻求现实情感支持：将情感重心放在现实生活中的亲朋好友上，建立健康的情感支持系统。

网络世界纷繁复杂，只有保持理性、谨慎的态度，才能避免陷入网恋陷阱，收获健康、安全的网络社交体验。

析案明理

某大学女生晓丹的经历，为我们敲响了网络交友安全的警钟。她在网络上结识了男子薛某，薛某用甜言蜜语编织了一场虚幻的爱情美梦，并多次邀请晓丹前往外地约会。沉浸在“热恋”中的晓丹，毫无防备地多次赴约，甚至与薛某同居。

然而，这场“爱情”的背后，却隐藏着薛某扭曲的心理和可怕的阴谋。当得知晓丹家境优越且即将出国留学后，薛某心理失衡，害怕失去晓丹，竟萌生了绑架勒索的念头。他处心积虑地计划，企图通过绑架逼迫晓丹及其父母放弃出国计划，将她永远留在自己身边。

在晓丹出国前夕，薛某再次将她诱骗至住处，伙同他人绑架了晓丹。然而，计划并未得逞，丧心病狂的薛某竟与同伙将晓丹残忍杀害，并弃尸出租屋后潜逃。最终，房东发现了尸体并报了警，薛某也在潜逃一段时间后选择自首，等待他的将是法律的严惩。

上述案例给我们的启示有：

（1）网络交友需谨慎：不要轻信陌生人的甜言蜜语，更不要轻易与网友见面，尤其是不要单独赴约。

（2）保持理性，警惕情感操控：认清网络爱情的虚幻性，不要被对方的花言巧语蒙蔽，保持独立思考的能力。

（3）保护个人隐私，避免信息泄露：不要在网络上透露过多个人信息，尤其是家庭住址、经济状况等敏感信息。

（4）及时寻求帮助：如果发现对方有异常行为或感到不安，要及时向家人、朋友或警方寻求帮助。

网络世界纷繁复杂，唯有保持警惕，增强安全意识，才能避免陷入网恋陷阱，保护自身安全。

（二）求职陷阱

随着高等教育普及，大学生就业压力日益增大，网络求职凭借其便捷高效的优势，逐渐成为毕业生求职的重要渠道。然而，网络空间的虚拟性和信息不对称，也为不法分子提供了可乘之机。各种网络求职陷阱层出不穷，令人防不胜防。

1. 虚假招聘，诱骗签约

一些不法分子利用毕业生求职心切的心理，以“高薪轻松”“待遇优厚”为诱饵，发布虚假招聘信息。他们刻意隐瞒工作内容、工作环境和潜在风险，诱导求职者在不明真相的情况下签订不平等劳动合同。等到入职后，求职者才发现工作与承诺严重不符，但往往已陷入维权困境。

2. 黑中介横行，骗取钱财

部分缺乏资质或虚假的劳务中介机构，利用网络平台发布虚假招聘信息，以收取“中介费”“报名费”“保证金”等名义骗取求职者钱财。一旦得手，这些虚假的劳务中介机构便销声匿迹，让求职者蒙受经济损失。

3. 偷渡出国，风险巨大

一些不法分子利用人们出国“淘金”的心理，谎称“免签国无需工作签证”或“先出国再补办”，诱骗求职者以旅游签证甚至偷渡的方式出境打工。这些持非工作类签证或无签证的务工人员，不仅自身合法权益无法得到保障，还可能触犯当地法律，面临被遣返甚至拘留的风险。

4. 强迫劳动，人身控制

更为恶劣的是，一些犯罪团伙伪造工程项目，提供虚假证明，以高薪诱骗求职者出境务工。一旦出境，求职者便会被没收通信设备、撕毁护照，被迫从事电信诈骗、网络赌博等违法犯罪活动，使自己身陷囹圄，难以脱身。

面对网络求职陷阱，大学生要注意以下几点：

（1）选择正规招聘平台：优先选择学校就业指导中心、政府人社部门等官方平台发布的招聘信息。

（2）核实企业信息：通过企业官网、工商登记信息等渠道核实招聘单位的真实性。

（3）警惕“高薪”诱惑：对工作内容简单、薪酬明显高于市场水平的招聘信息保持警惕。

（4）保护个人信息：不要轻易泄露身份证号码、银行卡号等敏感信息。

（5）签订正规合同：仔细阅读劳动合同条款，确保自身权益得到保障。

（6）保留证据，及时维权：如遇求职陷阱，注意保留相关证据，及时向公安机关报案。

析案明理

内蒙古自治区通辽市居民王某的经历，为我们揭露了网络求职陷阱的黑暗一面。2020 年，20 岁的王某通过手机游戏结识了网名为“鬼子”的网友。在“鬼子”的花言巧语下，王某被“月薪 5 000 元”“工作轻松”“报销机票”等虚假承诺诱惑，怀揣着赚大钱的梦想，踏上了前往云南的旅程。

然而，等待王某的并非高薪工作，而是一场精心策划的骗局。抵达云南后，王某被“鬼子”诱骗至中缅边境，并在深夜被强行带至缅甸。从此，他陷入了噩梦般的境地：

王某的手机被没收，人身自由被限制，被迫进入诈骗园区从事网络诈骗活动。

当王某试图反抗或业绩不佳时，便会遭到保安的毒打，生命安全受到严重威胁。

王某被多次转卖给不同的诈骗公司，被迫学习新的诈骗手段，身心遭受了巨大摧残。

历经两年多的非人折磨，王某终于抓住机会逃离魔窟，并在中国驻缅甸使领馆和国内相关部门的帮助下，安全返回祖国。

上述案例给我们的启示有：

（1）警惕网络上的“高薪”诱惑。不要轻信网友提供的海外高薪工作信息，尤其是无需工作经验、待遇优厚的招聘广告。

（2）核实招聘信息真实性。对于境外工作机会，务必通过正规渠道核实招聘单位和招聘信息的真实性，切勿轻信他人的一面之词。

（3）保护个人信息安全。不要轻易向陌生人透露个人身份信息、联系方式、家庭住址等敏感信息，谨防信息泄露。

（4）增强安全意识，及时求助。如遇可疑情况，要及时向家人、朋友或公安机关求助，避免陷入危险境地。

网络求职陷阱层出不穷，唯有提高警惕，增强防范意识，才能避免上当受骗，保护自身安全。

（三）购物陷阱

随着互联网的普及，网络购物以其便捷高效、选择多样、价格实惠等优势，迅速融入人们的日常生活，并成为当代大学生青睐的消费方式。然而，网络购物并非一片净土，一些不法分子利用电子商务监管体系的漏洞，大肆进行网络诈骗活动，严重侵害消费者权益。

常见的网络购物诈骗手段包括：

（1）虚假购物网站。不法分子搭建与正规网站高度相似的虚假购物平台，以低价商品为诱饵，诱导消费者下单付款，随后便销声匿迹。

（2）钓鱼网站。不法分子通过仿冒知名电商平台或发送虚假链接，诱导消费者输入个人账户信息，从而盗取资金或进行其他违法犯罪活动。

（3）虚假宣传。不法分子利用虚假图片、夸大宣传等手段，售卖假冒伪劣商品，严重损害消费者利益。

（4）恶意退款。不法分子以商品存在质量问题等理由，诱导消费者进行退款操作，实则窃取银行卡信息或实施其他诈骗行为。

为了保障自身权益，消费者在网络购物时应提高警惕，注意以下事项：

（1）选择正规购物平台。优先选择信誉良好、知名度高的电商平台进行购物，避免点击不明链接或访问陌生网站。

（2）核实商家资质。仔细查看商家资质、用户评价等信息，避免与无资质或信誉差的商家进行交易。

（3）保护个人信息。不要轻易向商家透露个人身份证号码、银行卡号等敏感信息，谨防信息泄露。

（4）谨慎支付。选择安全的支付方式，避免直接向个人账户转账，并保留好交易凭证。

（5）提高防范意识。学习识别常见的网络购物诈骗手段，遇到可疑情况应及时向平台客服或公安机关举报。

网络购物虽然便捷高效，但风险与机遇并存。只有提高警惕，增强防范意识，才能有效规避网络购物诈骗，享受安全、愉快的网络购物体验。

析案明理

某日，莱山区公安局接到女大学生王某的报案，称其在网上购买手机时遭遇诈骗，损失 4 000 元。这起案件再次为我们敲响了网络购物安全的警钟。

王某是一名大三学生，在浏览淘宝网时，被一条“名牌手机仅售 850 元”的促销信息吸引。该价格远低于市场价，让王某心动不已。在与商家联系后，对方声称正在进行限时促销，但需一次性购买四部手机才能享受优惠。王某被低价冲昏了头脑，认为这是一个转手牟利的良机，便按照商家要求，将 4 000 元汇入指定账户。

然而，等待王某的并非心仪的手机，而是一场精心设计的骗局。数周过去，手机杳无音信，商家也失联，王某这才恍然大悟，意识到自己落入了网络购物诈骗的陷阱。

上述案例带给我们的启示有：

（1）低价诱惑，引人上钩。不法分子利用消费者贪图便宜的心理，以远低于市场价的价格吸引眼球，诱骗消费者上钩。

（2）虚假促销，设置门槛。不法分子通过设置“限时抢购”“捆绑销售”等条件，制造紧张气氛，促使消费者冲动消费。

（3）脱离平台，私下交易。不法分子诱导消费者通过微信、QQ 等社交平台进行沟通和交易，脱离正规电商平台的监管和保护。

（四）网络谣言

互联网的快速发展既为信息传播提供了便利，也为网络谣言的滋生和蔓延提供了温床。网络谣言是指在互联网上编造、传播的虚假信息，其内容往往耸人听闻、夸大事实，极易引发社会恐慌，破坏网络秩序，甚至危害国家安全。

为了维护网络空间的清朗环境，国家已出台《互联网新闻信息服务管理规定》等一系列法律法规，严厉打击网络谣言等有害信息的传播。然而，在高校中，仍存在部分学生因法律意识淡薄，出于好奇、跟风或其他目的，参与网络谣言的传播，最终触犯校规甚至法律的情况。

根据性质和情节轻重，传播网络谣言的行为主要分为两类：

1. 犯罪行为

此类行为直接触犯法律，危害严重，主要包括：

（1）利用互联网捏造事实、散布谣言。例如：编造虚假信息、散布恐怖谣言等，扰乱社会秩序，造成恶劣的社会影响。

（2）攻击政府、诋毁国家形象。例如：发布抹黑国家领导人、歪曲国家政策的言论，危害国家安全和社会稳定。

2. 一般违法行为

此类行为情节较轻，尚未构成犯罪，但在大学生中较为普遍，主要包括：

（1）查阅、复制或下载有害信息。例如：浏览、保存或传播含有暴力、色情、恐怖等内容的网络信息。

（2）转发未经证实的网络信息。例如：不加甄别地转发来源不明、内容可疑的网络信息，无意中成为网络谣言的传播者。

网络谣言危害巨大，作为大学生的我们，应自觉做到：

（1）增强法律意识，遵守网络法规。认真学习相关法律法规，明确网络行为的底线和红线，做到知法、懂法、守法。

（2）提高媒介素养，辨别信息真伪。培养理性思维和批判性思维，不轻信、不盲从，学会辨别网络信息的真伪。

（3）抵制网络谣言，维护网络清朗。自觉抵制网络谣言，不造谣、不信谣、不传谣，积极举报网络谣言，共同维护清朗的网络空间。

网络空间不是法外之地，大学生作为网络空间的重要参与者，应自觉承担起维护网络秩序的责任，共同营造清朗的网络环境。

析案明理

2005 年 9 月，一则关于“大学城内发生四起强奸案”的谣言在某大学城高校的学生中迅速传播，并衍生出多个版本，引发了学生和家长的极大恐慌，严重扰乱了校园秩序和社会稳定。

面对突如其来的网络舆情，公安机关高度重视，迅速组织警力展开调查。经过深入细致地排查，警方确认大学城治安状况良好，并未发生任何恶性案件，网传信息纯属谣言。

随着调查的深入，警方锁定了谣言散布者——某大学学生王某和苟某。面对铁证，两人对在网上发布谣言的违法行为供认不讳。最终，警方依法对王某和苟某进行了行政处罚。

上述案例带给我们的启示有：

（1）谣言内容耸人听闻，引发社会恐慌。该谣言以“强奸案”为噱头，内容极具冲击力，极易引发公众恐慌，破坏社会秩序。

（2）网络传播速度快，影响范围广。谣言通过网络平台迅速传播，并衍生出多个版本，造成恶劣的社会影响。

（3）造谣者法律意识淡薄，最终自食恶果。王某和苟某出于好奇或其他目的，编造、传播谣言，最终触犯法律，受到制裁。

网络不是法外之地，造谣传谣必受严惩。任何在网络空间编造、传播谣言的行为都将受到法律的制裁。同时，大学生要提高媒介素养，增强辨别能力，面对网络信息，要保持理性思考，不轻信、不盲从，学会辨别信息真伪。每个人都应自觉遵守网络道德规范，不造谣、不信谣、不传谣，共同维护清朗的网络环境。

（五）网络色情

大学生正处于生理和心理发展的关键阶段，性意识和情感意识日益增强，但由于社会经验不足，自制力相对薄弱，极易受到网络色情信息的诱惑和侵害。

网络色情是指以挑逗性欲为目的，通过文字、图片、音频、视频等多种形式传播的淫秽色情信息。这些信息往往打着“艺术”“时尚”的幌子，实则充斥着低俗、暴力、扭曲的性内容，严重危害大学生的身心健康。

1. 网络色情的影响

（1）扭曲性观念，影响人格发展。长期接触网络色情信息，大学生容易形成错误的性观念，甚至产生性心理障碍，影响人格健康发展。

（2）诱发违法犯罪行为。一些大学生在色情信息的诱导下，可能铤而走险，实施性骚扰、性侵犯等违法犯罪行为，毁掉自己的前途。

（3）沉迷网络，荒废学业。网络色情信息具有极强的成瘾性，大学生容易沉迷其中，荒废学业，影响正常生活和人际交往。

2. 如何抵制网络色情

面对网络色情的侵蚀，大学生应提高警惕，自觉抵制。

（1）树立正确的性观念。学习科学的性知识，树立健康、积极的性观念。

（2）增强自制力，远离色情信息。自觉抵制网络色情信息的诱惑，不浏览、不传播、不分享色情内容。

（3）培养健康的兴趣爱好，丰富精神生活。积极参加体育锻炼、文艺活动等健康向上的活动，充实精神世界，远离网络色情的侵害。

（4）寻求帮助，及时止损。如果发现自己沉迷于网络色情，难以自拔，应及时向家长、老师或心理咨询师寻求帮助，避免造成更严重的后果。

网络色情危害巨大，大学生应提高警惕，增强防范意识，自觉抵制网络色情的侵蚀，守护身心健康，拥抱美好未来。

析案明理

近日，某省一起“00后”大学生贩卖淫秽物品牟利案引发社会关注。该案的两名被告人路某某和田某某均为在校大学生，他们因法律意识淡薄、贪图小利，最终走上了违法犯罪的道路。

案件回顾：

路某某：通过QQ购买淫秽视频聊天记录，并在多个QQ群发布售卖信息，以低价出售340部视频，获利1 500元。经鉴定，其中336部为淫秽物品。案发后，路某某主动投案自首。

田某某：加入互换淫秽视频的QQ群，获取大量淫秽视频后，在QQ群发布售卖信息，向14人传播疑似淫秽视频2 346部，获利4 000余元。经鉴定，其中196部为淫秽物品。

法院判决：

法院审理认为，路某某和田某某的行为已构成贩卖淫秽物品牟利罪，鉴于两人具有自首、认罪等情节，依法从宽处罚：

路某某：判处有期徒刑一年，缓刑一年，并处罚金 1 500 元。

田某某：判处有期徒刑一年，缓刑一年，并处罚金 1 500 元。

路某某和田某某的案例警示我们，网络色情危害巨大，大学生应提高警惕，增强防范意识，远离网络色情犯罪，守护自身前途和未来。网络不是法外之地，任何在网络空间传播淫秽色情信息的行为都将受到法律的严惩。大学生应增强法律意识，认真学习相关法律法规，明确网络行为的底线和红线，切勿以身试法。同时，要自觉抵制网络色情信息的侵蚀，不浏览、不传播、不分享淫秽色情内容，共同营造清朗的网络空间。

（六）大学生群体中的隐形问题

互联网时代，获取信息已成为网民上网的主要目的。然而，在享受信息便利的同时，一些网民却忽视了知识产权保护的重要性，其中大学生群体中的网络侵权现象尤为突出。

1. 常见的网络侵权行为

（1）非法下载和使用受版权保护的资源。未经授权下载、使用他人享有著作权的软件、影视、音乐、文学作品等，侵犯了著作权人的合法权益。

（2）学术不端行为。抄袭、剽窃他人论文，篡改、伪造研究数据等行为，严重违背了学术道德，侵犯了他人的知识产权。

（3）窃取技术成果。未经许可，擅自使用、复制、传播他人的技术成果，侵犯了专利权、商业秘密等知识产权。

2. 网络侵权的危害

（1）侵犯创作者权益，打击创作积极性。网络侵权行为严重损害了创作者的合法权益，打击了其创作积极性，不利于文化创新和科技进步。

（2）破坏网络秩序，阻碍信息传播。网络侵权行为扰乱了正常的网络秩序，阻碍了信息的合法传播和共享。

（3）损害自身利益，承担法律责任。网络侵权行为不仅损害他人利益，还可能使侵权者自身面临法律风险，承担民事甚至刑事责任。

3. 大学生如何杜绝网络侵权行为

（1）学习知识产权相关知识。了解著作权、专利权、商标权等知识产权的基本概念和保护范围，增强法律意识。

（2）尊重他人劳动成果。自觉抵制盗版资源，使用正版软件、观看正版影视作品、阅读正版书籍等。

（3）规范学术行为。在学术研究中，严格遵守学术规范，杜绝抄袭、剽窃等学术不端行为。

(4) 积极维护自身权益。当自主知识产权受到侵犯时，要学会运用法律武器维护自身的合法权益。

析案明理

郝某和邹某同为某省高校计算机专业学生，却因法律意识淡薄，走上了非法运营网络游戏私服的歧途，最终身陷囹圄。

邹某从网络下载某款网络游戏的盗版服务端程序，并安装在郝某租用的海外服务器上，开始了非法运营。两人在校外租用套房，申请光纤，架设多台服务器，专门用于提供游戏私服服务。通过销售会员卡和自制游戏装备，两人在两年多时间里非法营业额高达100多万元，分别获利40余万元，并用于购买豪车。

后来，郝某和邹某被公安机关取保候审。

上述案例带给我们的启示有：

(1) 网络游戏私服属于侵权行为。未经游戏版权方授权，私自架设服务器运营游戏，侵犯了著作权人的合法权益。

(2) 非法经营将受到法律制裁。以营利为目的，非法运营游戏私服，扰乱市场秩序，将承担相应的法律责任。

(3) 增强法律意识。大学生应认真学习相关法律法规，明确网络行为的底线和红线，切勿以身试法。

(4) 尊重知识产权，支持正版游戏。自觉抵制盗版游戏，支持正版游戏，维护游戏产业的健康发展。

(5) 树立正确的价值观，远离非法牟利。树立正确的价值观，通过合法途径获取财富，切勿被利益蒙蔽双眼，走上违法犯罪的道路。

(七) 信息时代的隐形危机

随着网络技术的飞速发展，人们在享受便捷信息服务的同时，也面临个人隐私泄露的严峻挑战。一方面，部分网络服务提供商过度收集用户个人信息，甚至存在非法买卖用户数据的行为；另一方面，用户自身安全意识薄弱，不经意间泄露个人隐私，也为不法分子提供了可乘之机。

近年来，网络隐私侵权事件频发，引发了社会各界的广泛关注。而大学生群体，由于以下原因，更容易成为网络隐私侵权的“重灾区”。

(1) 网络安全意识相对薄弱。部分大学生缺乏必要的网络安全知识和技能，容易轻信网络上的虚假信息，或在无意中泄露个人隐私。

(2) 网络社交活跃度高。大学生热衷于使用社交网络平台，在分享生活的同时，也容易暴露个人隐私信息，如地理位置、联系方式等。

(3) 法律意识有待加强。部分大学生对网络隐私保护相关法律法规了解不足，在自身权益受到侵害时，缺乏有效的维权意识和手段。

(4) 网络隐私侵权危害巨大，大学生应提高警惕，加强防范。

（5）增强网络安全意识。学习网络安全知识，提高个人信息保护意识，不轻易泄露个人隐私信息。

（6）谨慎使用社交网络。在社交网络平台上分享信息时要谨慎，避免暴露个人隐私，如家庭住址、身份证号码等。

（7）加强密码安全管理。设置复杂密码并定期更换，避免使用相同密码登录多个网站。

（8）学会运用法律武器保护自己。了解网络隐私保护相关法律法规，在自身权益受到侵害时，及时寻求法律帮助。

析案明理

某学校学生张某因涉嫌身份盗窃、欺诈、强迫、盗窃等多项罪名被捕。其犯罪行为令人发指：他通过网络交友平台锁定目标，利用技术手段窃取他人隐私，并以合成裸照为要挟，对受害人实施“数字暴力”，严重侵犯了他人网络隐私权。

张某的犯罪手法有：

伪装身份，骗取信任。张某通过交友网站寻找目标，伪装身份接近受害人，获取其个人信息和社交账号。

技术入侵，窃取隐私。张某利用网络技术入侵受害人计算机，登录其私人网页，窃取照片等隐私信息。

合成裸照，实施胁迫。张某利用软件合成虚假裸照，威胁受害人提供真实裸照或满足其不法要求。

网络散播，造成伤害。对拒绝屈服的受害人，张某将其合成裸照通过网络散播，对其造成严重的精神伤害。

上述案件带给我们如下启示：

（1）网络交友需谨慎，保护隐私是底线。在网络交友过程中，要保持警惕，避免轻易泄露个人隐私信息。

（2）提高网络安全意识，防范技术侵害。学习网络安全知识，定期更新软件，防范黑客攻击和信息泄露。

（3）遭遇网络暴力时，勇敢拿起法律武器。一旦遭遇网络隐私侵权，要及时保存证据，向公安机关报案，维护自身合法权益。

（八）AI诈骗——技术伪装下的新型犯罪

AI诈骗是指利用人工智能技术合成虚假视频或图像，伪装成他人身份实施诈骗的犯罪行为。

1. AI诈骗的特点

（1）高度逼真，难以辨别。AI换脸技术通过深度学习算法，能够高度还原目标人物的面部特征、表情动作甚至声音，使得虚假信息难以通过肉眼识别，极具迷惑性。

（2）利用信任，精准诈骗。诈骗分子通常会伪装成受害人的亲属、朋友或领导等熟人，利用盗取的社交账号或公开信息，制造虚假视频通话或图片，利用信任关系实施精准诈骗。

（3）手段多样，防不胜防。AI 诈骗不仅限于视频通话，还可能通过社交媒体、短信、邮件等多种渠道传播虚假信息。例如：伪造视频会议中的高管形象诱导转账，或利用 AI 语音模仿熟人声音进行诈骗。

（4）技术普及，犯罪门槛低。随着 AI 技术的普及，一些不法分子通过网络平台兜售 AI 合成软件和教程，使得更多人能够轻易掌握这种技术，降低了犯罪门槛，增加了诈骗案件的发生率。

（5）隐蔽性强，追踪难度大。AI 换脸诈骗的隐蔽性在于其能够快速伪装身份，且不易被传统反诈手段识别。犯罪分子通过网络匿名操作，给警方追踪和打击带来巨大挑战。

（6）应用场景广泛，危害巨大。除了直接诈骗钱财，AI 换脸技术还被用于制造虚假视频进行敲诈勒索、伪造不雅视频威胁受害人等，其应用场景广泛，社会危害性巨大。

2. 如何防范 AI 诈骗

（1）增强防范意识，不轻信陌生信息。对于涉及钱财的要求，务必通过电话、见面等方式核实对方身份。

（2）保护个人隐私，避免信息泄露。谨慎发布包含人脸、声音等生物特征信息的照片和视频，避免给不法分子可乘之机。

（3）提高技术识别能力，及时举报可疑信息。学习识别 AI 合成内容的方法，如发现可疑信息，应及时向平台或公安机关举报。

析案明理

2023 年 4 月 20 日，福建省福州市某科技公司法定代表人郭先生遭遇了一起利用 AI 技术实施的精准诈骗，损失高达 93.16 万元。

诈骗过程：

伪装身份，获取信任：诈骗分子利用 AI 换脸和拟声技术，伪装成郭先生的好友，通过微信视频通话获取其信任。

伪造凭证，制造假象：诈骗分子谎称已向郭先生账户转账 430 万元，并发送伪造的银行转账底单截图，进一步迷惑郭先生。

诱导转账，实施诈骗：在诈骗分子的诱导下，郭先生分两笔将 430 万元转入对方指定账户。

案件结果：

郭先生发现被骗后立即报警，警方与银行迅速行动，成功拦截了诈骗账户内的 336.84 万元，但仍有 93.16 万元被转移。

案例点评：

（1）AI 技术滥用，诈骗手段升级：AI 换脸和拟声技术的滥用，使得诈骗手段更加隐蔽和难以识别，大学生需提高警惕。

（2）核实身份，谨防冒充：对于涉及钱财的要求，务必通过电话、见面等多种方式核实对方身份，切勿轻信视频通话。

（3）保护隐私，防范信息泄露：谨慎发布包含人脸、声音等生物特征信息的照片和视频，避免给不法分子可乘之机。

（4）及时报警，减少损失：一旦发现被骗，应立即报警并保留相关证据，以便警方及时采取措施，挽回损失。

此类 AI 诈骗案件具有极高的迷惑性，大学生在接到涉及金钱交易的视频通话时，应保持警惕，通过多种方式验证对方身份，避免因“眼见为实”而上当受骗。

AI 技术是一把双刃剑，在享受其带来便利的同时，我们也要警惕其被用于违法犯罪活动。只有加强技术监管，提高公众防范意识，才能有效遏制 AI 诈骗，维护网络安全和社会稳定。

二、法律与规则的双重约束

作为网络时代的主体人群，大学生与信息安全息息相关，从国家机密到个人隐私，都需要时刻警惕。学习如何安全、规范地使用校园网络，不仅关乎个人发展，更关乎国家网络安全。

（一）遵守法律法规，依法文明上网

《互联网新闻信息服务管理规定》等法律法规明确规定了网络行为的底线，大学生应认真学习，严格遵守，做到：

（1）不传播违法信息，包括危害国家安全、破坏民族团结、散布谣言、传播淫秽色情等内容。

（2）不侵犯他人权益，包括不侮辱诽谤他人、不侵犯他人隐私、不盗用他人作品等。

（3）不参与网络犯罪，包括不制作传播病毒、不参与网络攻击、不利用网络进行诈骗等。

（二）恪守网络道德，文明理性发声

网络空间并非法外之地，大学生应自觉遵守网络道德规范，做到：

（1）尊重他人，文明交流。不使用侮辱性、攻击性语言，理性表达观点，营造和谐的网络氛围。

（2）保护隐私，谨防泄露。不随意泄露个人及他人隐私信息，谨慎对待网络交友。

（3）明辨是非，抵制谣言。不造谣、不信谣、不传谣，积极传播正能量。

（4）合理使用，避免沉迷。合理安排上网时间，避免沉迷网络游戏和虚拟世界，影响学习和生活。

（三）提升网络安全意识，增强防范能力

大学生应主动学习网络安全知识，提高自身防范能力。

（1）加强密码管理。设置复杂密码并定期更换，避免使用相同密码登录多个网站。

（2）谨慎点击链接。不轻易点击陌生链接或下载不明文件，防范钓鱼网站和病毒攻击。

（3）保护个人信息。不随意填写个人信息，谨慎使用公共 Wi-Fi，避免信息泄露。

总之，大学生应自觉遵守法律法规和网络道德规范，提升网络安全意识，文明上网、安全用网，共同营造清朗的网络空间。

此外，还需注意：

（1）学校应加强网络安全教育。通过开设相关课程、举办讲座等形式，提高大学生的网络安全意识和技能。

（2）社会应加强网络监管。完善法律法规，加大对网络违法犯罪行为的打击力度，维护网络空间秩序。

（3）每个人都应成为网络文明的践行者。从自身做起，文明上网，理性发声，共同营造清朗的网络空间。

课后实践

一、实践任务

个人信息保护行动。

二、实践工具

手机、电脑、密码管理工具。

三、实践内容

1. 隐私自查

（1）检查个人社交账号（如微信朋友圈、微博、抖音等）是否存在公开暴露隐私信息（如住址、行程、证件照片等），如有，请立即设置为“仅好友可见”或直接删除。

（2）梳理手机中常用 App 的权限申请（如通讯录、定位、相机），关闭非必要权限（参考手机“设置—隐私”）。

2. 常用密码管理

（1）自建 Excel 表格，记录并加密管理账号密码，避免重复使用同一密码。

（2）为银行账户、学习平台等重要账号设置“强密码”（字母+数字+符号，长度≥8 位），并定期更换。

任务二

学习网络信息安全

案例导读

某高校学生小武在校园外餐馆就餐时，无意中连接了一个无密码登录的免费 Wi-Fi

网络，其间登录了学校的教务系统查看信息及登录了自己的邮箱，就餐后使用支付软件支付了餐费，返校后即发现自己的教务系统账号密码被盗，相关信息被恶意篡改。此外，小武还发现对方试图发送含有木马病毒链接的邮件盗取支付软件密码，幸好自己及时报告给老师并修改了自己的密码，才未造成更多的损失。

一、网络信息安全事件类型及其防范措施

随着信息技术的快速发展，网络信息安全事件日益频发，其形式多样，危害巨大。以下是几种常见的网络信息安全事件类型及其防范措施。

（一）恶意软件与病毒攻击

（1）常见形式：勒索软件、木马病毒、蠕虫病毒等。

（2）传播途径：电子邮件附件、恶意网站、下载链接、U 盘等。

（3）危害：数据泄露、系统瘫痪、隐私泄露、经济损失等。

（4）防范措施：安装正版杀毒软件并定期更新病毒库；不随意点击不明链接或下载未知来源的文件；定期备份重要数据，以防数据丢失。

（二）网络钓鱼与社交工程

（1）常见形式：伪造电子邮件、钓鱼网站、虚假客服等。

（2）攻击手段：利用社会工程学原理，诱骗用户提供敏感信息或执行恶意操作。

（3）危害：账户被盗、资金损失、隐私泄露等。

（4）防范措施：提高警惕，不轻信陌生人的邮件、电话或短信；仔细核对网站域名和链接，避免访问钓鱼网站；不随意透露个人信息，如身份证号码、银行卡号等。

（三）分布式拒绝服务攻击（DDoS）

（1）常见形式：流量攻击、协议攻击、应用层攻击等。

（2）攻击手段：利用大量受控主机向目标系统发送海量请求，耗尽系统资源。

（3）危害：网站瘫痪、服务中断、经济损失等。

（4）防范措施：部署防火墙、入侵监测系统等安全设备；使用内容分发网络（CDN）分担流量压力；与网络安全服务提供商合作，建立应急响应机制。

（四）数据泄露与隐私侵犯

（1）常见形式：数据库泄露、内部人员泄密、黑客攻击等。

（2）危害：用户隐私泄露、企业信誉受损、法律风险等。

（3）防范措施：加强数据安全管理，建立完善的数据访问控制机制；对敏感数据进行加密存储和传输；定期进行安全审计和风险评估。

（五）高级持续性威胁（APT）

（1）常见形式：鱼叉式网络钓鱼、水坑攻击、零日漏洞攻击等。

（2）攻击特点：长期潜伏、目标明确、手段隐蔽、危害巨大。

（3）防范措施：加强网络安全意识培训，提高安全防范意识；部署高级威胁检测系统，及时发现和阻断攻击；建立完善的安全事件应急响应机制。

总之，网络信息安全威胁无处不在，我们需要提高警惕，加强防范，这样才能有效保障自身信息和财产安全。

二、网络信息安全的原因分析与防范策略

网络信息安全事件的发生并非偶然，其背后往往隐藏着多种原因，主要包括技术漏洞、管理漏洞和人为因素三个方面。

（一）技术漏洞：攻击者的主要突破口

（1）软件设计缺陷：软件开发过程中存在的逻辑错误或安全漏洞，为攻击者提供了可乘之机。

（2）系统漏洞：操作系统、数据库等系统软件中存在的安全漏洞容易被攻击者利用。

（3）规则配置不当：如果防火墙、入侵监测系统等安全设备的配置不当，就会降低其防护效果。

（4）权限分配混乱：用户权限分配不合理，会导致越权访问和数据泄露。

（5）使用弱密码：简单易猜的密码容易被暴力破解，导致账户被盗。

析案明理

2024 年 7 月 19 日，CrowdStrike 对终端安全软件“Falcon Sensor”进行内容配置更新时，因存在漏洞，将“有问题的内容数据”部署到客户电脑上，导致全球约 850 万台安装 Windows 操作系统的计算机宕机。美、英、德等 20 多个国家和地区的航空运输、医疗、银行与金融服务等行业及公共服务遭遇业务系统服务中断。

此次事件原因就在于 CrowdStrike 可能未对更新进行全面测试，就将有问题的更新推送了出去。这也提醒了企业，为避免类似情况造成严重损失，应避免 IT 服务过度依赖单一供应商，同时要建立冗余备份和完善应急响应预案。

（二）管理漏洞：安全体系的薄弱环节

（1）安全策略执行不力：安全策略制定不完善或执行不到位，无法有效防范安全威胁。

（2）用户管理混乱：用户账号管理不规范，容易出现账号共享、权限滥用等问题。

（3）安全审计缺失：缺乏定期安全审计和风险评估，难以及时发现和修复安全漏洞。

（三）人为因素：安全意识薄弱是最大隐患

（1）社会工程学攻击：攻击者利用人类心理弱点，通过欺骗、诱导等手段获取敏感信息。

（2）网络钓鱼：伪装成合法机构或个人，诱骗用户点击恶意链接或提供个人信息。

（3）弱密码使用：为了方便记忆而使用简单密码，增加了账户被盗的风险。

（4）防范策略：①加强技术防护：及时更新软件补丁，修复安全漏洞；合理配置安全设备，提升系统防护能力；加强密码管理，使用强密码并定期更换。②完善安全管理：制定完善的安全策略并严格执行；加强用户账号管理，规范权限分配；定期进行安全审计和风险评估，及时发现和修复安全漏洞。③提高安全意识：加强网络安全教育，提高用户的安全防范意识；不轻信陌生人的邮件、电话或短信；不随意点击不明链接或下载未知来源的文件。

析案明理

2022 年 6 月 22 日，西北工业大学发现有外部网络攻击行为，学校电子邮件系统中出现一批以科研评审、答辩邀请、出国通知等为主题的钓鱼邮件，企图诱骗师生点击，进而窃取数据和个人信息。同年 9 月 5 日，360 公司发布《关于西北工业大学发现美国 NSA 网络攻击调查报告（之一）》，揭露了美国国家安全局（NSA）对该校实施了长达一年的网络攻击。9 月 27 日，《西北工业大学遭美国 NSA 网络攻击事件调查报告（之二）》进一步指出，攻击目的是渗透控制中国基础设施核心设备，窃取中国用户隐私数据。

这一事件表明，学校、企业和政府机构需采取更严格的措施保护关键信息基础设施，防范类似事件发生。普通个人虽难以直接抵御国家级网络攻击，但可通过增强网络防范意识，避免无意间成为攻击者的帮凶，比如不轻易点击来历不明邮件及微信等通信工具中的陌生链接或附件，也不要随意填写个人信息。

三、网络安全防护指南——如何保护自己免受网络威胁

网络安全事件频发，个人用户也面临信息泄露、财产损失等风险。以下从技术防护、行为习惯和安全意识三个方面提供网络安全防护指南：

（一）技术防护：筑牢安全防线

（1）及时更新系统补丁。操作系统、软件和应用程序的漏洞是攻击者的主要目标，及时更新补丁可以有效修复漏洞，降低被攻击的风险。

（2）使用强密码并定期更换。避免使用简单易猜的密码，建议使用包含大小写字母、数字和特殊符号的强密码，并定期更换。

（3）启用双重身份验证。为重要账户开启双重身份验证，即使密码泄露，也能有效防止账户被盗。

（4）安装安全软件。安装正版杀毒软件和防火墙，并定期更新病毒库，可以有效防范恶意软件和网络攻击。

（5）加密敏感数据。对重要文件和数据进行加密存储，即使数据泄露，也能防止被恶意利用。

析案明理

2023 年 8 月，南昌市公安局网安部门发现，某高校存储教职工、学生、缴费等 3 000余万条信息的数据库被黑客非法入侵，其中 3 万余条教职工、学生个人敏感信息数据被非法兜售。南昌市公安局网安部门立即开展“一案双查”，成功抓获犯罪嫌疑人 3 名。南昌市公安局网安部门根据《中华人民共和国数据安全法》第四十五条的规定，对该校作出责令改正、警告并处 80 万元人民币罚款的处罚，对主要责任人作出 5 万元人民币罚款的处罚。

作为高校应实施严格的访问控制措施，确保只有授权人员才能访问敏感信息，且访问权限应限定在必要的最小范围内；同时应部署防火墙和入侵检测系统，监控网络流量，及时发现并响应异常活动；定期进行网络安全审计，检查系统配置、日志文件和访问记录，及时发现并修复潜在的安全漏洞。学生应认识到个人信息的重要性，不轻易将个人信息透露给他人。如果学校提供的系统或账户有默认密码，应及时更改成复杂且独特的密码。

（二）行为习惯：养成良好的上网习惯

（1）谨慎点击链接和下载文件。不随意点击不明链接或下载来源不明的文件，特别是来自陌生人的邮件、短信和社交媒体消息。

（2）使用安全的网络支付方式。在进行网络支付时，应选择正规的支付平台，并注意核对支付信息，避免使用公共 Wi-Fi 进行支付操作。

（3）保护个人隐私。谨慎在网络上分享个人信息，如身份证号码、银行卡号、家庭住址等，避免在社交媒体上过度暴露个人生活信息。

（4）定期备份重要数据。定期将重要数据备份到外部存储设备或云端，以防数据丢失或损坏。

（三）安全意识：时刻保持警惕

（1）学习网络安全知识。了解常见的网络攻击手段和防范措施，提高自身的安全防范意识。

（2）警惕网络钓鱼和社会工程攻击。不轻信陌生人的邮件、电话或短信，不随意透露个人信息，谨防上当受骗。

（3）关注网络安全动态。及时了解最新的网络安全威胁和防范措施，做好相应的安全防护工作。

（4）及时报告安全事件。一旦发现账户被盗、信息泄露等安全事件，应及时向相关平台或机构报告，并采取必要的补救措施。

网络安全需要每个人的参与，让我们共同努力，营造安全、和谐的网络环境。

此外，还需注意：选择正规的网络服务提供商，避免使用存在安全隐患的网络服务；积极参与网络安全宣传活动，提高自身和身边人的网络安全意识。

四、挑战与应对

网络信息安全事件形式多样、复杂多变，对个人、企业和国家构成了严峻挑战。作为网络空间的重要参与者，大学生更应提高警惕，积极应对网络安全威胁，构建安全、可信的网络环境。

（一）构建安全防护措施，加强技术防护

（1）学习网络安全知识，了解常见的网络攻击手段和防范措施。
（2）安装正版杀毒软件和防火墙，并定期更新病毒库。
（3）使用强密码并定期更换，为重要账户开启双重身份验证。
（4）对重要数据进行加密存储，定期备份数据。

析案明理

2025 年 1 月，某高校新建机房实训室为了安装西门子教学软件，通过网上下载破解软件压缩包在机房内进行安装，在杀毒软件弹出告警后卸载了杀毒软件继续安装，导致机房内 39 台电脑感染了 Xred 蠕虫病毒。

使用破解软件本身就存在极大的安全隐患，因为破解软件通常未经正规的安全检测，已经成为木马病毒主要传播途径之一。此外，面对杀毒软件的告警，相关人员选择卸载杀毒软件而不是进一步调查或采取安全措施，这种行为增加了电脑被恶意软件感染的风险。

（二）遵守管理制度

（1）遵守学校和网络平台的安全管理规定，不随意泄露个人信息。
（2）谨慎使用公共 Wi-Fi，避免在公共设备上登录重要账户。
（3）不随意点击不明链接或下载未知来源的文件，谨防网络钓鱼和社交工具攻击。

（三）时刻保持安全意识

（1）积极参加网络安全教育活动，提高自身的安全防范意识和技能。
（2）关注网络安全动态，及时了解最新的安全威胁和防范措施。
（3）养成良好的上网习惯，文明上网，理性发声，共同营造清朗的网络空间。

总之，网络信息安全是一场持久战，我们应积极行动起来，从自身做起，学习网络安全知识，提高安全防范意识，共同构建安全、可信的网络空间。

课后实践

【实践任务 1】设备安全设置检查

（1）检查个人电脑、手机等设备的操作系统和应用软件是否为最新版本，如有未更

新的情况，及时进行更新补丁安装，并记录更新的软件名称和版本号。

(2) 查看设备是否安装正版杀毒软件和防火墙，若未安装，从官方渠道下载安装，并更新病毒库；若已安装，确认病毒库是否为最新状态。

(3) 检查设备中敏感数据（如个人证件扫描件、银行账户信息文档等）是否进行加密存储，若未加密，使用系统自带加密功能或专业加密软件进行加密处理。

【实践任务 2】网络行为习惯自查

(1) 回顾过去一周的上网行为，记录是否有点击不明链接、下载未知来源文件、在公共 Wi-Fi 环境下进行网络支付等行为。若有，分析原因并制定改进措施，如设置手机浏览器自动拦截风险链接、在公共网络环境下避免敏感操作等。

(2) 检查个人社交平台（如微博、朋友圈）发布的内容，是否存在过度暴露个人隐私信息（如家庭住址、日常行程、学校班级等）的情况，对可能泄露隐私的内容进行隐私设置或删除。

任务三
网络浪潮下的双刃剑

案例导读

2016 年，小曦以优异的成绩考入某大学，满怀对未来的憧憬。然而，大学生活并非她想象中那般顺利。学业上的挫折让她倍感失落，与同学、老师的关系也让她感到孤独。

就在小曦陷入迷茫之际，网络世界向她敞开了怀抱。她在虚拟空间中找到了“志同道合”的朋友，重新获得了自信和归属感。网络成为她逃避现实、寻求慰藉的避风港。

然而，这种逃避并没有解决小曦的现实问题，反而让她逐渐沉迷于网络游戏。她开始逃课、彻夜不归，对学习和运动的兴趣日益减退，性格也变得孤僻、情绪化，甚至与父母、老师发生冲突。

在意识到问题的严重性后，小曦在同学和老师的劝说下尝试戒除网瘾。但戒断反应带来的身体不适和精神痛苦让她难以承受，最终她又再次沉迷于网络游戏，无法自拔。

科技的飞速发展将我们带入信息化时代，互联网、大数据、人工智能等技术深刻改变了我们的生活方式，也对我们的生理和心理健康产生了双重影响。小曦的经历是网络成瘾的典型案例，其特点包括：(1) 逃避现实：将网络作为逃避现实问题、缓解不良情绪的途径；(2) 耐受性增强：需要不断增加上网时间才能获得满足感；(3) 戒断反应：停止上网后会出现焦虑、烦躁、失眠等不适症状；(4) 社会功能受损：严重影响学习、工作和人际交往。

网络是一把双刃剑，合理利用可以丰富生活，过度沉迷则会危害身心健康。

一、网络对生理健康的影响

（一）积极影响

（1）获取健康信息：网络提供了丰富的健康知识和医疗资源，方便人们获取疾病预防、健康管理等方面的信息。

（2）培养健康习惯：一些健康类 App 可以帮助人们记录饮食、运动等数据，并提供个性化建议，培养健康习惯。

（3）远程医疗：网络技术的发展使得远程医疗成为可能，人们足不出户就能获得专业的医疗服务。

（二）消极影响

（1）网络成瘾：过度使用网络会导致网络成瘾，影响睡眠质量，引发视力下降、颈椎病等健康问题。

（2）久坐不动：长时间使用电子设备会导致久坐不动，增加肥胖、患心血管疾病等风险。

（3）电磁辐射：电子设备产生的电磁辐射可能对人体健康造成潜在危害。

安全讲堂

什么是IAD?

IAD（Internet Addiction Disorder）是一种现代的新形式的心理疾病，医学上称为“互联网成瘾综合征”。患者因为缺乏社会沟通和人际交流，将网络世界当作现实生活，脱离时代，与他人没有共同语言，从而出现孤独不安、情绪低落、思维迟钝、自我评价降低等症状，严重的甚至有自杀意念和行为。

二、网络对心理健康的影响

（一）积极影响

（1）拓展社交圈：网络社交平台为人们提供了便捷的交流方式，拓展了社交圈，缓解了孤独感。

（2）获取心理支持：一些网络平台提供心理咨询服务，方便人们寻求心理帮助和支持。

（3）促进自我表达：网络为人们提供了自由表达的平台，有利于释放压力，促进心理健康。

（二）消极影响

（1）网络暴力：网络使一些人发表攻击性言论更容易，对他人造成心理伤害。

（2）信息过载：海量信息容易导致信息过载，引发焦虑、抑郁等情绪问题。

（3）社交焦虑：过度依赖网络社交可能导致现实社交能力下降，引发社交焦虑。

析案明理

小李是某高校大二学生，热衷于浏览社交媒体、新闻网站和论坛，关注的内容包罗万象，从娱乐八卦到科技前沿，从学术论文到社会热点。他每天早晨睁开眼的第一件事就是刷手机，课间、午休、晚上睡前也都在不断刷新各种 App，生怕错过任何信息。

然而，随着关注的内容越来越多，小李逐渐陷入了信息过载的泥潭。他发现自己每天花费大量时间浏览和筛选信息，却依然感到焦虑和不安。为了“追赶信息的脚步”，他经常熬夜，导致白天精神萎靡，学习效率低下。在课堂上，他难以集中注意力，成绩也一落千丈。

更糟糕的是，小李发现自己越来越难以进行深度思考。面对海量信息，他只能浅尝辄止，无法深入理解和分析。碎片化的信息充斥着他的大脑，让他感到迷茫和困惑，情绪也变得烦躁易怒。

小李的经历是信息过载的典型表现，其危害包括：

注意力分散：海量信息不断吸引注意力，导致难以集中精力完成重要任务。

认知负荷过重：大脑需要处理大量信息，导致认知资源耗尽，影响思考和判断能力。

情绪焦虑：担心错过重要信息，导致焦虑和不安情绪。

睡眠障碍：过度使用电子设备会影响睡眠质量，导致失眠等问题。

安全讲堂

网络时代如何避免信息过载

设定信息消费时间：每天限定使用电子设备的时间，避免过度沉迷。

筛选信息来源：关注权威、可靠的信息来源，避免被垃圾信息淹没。

培养深度阅读习惯：选择有价值的书籍或文章进行深度阅读，提升思考能力。

进行线下活动：多参与户外运动、社交活动等，减少对电子设备的依赖。

信息爆炸的时代，我们需要学会管理信息，而不是被信息控制。让我们从自身做起，合理利用信息，避免信息过载，享受科技带来的便利，而不是被其奴役。

三、网络时代的身心健康指南

（一）生理健康

1. 学会合理使用电子设备

（1）控制使用电子设备的时间，避免长时间盯着屏幕，每隔一段时间休息一下。

（2）保持正确的坐姿，避免颈椎和腰椎疲劳。

（3）调整屏幕亮度和对比度，减少对眼睛的刺激。

2. 养成良好的生活习惯

（1）保证充足的睡眠，避免熬夜。

（2）坚持锻炼身体，增强体质。

（3）保持均衡饮食，多吃水果蔬菜，少吃油腻辛辣的食物。

3. 注意电磁辐射

（1）尽量减少使用电子设备的时间，尤其是手机。

（2）睡觉时不要把手机放在枕头边。

（3）使用防辐射产品，如防辐射眼镜、防辐射服等。

（二）心理健康

1. 提高信息素养

（1）学会辨别网络信息的真伪，不轻信谣言。

（2）关注权威媒体发布的信息，避免被虚假信息误导。

（3）理性看待网络上的各种观点，不盲目跟风。

2. 保持积极乐观的心态

（1）培养兴趣爱好，丰富业余生活。

（2）与家人朋友保持沟通，分享快乐和烦恼。

（3）学会调节情绪，保持积极乐观的心态。

3. 避免网络成瘾

（1）控制上网时间，避免沉迷于网络游戏和社交软件。

（2）培养其他兴趣爱好，转移注意力。

（3）如果出现网络成瘾症状，应及时寻求专业帮助。

四、网络安全

（一）保护个人隐私

（1）不随意泄露个人信息，如身份证号码、银行卡号、家庭住址等。

（2）谨慎使用社交媒体，避免过度暴露个人生活。

（3）定期修改密码，并使用强密码。

（二）防范网络诈骗

（1）不轻信陌生人的电话、短信和邮件。

（2）不随意点击不明链接或下载未知来源的文件。

（3）遇到可疑情况，应及时向公安机关报案。

（三）文明上网

（1）不发表攻击性、侮辱性的言论。

（2）不传播谣言和虚假信息。

（3）尊重他人隐私，不侵犯他人的合法权益。

总之，网络时代需要我们更加关注身心健康，养成良好的生活习惯，提高信息素养，增强网络安全意识，这样才能更好地享受网络带来的便利，避免其负面影响。

五、信息化浪潮下的挑战与应对

信息化浪潮席卷全球，深刻影响着我们的生活方式和思维方式，也给我们的生理和心理健康带来了新的挑战。为了更好地适应网络时代，维护身心健康，我们需要做到以下几点：

（一）了解网络对我们生理和心理的影响

（1）网络提供了丰富的学习资源和便捷的交流平台，方便我们获取信息、拓宽视野。但过度使用电子设备会导致视力下降、颈椎病、睡眠障碍等健康问题。

（2）网络社交平台可以帮助我们拓展社交圈，缓解孤独感，获得情感支持。但网络暴力、信息过载、网络成瘾等问题会对我们的心理健康造成负面影响，导致焦虑、抑郁等情绪问题。

（二）掌握网络成瘾的成因与应对方法

学业压力、家庭关系、社交障碍等因素都可能导致我们沉迷网络。应对方法有：

（1）加强沟通：我们要加强与家长和老师的沟通，这样可以让他们了解我们的想法。

（2）培养兴趣爱好：培养积极的、健康的兴趣爱好，丰富课余生活，转移对网络的注意力。

（3）寻求专业帮助：网络成瘾严重的学生应该及时寻求心理咨询师或精神科医生的帮助。

（三）学习心理调适技巧

（1）情绪管理：学习识别和管理自己的情绪，避免情绪失控。

（2）压力应对：掌握有效的压力管理技巧，如放松训练、时间管理等。

（3）积极心态：培养积极乐观的心态，增强抗挫折能力。

信息化浪潮不可逆转，我们需要积极应对挑战，合理利用网络资源，维护身心健康，成为网络时代的弄潮儿。未来，我们还需要：

（1）不断更新网络生理、心理知识：随着科技的发展，新的网络应用和问题不断涌现，我们需要不断学习新的知识，这样才能更好地应对挑战。

（2）充分认识、加强实践：多了解当下网络环境对身心健康影响的信息，及时采取有效的干预和预防措施。

（3）共同营造健康和谐的网络环境：政府、学校、家庭和社会各界应共同努力，为学生营造一个安全、健康、和谐的网络环境。

（四）用科学的方法应对当下人工智能引发的复合型挑战

大学生作为未来社会的中坚力量，应对人工智能挑战时可从以下几个方面入手：

1. 夯实核心专业力，打造“不可替代”优势

AI擅长重复性、规则性任务，在复杂决策、创造性思维、情感交互等领域存在局限。大学生需深耕本专业核心知识，形成扎实壁垒。如强化深度分析、跨域沟通能力，聚焦复杂问题解决能力，与AI形成互补。

2. 主动学习AI，掌握工具使用能力

大学生不必成为AI专家，但需了解其基本原理和应用逻辑。可通过选修编程（如Python）、机器学习基础等课程，或参与AI工具实践（如用ChatGPT辅助文献整理），将AI转化为学习和工作的“智能管家”“加速器”。

3. 强化人文素养与伦理意识

AI的应用离不开伦理规范，大学生需树立正确的技术价值观。使用AI时，既要警惕数据隐私泄露、算法偏见等问题，也要思考技术对社会的影响。

4. 保持终身学习的意识与行动力

AI技术迭代迅速，大学所学知识会随时代变化而更新。大学生应养成持续学习的习惯，关注行业动态（如AI在本专业的最新应用），通过在线课程等方式补充新知识，主动适应新变化。

课后实践

一、实践任务

网瘾自测。

二、实践内容

互联网成瘾综合征的自测可以通过以下问题进行：

（1）你是否对网络过于关注，下网后还想着它？

（2）你是否感觉需要不断增加上网时间才能感到满足？

（3）你是否难以减少或控制自己对网络的使用？

（4）你是否对家人或朋友遮掩自己对网络的着迷程度？

（5）你是否将上网作为摆脱烦恼和缓解不良情绪（如紧张、抑郁、无助）的方法？

（6）当你准备下线或停止使用网络的时候，你是否感到烦躁不安、无所适从？

（7）你是否因为上网影响了自己的工作状态或朋友关系？

（8）你是否常常为上网花很多钱？

(9) 你上网时间是否经常比预期的要长?

(10) 你是否下网时觉得心情不好，一上网就会来劲头?

(11) 你是否没事就喜欢把手机拿出来解锁一下，即使手机没有来电或信息提示?

(12) 你是否有时会有幻听现象，总觉得手机有信息提示?

三、评分标准

· 总分5分以下：可自我调节，设定上网时间并加以限制，多进行户外活动，加强社交。

· 总分5分及以上：已经有轻度网瘾苗头，可寻求心理咨询或制订上网计划。

· 总分8分及以上：立即向专业心理老师或医生求助，进行系统诊疗。

项目六

守护心理健康　增强心理韧性

任务一

注重心理健康 防范心理疾病

案例导读

赵某是某高校大二的学生，近期遭遇了严重的心理困扰。在教室中，他总感觉被背后的目光注视，即便确认无人，也无法摆脱这种不安全感，只能坐在教室后排靠窗位置，用物品遮挡后方以寻求心理安慰。同时，他对环境噪声极度敏感，尤其是室友打游戏时的键盘声，让他夜不能寐，即便使用耳塞也无法缓解。这种情绪反应让他害怕与人冲突，选择默默忍受，心理负担日益加重。赵某的学习与社交生活因此受到严重影响。他难以集中注意力，学习效率低下，甚至开始回避社交活动，害怕与人交流。面对即将到来的考试与职业规划的迷茫，他感到前所未有的挫败与自责。赵某来自普通家庭，深知自己有责任为家庭分担压力，但现状让他深感无力与自责，生活态度愈发悲观。

大学生应正视心理问题，学会压力管理与情绪调节的技巧，及时寻求专业帮助，帮助自己走出心理困境，以积极健康的心态面对生活挑战。

一、走近心理健康，关注心理问题

健康的心理状态不仅是大学生圆满完成学业的基础，也是构筑快乐与幸福人生的核心要素。在当下社会日新月异的背景下，大学生不可避免地置身于一个多元且复杂的成长环境中，这一过程中难免会遇到各种心理挑战与内心矛盾。因此，掌握心理健康知识与心理保健技巧对于当代大学生而言至关重要。

（一）大学生心理健康的标准

作为社会的一个特殊群体，大学生心理发展正在迅速走向成熟而又未完全成熟，其心理行为表现与其他年龄段的人群有着明显的区别。大学生心理健康的标准通常包括以下几个方面。

1. 能保持对学习有较浓厚的兴趣和求知欲

一般来说，大学生的主要任务就是学习，心理健康的大学生应具备自主学习的能力，能够主动探索新知识，求知欲强；不仅关注课本上的知识，还善于通过课外阅读、网络学习、实践活动等多种途径拓宽自己的知识面；面对学习中的困难和挑战，能够保持积极的心态，勇于探索未知领域，不断追求自我提升和进步。

2. 能保持正确的自我意识，接纳自我

正确的自我意识是大学生心理健康的重要基石。这意味着大学生能够客观、全面地认识自己，包括自己的优点和缺点。接受自己的不完美，理解自己的情感需求和价值观，从而建立起自尊、自信和自爱的心理基础。在接纳自我的基础上，积极面对自己的成长需求，设定合理的目标，并采取有效的行动去实现这些目标。

3. 拥有健全的意志

健全的意志是大学生面对挑战和困难时保持坚韧不拔、勇往直前的关键因素。它体现在大学生能够设定明确的目标，制订可行的计划，并在执行过程中保持专注和毅力。健全的意志还意味着学生能够抵抗诱惑，克服拖延和懒惰，坚持自己的原则和价值观，不受外界负面因素的干扰。这种坚定的意志品质有助于大学生在学业、生活和未来的职业生涯中取得成功。

4. 能协调与控制情绪，保持良好的心境

情绪管理能力是大学生心理健康的重要标志。学会识别、表达和调节自己的情绪，避免情绪过度波动对学习和生活造成负面影响。能够以积极的心态面对挑战，保持乐观和自信，从而保持良好的心境。良好的情绪管理能力有助于大学生更好地享受大学生活，提升生活幸福感和满意度。

5. 能保持完整统一的人格品质

完整统一的人格品质是大学生心理健康的核心。它体现在大学生能够保持稳定的心理特征和行为模式，具有清晰的自我认同感和价值观。他们能够在不同的情境下保持一致的行为和态度，避免人格分裂或矛盾。这种完整统一的人格品质有助于他们建立稳定的人际关系，增强社会适应能力。

6. 能保持和谐的人际关系，乐于交往

良好的人际关系是大学生心理健康的重要保障。大学生应该具备与他人建立和谐关系的能力，包括尊重他人、理解他人、善于倾听和表达等。积极参与团队活动和社交活动，拓宽自己的社交圈子，通过与他人建立良好的关系，大学生可以获得更多支持和帮助，增强自己的社会适应能力。

7. 能保持良好的环境适应能力

面对不断变化的学习和生活环境，大学生需要具备快速适应的能力，能够调整自己的心态和行为方式，以适应新的环境和挑战。如果具有灵活的思维方式和解决问题的能力，就能够在不同的情境下找到适合自己的应对策略。这种良好的环境适应能力有助于大学生在面对压力和挑战时保持冷静和自信，从而取得更好的成绩。

8. 心理行为符合年龄特征

大学生的心理行为应符合其年龄特征。这意味着其思维方式、情感表达、行为模式和价值观等应与同龄人保持一致，能够理解和接受自己的年龄角色，承担相应的责任和义务，积极参与社会活动和志愿服务，以提升自己的社会责任感和公民意识。这种符合年龄特征的心理行为有助于大学生更好地融入社会，实现个人价值和社会价值的统一。

析案明理

一位智慧的老人带着他的几位年轻学生穿越茫茫大漠。历经数年，他们不仅学会了如何在恶劣的环境中生存，更领悟了人生的诸多真谛。当他们即将结束这段旅程，返回故乡时，老人在一片荒芜的土地上停下脚步，对学生们说："我们的旅途即将结束，但在返回之前，我想给你们上一堂特别的课。你们看，这片荒地上杂草丛生，我的问题是，如何才能除掉这些杂草？"

学生们面面相觑，他们没想到，这位总是教导他们关于生命智慧的老人，最后的问题竟是关于如何改变一片荒芜之地。一个学生说："只要有铲子就够了。"另一个学生提议："用火烧也是一种很好的办法。"第三个学生则建议："斩草除根，只要把根挖出来就行了。"

老人微笑着听完所有的建议，然后缓缓说道："你们的方法都有道理，但我要告诉你们的是，真正的改变，不在于外在的强加，而在于内在的滋养。回去后，你们按照各自的办法除去一片杂草，一年后再来相聚。"

一年后，学生们再次聚集在这片荒地上。然而，眼前的景象让他们震惊不已——原本荒芜的沙地上，竟然生长出了一片郁郁葱葱的绿洲，绿草如茵，鲜花盛开，仿佛是大自然最精致的杰作。而老人，却再也没有出现。

多年后，学生们成为各领域的佼佼者，他们在回忆这段经历时，总会在心中补上一课：要想除掉旷野里的杂草，最好的方法就是在上面种上花草树木；同样，要想让心灵无纷扰，最好的方法就是用爱与希望来占据它。

放下内心的恐惧、焦虑、愤怒和绝望，我们的心灵才能迎来真正的春天。用宽容去播种，用理解去灌溉，用感恩去施肥，我们会收获一个充满爱与希望的心灵花园。不要让负面情绪在心灵中生根发芽，而是要让正面的力量占据主导地位，让心灵成为一片真正的净土。如此，我们才能在生活中得到真正的幸福与满足。

（二）大学生常见的心理问题

大学生处于心理尚未完全成熟的青年阶段，仍保留依赖性强、理想化认知、自我定位模糊等少年期的特征。面对环境变化、人际圈更新、学习方式转变时，大学生易产生心理冲突，若未及时调整可能引发心理问题。大学生最常见的心理问题有以下几个方面。

1. 入学适应问题

大学生入学适应问题是指新生在初次进入大学校园后，面对全新的学习环境、生活方式以及人际关系网络时，所产生的一系列不适应现象。这些问题通常表现为心理焦虑、孤独感、失落感以及对未来的迷茫。新生们可能会因为对大学期望过高，而实际体验与预期存在差距，导致心理上的落差。此外，脱离了高中时期紧张的学习氛围和家长的严格监督，部分学生可能会感到无所适从，缺乏学习的动力和目标。

2. 人际交往问题

人际交往问题是大学生在校园生活中常见的心理困扰之一。随着社交圈子的扩大，学生需要学会与来自不同背景、性格和价值观的人建立和谐的人际关系。然而，部分学生可能会因为缺乏沟通技巧、自卑心理或过度依赖网络社交而陷入人际交往的困境。这些问题可能表现为社交恐惧、人际关系紧张、孤独感以及被孤立感。

3. 学习问题

大学学习相较于高中更为自主和开放，要求学生具备更强的自我管理和学习能力。然而，部分大学生可能会因为学习方法不当、学习动力不足或学业压力过大而陷入学习困境。这些问题可能表现为学习效率低下、成绩下滑、焦虑情绪以及逃避学习等行为。

4. 情感问题

大学生正处于生理和心理发展的成熟期，对爱情和亲密关系抱有期待与追求，因此恋爱现象在大学生群体中相当普遍。然而，许多大学生在恋爱过程中会遇到情感上的困惑和挑战。他们可能会经历单恋的苦楚、情感的纠葛，以及失恋所带来的心理创伤。特别是失恋，若不能妥善处理，大学生可能会遭受重大打击，导致心理失衡、情绪低落，甚至精神受到严重冲击，短期内可能产生极端行为倾向。

5. 自我意识问题

自我意识问题是指大学生在自我认知、自我评价和自我发展方面所产生的困惑和冲突。随着大学生活的深入，大学生需要不断审视自我，明确个人定位和发展方向。然而，部分大学生可能会因为自我认知模糊、自我评价偏低或自我发展动力不足而陷入自我意识困境。这些问题可能表现为自卑心理、自我否定、迷茫感以及缺乏自我驱动力等行为。

6. 情绪障碍问题

情绪障碍问题是大学生心理健康问题中的常见问题之一。大学生面临学业、就业、人际关系等多重压力，容易产生焦虑、抑郁等情绪障碍。这些情绪障碍可能表现为情绪波动大、情绪低落、兴趣丧失、睡眠障碍等行为。

7. 生涯规划与就业问题

生涯规划与就业问题是大学生面临的重要挑战之一。随着就业市场的竞争加剧，学生需要提前做好生涯规划，明确职业目标和发展路径。然而，部分学生可能会因为缺乏职业规划意识、就业信息不足或就业竞争力不足而陷入生涯规划与就业困境。这些问题可能表现为迷茫感、焦虑情绪、就业压力以及职业发展受阻等。

（三）大学生心理问题的应对

大学生正值青春盛年，享有诸多得天独厚的优势，大学生活本应是他们人生画卷中绚烂多彩的一笔。然而，大学阶段亦是一个充满变数与挑战的时期，往往伴随着各类心理困扰与心理问题。在此背景下，大学生可以通过以下方法适时缓解心理困扰。

1. 进行有效的自我调节

（1）学会建立积极心态。

当面临心理困扰时，大学生首先应该求助的是自己。自我调适是克服心理障碍的关键。在此过程中，树立乐观的心态至关重要。乐观的心态能引领大学生走向光明，拥抱未来。

要培养乐观的心态，就要学会正面思考。大学生的视野和思维常常受到固有观念的束缚，如果总是关注消极的一面，就会忽略积极的一面。就像旋转的万花筒一样，大学生应该主动调整自己的视角，去欣赏那些绚烂多彩的画面。譬如，我们无法增加生命的长度，却能丰富它的色彩；我们无法掌控四季更迭，却能调节内心的“气候”；我们无法重塑外貌，却能传递温暖的笑容；我们无法左右他人的言行，却能把握自我的航向；我们无法预知未来的风雨，却能珍惜当下的每一刻；我们无法确保事事圆满，却能全力以赴，不留遗憾。总之，学会建立积极心态，是大学生面对生活挑战时不可或缺的重要能力。通过自我调适和正面思考，大学生能够更好地驾驭生活，成为自己命运的主宰。

（2）发展良好的兴趣和爱好。

有人说，兴趣如同明灯，照亮前行之路。也有人说，爱好之事，时光匆匆如流水，一小时恍若弹指间；无趣之事，分秒煎熬，一小时漫长似一日。爱好既可以帮我们调节紧张情绪，缓解各种压力，增添欢乐，也可以帮助我们陶冶性情，提升修养，迈向更加丰富多彩的人生。

大学教育为学生提供了丰富多样的资源和平台，如各式各样的社团组织与兴趣小组，为大学生发展个人爱好创造了广阔的空间。除此之外，大学生拥有较充裕的课余时间，这为培养和发展兴趣爱好奠定了坚实的基础。在大学这段黄金时期，大学生应充分利用身边的资源，追寻和发展自己的兴趣与爱好，让生活更加多彩，成就更加全面与充实的自我。

（3）调整个人的志向尺度。

每个人心中皆怀有某些追求，这是驱动我们不断前行的内在动力。这份对期望目标所设定的标准，我们称为志向。个人的志向尺度是一种自我设定的界限，它既非遥不可及，亦非轻易可达，纯粹源于个人的内心愿景，与实际的成就状态未必完全吻合。普遍而言，个人的志向尺度深刻影响着其学习及生活的轨迹。志向高远者，往往对自己有更高的要求，因此在学习和工作中表现得更为出色；相反，志向偏低者，对自我的标准也随之放宽，缺乏必要的积极性和主动性，导致学习和工作的效果不尽如人意。

然而，若个人的志向尺度持续凌驾于其实际能力之上，那么，实现既定目标的道路将布满荆棘，很容易遭遇挫折。因此，合理设定个人的志向尺度，根本在于对自身实际能力的清醒认知与准确评估。只有这样才能确保志向既非空中楼阁，亦非触手可及，而是成为激励个人不断进步、勇于攀登的合理标尺。

2. 发展良好的人际关系

自古以来，友谊便是人们口中常谈、心中常怀的美好情感。《三国演义》以其宏大的历史背景与细腻的人物刻画，展现了“桃园三结义”等感人至深的友情故事，那份对友情的忠诚与坚守赢得了读者广泛的共鸣与赞誉。宋代词人苏轼在其《江城子·密州出猎》中，曾以“老夫聊发少年狂，左牵黄，右擎苍”的豪情，间接映射出友情那令人心潮澎湃的力量。人们珍视友谊、向往友谊，皆因友谊如同生命中的清泉，滋润着我们的心田，成为我们不可或缺的精神支柱。它不仅体现了人性的美好，更能激发我们面对困境的勇气，赋予我们积极向上的力量。

然而，在现实生活中，人际关系的复杂性往往成为个体心理困扰的根源。对于大学生而言，掌握沟通技巧、培养同理心、学会情绪管理，是处理好人际关系的关键，有助于大学生更好地适应社会环境、处理人际关系中的困扰与挑战，从而拥有更加健康、积极、充实的大学生活。

3. 寻求心理咨询帮助

在大学生活中，大学生可能会遇到一些超出个人能力范围或难以独自处理的复杂心理挑战，这时就需要寻求专业的心理咨询的帮助了。心理咨询是一种科学有效地解决心理问题的方法，它能帮助大学生更好地理解自己的内心世界，认识并处理内心的矛盾和冲突。

当大学生感到困惑、焦虑、抑郁等负面情绪难以自行缓解时，可以及时向学校心理咨询中心或专业的心理咨询师求助。心理咨询师具备丰富的专业知识和实践经验，能够通过专业的心理咨询技巧和方法，为大学生提供个性化的心理辅导和支持。

在心理咨询过程中，大学生可以坦诚地表达自己的感受和困惑，与心理咨询师共同探讨解决问题的策略和方法。同时，心理咨询师也会提供相关的心理调适技巧和建议，帮助大学生更好地应对各种心理压力和挑战。

值得注意的是，寻求心理咨询帮助并不意味着个人的心理有问题或缺陷，而是一种积极、成熟的心理表现。大学生应该摒弃对心理咨询的偏见和误解，勇敢地向专业人士寻求帮助，以更好地维护自己的心理健康。通过心理咨询的帮助，大学生可以更加自信地面对学习和生活中的各种挑战，实现个人全面发展。

安全讲堂

心理咨询的认识误区

1. 求助于心理咨询很丢人

心理咨询常被传统观念贴上“心理问题”“精神疾病”的负面标签，常被视为一种“不光彩”的行为。实际上，心理咨询的服务对象绝大多数是遭遇适应困境的普通人——职场压力、学业重负、人际矛盾等现实困扰才是主要成因。世界卫生组织数据显示，全球每四人中就有一人需要心理支持，这一比例随着社会压力的加剧持续攀升。当社会文明发展到新阶段，维护心理健康终将与强身健体一样，成为现代人的基本生存智慧。主动求助心理咨询，正是以成熟姿态直面人生困境的智慧选择。

2. 心理咨询会透露个人的隐私

隐私保护是心理咨询行业必须遵循的基本原则之一。在咨询过程中，咨询师会严格遵守保密原则，在咨询开始前与来访者签订保密协议，并避免在公共场合讨论咨询内容，采取各种措施保护来访者的隐私。因此，担心心理咨询会透露个人隐私是完全不必要的。

3. 求助于心理咨询的都是弱者

心理咨询求助者绝非弱者。心理学研究显示，真正强大的人往往能正视自身局限，主动借力突破认知边界。哈佛大学研究证实，主动寻求心理支持的人，社会适应能力提升速度比被动应对者快37%。因此，求助于心理咨询不应被视为弱者的标志，而是个人成长与自我提升的一种积极态度。

大学生面临心理问题时，不要害怕或犹豫，勇敢地迈出寻求专业帮助的一步。许多高校都设有心理咨询中心，提供免费的咨询服务。记住，寻求心理咨询帮助是一种智慧的选择，它代表着对自己的关爱和尊重。

二、认识心理疾病，及时主动求助

（一）大学生常见的心理疾病

大学生常见的心理疾病主要是指严重心理障碍，包括多种不良的心理和行为，常见的心理疾病主要包括以下几种。

1. 抑郁症

抑郁症常被人们形象地比喻为心理疾病中的“感冒”，因其普遍性和对个体生活的深远影响而备受关注。抑郁症的症状表现为情绪、生理、认知和行为等多个方面。

（1）在情绪方面，抑郁症患者常常感到情绪低落，失去对生活的热情和兴趣，甚至产生无助和绝望的情绪。

（2）在生理方面，抑郁症患者可能会出现睡眠障碍，如失眠或嗜睡，以及食欲改变。

（3）在认知方面，抑郁症患者可能出现注意力不集中、记忆力减退等问题，导致学习和工作效率下降。

（4）在行为方面，抑郁症患者可能变得社交退缩，避免与他人交往，甚至失去对日常活动的兴趣，如工作、学习和娱乐等。他们可能变得懒散，缺乏动力和目标。

抑郁症是一种可治疗、可管理的疾病，早期识别和干预对于患者的康复至关重要。因此，当个体出现这些症状时，应及时关注并寻求专业帮助。

安全讲堂

“抑郁情绪”还是“抑郁症”？

抑郁症是一种常见的心理疾病，全球有约2亿名患者。那么，我们如何判断自己到底是一时情绪低落，还是患上了抑郁症？请看图6-1。

图 6-1　抑郁情绪与抑郁症的区别

2. 强迫症

强迫症是一种焦虑障碍，表现为反复出现的强迫思维和行为。患有强迫症的个体常常陷入无法摆脱的强迫观念中，如反复担心自己是否忘记关门、是否洗干净手等。为了缓解这种焦虑，他们会采取一些强迫措施，如反复检查门窗、反复洗手等。这些强迫行为虽然能暂时减轻焦虑，但长期来看会消耗大量时间和精力，严重影响大学生的日常生活和学习。此外，强迫症患者还可能伴有强迫性仪式动作，如按照一定的顺序进行日常活动，一旦打破顺序就会感到焦虑和不安。

3. 焦虑症

焦虑症的核心特征为对未来事件或当前情境的过度担忧、紧张和恐惧，且这种担忧往往缺乏明确的对象或合理的依据。患有焦虑症的个体常常表现出持续的紧张和不安，这种情绪状态可能伴随其度过大部分时间。他们可能对即将到来的考试、面试、社交活动等感到极度担忧，即使这些事件并未真正发生或已经得到妥善处理。此外，焦虑症患者还可能出现易怒、烦躁、情绪波动大等症状，这些情绪反应往往超出正常范围，且难以通过自我调节得到缓解。在认知方面，焦虑症患者常常出现注意力不集中、记忆力减退、思维迟缓等问题。焦虑症患者的生理症状同样显著，包括心悸、胸闷、气短、呼吸困难、出汗、颤抖、肌肉紧张等。

4. 恐惧症

恐惧症是一种对特定对象或情境的强烈恐惧和回避行为。大学生中常见的恐惧症包括社交恐惧症、特定恐惧症（如动物恐惧症、幽闭恐惧症等）等。患有恐惧症的大学生常常对特定的对象或情境产生强烈的恐惧感，即使知道这种恐惧是不合理的，也难以克服。他们可能会采取回避行为来避免触发恐惧的对象或情境，如避免参加社交活动、避免进入密闭空间等。这种回避行为不仅限制了大学生的社交和生活范围，还可能导致他们产生自卑和孤独感。

5. 神经性厌食

神经性厌食是一种进食障碍，主要表现为对食物的极度厌恶和拒绝进食。患有神经性厌食的大学生常常担心体重增加，即使体重已经明显低于正常范围，也仍然无法摆脱对食物的恐惧和厌恶。他们可能采取极端节食、呕吐或滥用泻药等方法来控制体重。神经性厌食不仅影响大学生的身体健康，导致营养不良、贫血、骨质疏松等症状，还可能引发心理问题，如焦虑、抑郁和自卑感。这些症状严重影响了大学生的学业和生活质量。

6. 人格障碍

人格障碍又称性格障碍，是一种长期而持久的心理和行为模式偏离常态的障碍。患有人格障碍的大学生一般能够应对日常生活和学习，拥有正常的智能和清醒的意识，但由于缺乏对自身人格的认知，常与周围人发生冲突，人际关系协调能力欠佳，给自身或他人带来痛苦，但他们难以从错误中吸取教训并进行改正。以下是三种常见的人格障碍类型：

（1）偏执型人格障碍。偏执型人格障碍者常常表现出对他人的不信任和敏感多疑。他们往往对别人的动机和意图进行歪曲的解释，对批评和拒绝反应强烈，并常常怀有不切实际的猜疑和嫉妒。患有偏执型人格障碍的个体可能难以与他人建立亲密关系，对社交活动缺乏兴趣，甚至可能因过度猜疑而与他人发生冲突。

（2）情感型人格障碍。情感型人格障碍表现为抑郁性人格障碍、情绪高涨性人格障碍和环性情绪人格障碍三种形式。

抑郁性人格障碍也称为情绪低落性人格障碍，表现为精神不振、寡言少语、过分担忧、容易发怒、自感负担沉重、精力不济，常对任何事情都感到困难重重、无能为力和难以预料结局，对生活的看法充满悲观情绪，成天抱怨命运。

情绪高涨性人格障碍表现为精神振奋、乐观欢愉、笑口常开，对生活感到莫大的乐趣。但做事往往想当然，或凭空设想，匆忙下结论；或草率从事，有始无终。常给人一种盲目乐观、不自量力的感觉。

环性情绪人格障碍表现为情绪变化极不稳定，常在情绪高涨和低落之间变动，交替出现。情绪高涨时，患者显得异常愉快、活跃、积极，易于做出种种承诺，对活动充满信心。情绪低落时，则显得郁郁寡欢、愁闷、失去信心，视承诺为负担，有时会做出一些不明智的决定和举动，甚至坐失良机。两种情绪变化间隙，可能会有一个比较正常的时期，但较短暂。

（3）分裂型人格障碍。其特征是一贯情感退缩、社会退缩和其他接触上的退缩；喜好幻想、独自活动、内省性沉默寡言；很少表达感受和体验愉快。在日常生活中常常表现为孤单、冷淡、沉默、不介入日常事务、不交际、缺乏温情、难以与别人建立深切的情感联系，因此人际关系一般很差。但他们往往将较大的精力投入与人无关的兴趣方面。这类人对别人的意见也漠不关心，无论是赞扬还是批评，均无动于衷，过着一种孤独寂寞的生活。总体来说，这类人生活平淡、古板，缺乏创造性和独立性，难以适应多变的现代社会生活。

7. 适应障碍

适应障碍是指个体在面对新的生活环境或社会环境时，出现的一系列心理和行为问题。大学生在入学、毕业、就业等关键时期，往往面临较大的环境变化和压力，若缺乏适当的应对策略，易产生适应障碍。患有适应障碍的大学生可能表现出焦虑、抑郁、烦躁不安等情绪问题，以及失眠、食欲不振等生理症状。在学业方面，他们可能因无法适应新的学习环境和教学方法而成绩下滑；在社交方面，他们可能因难以融入新的社交圈子而感到孤独和无助。适应障碍不仅影响大学生的学业和社交功能，还可能对其身心健康造成长期影响。

安全讲堂

“心理问题”和“心理疾病”是一回事吗？

心理问题和心理疾病是两个截然不同的概念。心理问题是指个体在特定情境下出现的一过性、暂时性的心理困扰，如短暂的焦虑、失眠等。这些困扰可能由多种因素引起，包括内在的精神因素、外在的环境因素等，通常不会严重影响个体的日常生活和社会功能。心理问题大多可以通过自我调节、心理咨询等方式进行缓解（见图6－2）。

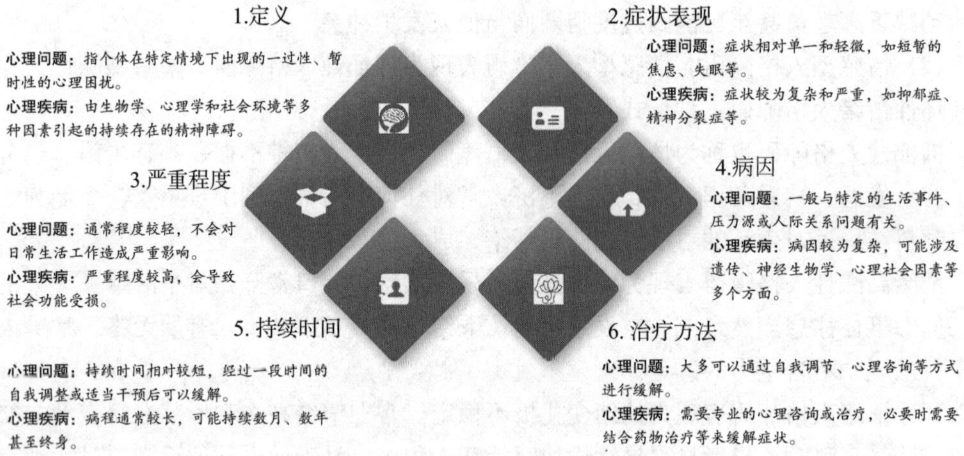

图6－2　心理问题和心理疾病的区别

因此，个体面临心理困扰时，要学会正确区分自身情况。如果发现问题可能超出自我调节的范围，应积极寻求专业的帮助和支持。

（二）心理疾病的应对

出现心理疾病的个体通常无法有效地适应日常生活，因此积极应对心理疾病，采取有效措施显得尤为重要。

1. 轻度心理疾病的应对

针对轻度心理疾病，如轻度抑郁症或焦虑症，应对方法需要多管齐下。

首先要积极自我调整，包括调整生活作息，培养兴趣爱好，保持适量运动以释放压力，以及维护良好的社交关系。这些措施有助于缓解心理压力，提升情绪水平，促进心理疾病的自然缓解与自愈。

与此同时，建议寻求专业的心理咨询或治疗。与心理咨询师或心理治疗师面对面展开深入的交流，能够帮助个体深入认识并理解自己的情绪困扰及根源，从而获取科学有效的应对策略与技巧。在必要时，专业人士还可以根据具体情况推荐适合的药物辅助治疗，尽管对于轻度病例，药物治疗通常不是首选方案，但医生的专业判断不可或缺。

此外，主动寻求家人或朋友的帮助、支持也是非常必要的，家人与朋友的理解、鼓励与陪伴是不可或缺的外部支持，他们能在日常生活中提供实质性的帮助与心理慰藉，共同构建有利于个体康复的温馨环境。

重要的是，即使症状初显轻微，也不可掉以轻心，因为及时且恰当的干预往往能有效遏制问题恶化，加速恢复进程。因此，面对轻度心理疾病，应积极采取行动，努力使自己恢复身心健康。

安全讲堂

情绪调控方法

1. 深呼吸与放松技巧

深呼吸：缓慢地吸气，保持几秒钟，然后缓缓呼气。深呼吸有助于放松身体，减轻紧张和焦虑。

渐进性肌肉放松：通过放松身体的各个部位，如手臂、腿部、面部等，来达到全身放松的效果。

2. 运动与身体活动

有氧运动：如散步、跑步、游泳等，可以促进身体释放内啡肽等愉悦物质，改善心情。

瑜伽与太极：这些运动不仅有助于身体放松，还能提高情绪稳定性和自我觉察能力。

3. 正念冥想与认知重构

正念冥想：专注于当下，减少对过去或未来的担忧。通过冥想，可以培养对当下时刻的觉察和接纳，减少杂念和负面情绪。

认知重构：调整对事件的解释和看法，以更积极、理性的方式看待问题。这有助于改变消极的思维模式，减轻负面情绪的影响。

4. 社交互动与支持

倾诉与分享：与亲朋好友交流，分享自己的感受和经历，可以获得情感支持和理解。

建立支持系统：培养健康的人际关系，建立可靠的支持网络，以便在需要时获得帮助和安慰。

5. 兴趣爱好与创造性活动

投身于爱好：参与自己感兴趣的活动，如阅读、绘画、音乐等，可以转移注意力，减轻负面情绪的影响。

创造性表达：通过写作、绘画、音乐等方式表达自己的情感和想法，有助于释放情绪和保持心理健康。

6. 其他方法

保持积极思维：尝试寻找事情的积极方面，或者给自己正面的肯定，比如写下感恩日记，记录每天的好事。

充足睡眠：保证足够的睡眠时间，有助于恢复体力和精神，平缓情绪。

接触自然：在接触自然的过程中，可以体会到人类的渺小和困难的微不足道，有助于用更广阔的视角去看待生活与世界的问题。

2. 重度心理疾病的应对

如果是重度的心理疾病，如伴有自杀想法的抑郁症、严重的强迫症等，或者出现幻想、妄想、攻击性行为等症状，自愈的可能性相对较小。这种情况下，通常需要接受专业的心理治疗或药物治疗。

心理治疗过程中，专业心理咨询师会引导个体深入探索自己的内心世界，识别并处理负面情绪和思维模式，学习有效的应对策略和技巧，以改善心理健康状况。

药物治疗方面，个体需要遵医嘱服用相关药物，以有效缓解症状，恢复心理健康。同时，还需定期与医生沟通，调整治疗方案。

此外，个体还需要积极参与康复活动和社交活动，逐步恢复社会功能，融入正常生活。

综上所述，面对心理疾病，无论是轻度还是重度，我们都需要积极应对，采取有效措施。通过综合运用自我调节、社会支持、专业咨询和治疗等多种资源，帮助自己走向全面康复的道路。

安全讲堂

精神类药物容易形成依赖或产生副作用吗？

精神类药物在用于治疗心理障碍时，部分个体可能因体质差异而对药物产生不同程度的反应，如肠胃不适或嗜睡等。然而，这通常属于初期适应阶段的常见现象。随着身体的逐渐适应，这些症状往往会减轻或消失。因此，不用担心药物的副作用，相比心理障碍对个体的生活质量及生命安全的影响与威胁而言，药物的副作用微不足道。在心理障碍需要药物治疗的时候应该坚持就医，遵医嘱服药，切不可擅自停药。特别是重度抑郁症、躁郁症、精神分裂症等，药物治疗是主要的，而且发现得越早，治疗的效果越好。

课后实践

一、实践任务

自我心理健康评估与调节计划。

二、实践目的

进行自我心理健康评估，并制订相应的调节计划，以提升自我心理调适能力。

三、实践内容

1. 自我评估

(1) 参照前文提到的“大学生心理健康的标准”，从学习状态、自我意识、情绪管理、人格品质、人际关系等方面对自己的心理健康状况进行客观评估。

(2) 记录自己在哪些方面表现较好，哪些方面存在不足或需要改进，填在表6-1中。

表6-1　自我评估表

内容	表现好的地方	需要改进的地方
学习状态		
自我意识		
意志力		
情绪管理		
人格品质		
人际关系		
环境适应		
心理、年龄匹配		

2. 提升计划

(1) 针对评估中发现的不足，制订具体的提升计划。例如：如果情绪管理能力较弱，可以计划学习情绪调节技巧，如深呼吸、冥想、正念练习等。

(2) 设定可实现的目标和时间表，明确将在何时何地采取哪些行动来改进心理健康。

(3) 列出可能遇到的挑战和障碍，并思考应对策略。

3. 实施与反馈

(1) 在接下来的一个月内，按照调节计划进行实践。

(2) 每周记录一次自己的实践过程和感受，以及遇到的问题和解决方案。

(3) 一个月后，对自己的心理健康状况进行再次评估，比较前后的变化。

(4) 定期回顾和调整计划，确保其与自己的实际情况相符，并持续推动心理健康的提升。

第一周：

第二周：

第三周：

第四周：

再评估：

任务二

珍视生命之重 实现人生价值

案例导读

在春日的阳光下，小镇边缘的老树林中，住着一只年迈的乌鸦——阿灰。它的羽毛斑驳，眼神深邃而智慧。一天，阿灰在林中觅食时，遇到了一个名叫云澈的年轻人。云澈满脸愁容，眼神迷茫，显然被生活的重压所困扰。他漫无目的地走进树林，看到了坐在树枝上的阿灰。

“嘿，老乌鸦，你在这林中生活了这么久，有没有什么生活的智慧可以告诉我？”云澈带着自嘲与期待问道。

阿灰用那双洞察人心的眼睛望着云澈，缓缓开口：“年轻人，生命是一场漫长的旅程，每个人的路都是独一无二的。我见证了这片林子的四季更迭，生命的诞生与消逝，每一次的轮回都让我更加珍惜眼前的每一刻。”

阿灰指了指不远处的一棵参天大树：“它曾经只是一粒微不足道的种子，经历了风雨雷电的洗礼，才长成了今天这番模样。生命的意义不在于你拥有多少，而在于你如何面对挑战，如何在逆境中成长。”

“我也曾年轻过，有过翱翔天际的梦想，也有过面对天敌时的恐惧。”阿灰继续说道，“但正是这些经历，让我的生命变得丰富多彩。记住，无论遇到多大的困难，都不要放弃希望，因为每一次的跌倒都是为了更好地站起来。”

说完，阿灰振翅高飞，留下一个坚定的背影给云澈。云澈站在原地，望着阿灰渐渐远去的身影，心中仿佛被点亮了一盏明灯。他意识到真正的成长不是逃避困难，而是勇敢面对，从中汲取力量。

生命就像那片老树林，无论外界如何变迁，都有其独特的韵律和节奏。只有用心去感悟，才能在平凡中发现不凡，找到属于自己的生命之光。

一、生命的意义

在浩瀚的宇宙长河中，生命以其独特而神秘的方式存在，它既是自然界最为壮丽的奇迹，也是人类社会发展的基石。对于每一位正值青春年华的大学生而言，生命不仅是一段旅程，也是一场深刻而丰富的探索之旅。在这场旅程中，我们不断追寻着生命的意义，试图理解自己为何存在，以及如何在有限的时间里创造出无限的价值。生命的意义，这个看似抽象却又无比具体的话题，关乎我们的成长、选择、责任与梦想，是大学期间乃至整个人生旅途中必须深思的问题。

生命的意义首先体现在对自我认知的探索上。大学生正处于人生观、价值观形成的关键时期，开始更加深入地思考“我是谁”“我想要成为什么样的人”等核心问题。通过参与社会实践、学术研究、文化交流等多种活动，我们逐渐揭开自我认知的面纱，认识到自己的兴趣、优势与潜能。这一过程不仅帮助我们建立更加清晰的自我形象，还为未来的人生规划奠定了坚实的基础。生命的价值在于我们如何根据自己的独特性，找到适合自己的道路，并为之不懈努力。

然而，生命的意义不仅局限于个人的成长与实现。在更广阔的层面上，它涉及我们与他人的关系、对社会的贡献以及对自然界的尊重。作为社会的一员，我们无时无刻不在与周围的人、事、物发生联系。这些联系构成了我们生活的网络，也让我们意识到，个人的存在与价值是与他人紧密相连的。通过志愿服务、团队合作、社会创新等方式，我们可以将自己的知识与技能转化为对社会的贡献，为他人带去温暖与希望，同时也实现了自我价值的升华。生命的意义，在于我们如何以积极的态度去影响他人，共同构建一个更加和谐、美好的社会。

二、生命的困境：理解自杀的原因

在探寻生命意义的过程中，我们不可避免地会触碰到生命的脆弱本质及其难以预料的变化。

自杀，这一极端且令人痛心的选择，不仅是对个体生命的极端否定，也是对生命意义的误解。它如同一面镜子，映照出我们必须正视的生命挑战与困境。我们要学会以坚韧不拔、积极向上的心态去迎接与战胜它们。接下来，我们将探讨导致个体选择自杀的原因，识别那些隐藏在日常生活细节中的自杀信号，以及如何通过关爱与援助，及时有效地干预高危人群，共同守护生命的尊严与价值。

自杀者大多是生活中遭遇困境而产生激烈的内心冲突，陷入危机状态，不能自拔的人。自杀的原因是多方面的，涉及生理、心理、社会等多个因素。

（一）生理因素

1. 心理疾病

许多精神疾病，如抑郁症、精神分裂症、酒精和药物依赖及人格障碍等，都会增加自杀的危险性。这些心理疾病既可能导致个体出现自杀观念和行为，也会影响个体的情感状态和判断能力。例如：抑郁症患者常常感到绝望和无助，容易产生自杀念头。

2. 遗传因素

家族中有自杀行为的人，其自杀危险性可能会增加。这可能与家庭成员之间的认同和模仿、遗传物质的传递有关。遗传因素在自杀行为中扮演了一定的角色，但并非决定性因素。

3. 躯体疾病

某些躯体疾病，如因疾病导致功能受限或慢性疼痛，无法参加日常工作和社交活动，最终可能使个体沉浸于悲观绝望情绪中，从而引发自杀行为。

（二）心理因素

1. 心理脆弱性

心理脆弱性可能会使个体在面对困境时感到无助和绝望，进而选择自杀作为解决问题的途径。这种心理脆弱性可能与个体的成长经历、性格特点、应对机制等因素有关。

2. 完美主义倾向

一些个体对自己要求过高，追求完美，当面临挫折或失败时，可能无法承受这种心理落差，从而产生自杀念头。

（三）社会因素

1. 家庭环境

家庭环境作为个体成长的重要背景，对个体的心理健康和自杀倾向具有深远的影响。以下是家庭环境对自杀倾向影响的几个关键方面：

（1）家庭氛围不和谐。家庭氛围的紧张、冲突和暴力可能导致家庭成员之间的情感疏远和信任缺失。长期处于这种不和谐的家庭环境中，个体可能感到被孤立和排斥，进而产生无助、绝望和自杀的念头。

（2）家庭支持不足。家庭是个体情感支持的重要来源。当家庭成员缺乏相互之间的理解和支持，或者对个体的需求和困境忽视时，个体可能感到被忽视和遗弃。这种情感上的缺失可能加剧个体的自杀倾向。

（3）家庭期望过高。家庭对个体的期望过高，可能导致个体承受巨大的心理压力。当个体无法达到这些期望时，可能产生挫败感和自责感。这种持续的挫败感可能使个体陷入绝望，进而选择自杀作为解脱的方式。

（4）家庭变故与危机。家庭内部的变故，如亲人去世、离婚、经济困难等，都可能对个体的心理健康产生负面影响。这些变故可能导致个体感到无助和绝望，进而产生自杀的念头。

（5）家庭教育与沟通方式。家庭教育和沟通方式也对个体的自杀倾向产生影响。如果家庭缺乏正确的教育和引导，或者沟通方式不当（如过度控制、忽视个体感受等），可能导致个体在面对困境时缺乏有效的应对策略，进而产生自杀的念头。

2. 负性生活事件

负性生活事件是指个体感觉不愉快的事件。负性生活事件对人具有威胁性，会造成较明显和较持久的消极情绪体验，对身心健康的损害很大。如失恋、考试挂科、家庭变故、经济压力、投资失败等，这些事件可能给个体带来严重的心理创伤和压力，当个体心理承受能力达到极限时，容易产生焦虑、抑郁症状，进而产生自杀的念头。

3. 社会压力

现代社会竞争激烈，个体面临来自学业、就业、家庭、社会等多方面的压力。当这些压力超过个体的承受能力时，可能导致自杀行为的发生。

4. 人际关系问题

如与同学、老师、家人等关系紧张或疏远，缺乏必要的支持和关爱，可能使个体感到孤独和无助，进而产生自杀念头。

在所有自杀死亡的人群中，大概有70%以上的人患有抑郁症。因此，识别并有效治疗抑郁症对于预防自杀行为至关重要。

安全讲堂

抑郁症的症状表现

抑郁心境：长时间情绪低落，感到悲伤、无助、绝望，对日常活动失去兴趣。

快感缺失：无法体验愉快情感，对喜爱的活动失去兴趣。

疲劳感：常感体力不支，即便未进行体力活动也感到疲惫。

睡眠障碍：入睡困难、早醒、睡眠浅。

食欲改变：食欲不振或暴饮暴食，可能导致体重变化。

躯体不适：头痛、胃痛、胸闷、心慌等症状。

自我评价低：怀疑自身能力和价值，自责内疚。

自杀观念和行为：可能产生自杀念头，甚至行动。

对于抑郁症患者而言，重要的是要认识到抑郁症是一种疾病，而非个人的软弱或失败。正如“抑郁症就是一场‘心理的感冒’”这一比喻所表达的，感冒是常见的疾病，需要看医生并可能需要药物治疗，这是很正常的事情。同样地，抑郁症也是一种需要专业治疗的疾病。大学生在面对抑郁症时，应消除对疾病的病耻感，主动寻求帮助，不要等到病情恶化到无法承受时才采取行动。

三、自杀预警信号

如果你发现身边的人出现了以下自杀预警信号，请务必多加留意，他们可能需要你的帮助：

（1）言语上经常谈论自杀。直接询问或讨论自杀的想法、方式及看法，如“你觉得自杀如何?”“你想过自杀吗?”等，以及间接表达绝望情绪的话语，如“无人能助我”“没有我他们会更好”“我受不了了”“生活无意义”等。这些言语可能是他们在询问有关如何自杀的建议，同时避开让别人知道他们真正的想法，当然这也可能是他们在向外界求救。

（2）写遗书。有些事情会触发一个人去写遗书。这些事情通常包括：压力极大的学业、不幸的两性关系、并不顺利的创业，或者深爱的人离世。

（3）将东西赠予他人。将贵重或仍有使用价值的物品赠予他人，可能意味着个体在心理上已做好离别准备。

（4）持有刀具等潜在危险物品。虽然单独持有刀具等危险物品并不直接等同于有自杀意图，但当这一行为与上述提及的其他预警信号同时出现时，则应引起高度警觉。

安全讲堂

自杀风险评估及干预

（5）自残。包括割伤、烧伤、自我投毒等，这可以视为有自杀倾向的人在测试自己是否真的有勇气自杀，或是通过寻求生理疼痛以缓解心理痛苦。此外，参与高风险活动（如非爱好者的飙车、极限运动、挑起事端）也可能反映出自杀倾向。

（6）日渐严重的抑郁情绪。表现为深度悲伤、兴趣丧失、睡眠和饮食问题等。

（7）情绪突变。突然的、出乎预料的由悲伤情绪转为平和安详，甚至表现出愉快的样子。

（8）兴趣丧失。对过去在乎的事情失去兴趣，反映了个体对生活热情的减退。

（9）告别行为。通过拜访或电话等方式与亲友进行告别式的交流。

（10）整理事务。开始安排后事，整理个人物品，准备丢弃不再需要的东西，这往往预示着个体在心理上已做好离世的准备。

（11）研究自杀方法。专注于探索自杀的具体方法和途径，包括在互联网上搜索相关信息，并尝试获取自杀所需的工具或手段，这是自杀倾向的直接体现。

四、关爱高危人群

大学生不仅是知识的追求者，更是彼此心灵的守护者。了解并识别自杀高危人群，用关爱与行动为他们点亮希望之光，是我们共同的责任与使命。大学生自杀高危人群主要包括以下几类：

（一）具有自杀意念或行为历史的大学生

有自杀未遂史或自杀企图与计划的大学生，可能已经形成了自杀的思维模式，并有过自杀行为，因此需要特别关注。

（二）心理健康问题严重的大学生

对于曾患抑郁症且尚在治疗中的大学生来说，抑郁症是自杀的主要风险因素之一，可能导致他们情绪低落、失去兴趣和乐趣，甚至产生自杀念头。

对于曾有妄想或其他精神病状况及尚在治疗中的大学生来说，这些精神疾病可能导致他们出现幻觉、妄想等症状，增加自杀风险。

（三）面临重大生活压力或困境的大学生

对于近期失恋或遭遇其他重大情感挫折的大学生来说，情感问题可能导致他们情绪低落、无助和绝望。

对于家庭经济困难或极度贫困的大学生来说，经济压力可能导致他们产生自卑和绝望情绪，增加自杀风险。

（四）学业或社交困难的大学生

对于学习困难及学业不能及格的大学生来说，学业上的挫败感可能导致他们失去自信和动力，产生自杀念头。

对于社交困难、被孤立或排斥的大学生来说，缺乏社交支持和归属感可能使他们感到孤独和无助。

（五）存在其他风险因素的大学生

人格偏执或有极端行为倾向的大学生，可能更容易产生自杀念头并采取行动。

有生理缺陷或长期患病的大学生，可能因身体状况导致自卑和绝望。

综上所述，大学生自杀高危人群涉及多个维度，情况复杂多样。作为大学生群体的一员，我们在追求个人成长与进步的同时，还应怀揣一颗温暖的心，去关注、去理解、去支持那些正面临艰难时刻的同学。一旦发现身边有人陷入困境，应及时伸出援手，第一时间向辅导员或心理健康中心反映情况，协助他们获得专业的心理援助。让我们以爱与智慧为盾，共同守护每一位同学的心理健康。

析案明理

李薇（化名）是一名正面临情感与家庭经济双重压力的大三学生，她的情绪已跌至谷底。最近，她时常向挚友王悦（化名）说"活着真没意思"，甚至向王悦展示了她自己的割腕痕迹。王悦虽满心忧虑，但出于保护李薇隐私的善意，选择了沉默，误以为这只是李薇的情绪释放。

然而，李薇的状态并未好转，反而随着时间的推移变得更加消沉。一个深夜，同宿舍的张敏（化名）敏锐地捕捉到李薇的异常：她独自站在窗边，眼神空洞，手腕上又添了新伤。张敏立即意识到情况的危急性，她毫不犹豫地采取行动，火速联系辅导员与校心理健康中心。

辅导员与心理老师迅速响应，对李薇实施了紧急心理干预。在专业治疗与心理辅导的助力下，阻止了一场可能发生的悲剧。李薇逐渐重拾生活的信心，再次找到了前行的力量。

此次事件带给我们的反思有：在生命与隐私的天平上，生命更重要。王悦出于善意保护李薇隐私的初衷可以理解，但面对可能存在的心理健康危机，特别是发现同学有自杀高危信号时，必须及时采取干预行动并报告给相关老师和家长，这是保护对方的更为正确和明智的选择。大学生之间应建立更加开放和支持的沟通环境，共同守护彼此的生命安全，让爱与理解成为我们面对困难时的坚固后盾。

课后实践

【实践作业 1】守护生命之光——自杀预防与干预演练

一、实践目的

通过知识学习和情景模拟，增强自杀预防意识，提高在遇到类似情况时的应对能力。

二、实践内容

1. 知识学习

阅读关于自杀预防的相关资料，总结自杀的主要原因、识别自杀信号的技巧以及掌握自杀干预的方法。

2. 情景模拟

设计一个可能遇到同学自杀倾向的情景，并详细描述你将如何识别自杀信号、进行干预以及寻求专业帮助。

高危信号：1.

2.

3.

干预措施：1.

2.

3.

【实践作业 2】生命意义探索之旅

一、实践目的

通过自我反思和实践体验，加深对生命意义的理解，并意识到个人行为对社会的价值。

二、实践内容

1. 自我反思

深入思考并写下自己对生命意义的理解，以及个人存在的价值所在。

2. 实践体验

参与一次志愿服务或社会公益活动，记录下自己的所见所闻、所感所悟，特别是这次活动如何让你感受到生命的价值和意义。

任务三

树立爱情正道　驾驭情感波澜

案例导读

李梅（化名）是大学二年级的学生，对同班的一位男同学心仪已久。一个周末的夜晚，经过长时间的内心挣扎，李梅决定在学校的湖边小道上向这位男同学表达自己的心意。她精心准备了一封手写信和一个精致的音乐盒，希望能在浪漫的氛围中打动对方。然而，男生却以两人不合适为由，礼貌但坚定地拒绝了她。

面对这突如其来的拒绝，李梅内心深受打击，她感到自己的情感被忽视，自尊心也受到了伤害。情绪低落的她选择一个人去消化这份失落，但每当夜深人静时，那份被拒绝的痛苦和孤独感便如潮水般涌来，让她难以入眠。随着时间的推移，李梅发现自己越来越难以集中精力学习，对日常活动也失去了兴趣，甚至开始回避与人交流，害怕再次触碰到情感的伤疤。这些症状逐渐累积，最终导致李梅患上了轻度抑郁症，严重影响了她的日常生活和学习状态，最终不得不求助于学校的心理健康中心，接受专业的心理咨询和治疗。

大学生对爱情的渴望和追求，随着身心发育的日渐成熟而自然萌发。大学生正在逐步走到爱情的边缘，走进自己的爱情世界。但没有哪一个人天生就懂得爱情，爱需要学习和培养。

一、树立健康爱情观

在绚烂多彩的大学时光里，恋爱不仅是两颗年轻心灵的碰撞，更是个人价值观、人生观与道德观念的深刻交汇。健康、积极的恋爱观，如同指引航向的明灯，不仅照亮了大学生情感世界的每一个角落，更深刻地影响着他们的学业进程、职业道路乃至整个人生的轨迹，对于促进大学生的全面发展与终身幸福具有重要意义。

（一）保持正确的恋爱动机

对于正处于人生黄金时期的大学生而言，恋爱不仅是情感交流的平台，更是价值观、人生观和道德观的试金石。在这个充满机遇与挑战的阶段，保持正确的恋爱动机，不仅关乎大学生的情感健康与幸福，更影响他们未来的学业、职业乃至整个人生的走向。根据大学生恋爱的目标取向，大学生恋爱可以分为三类。

1. 精神满足型

这类大学生在选择恋人时，更加注重对方的理想、信念、价值观、事业追求以及能力水平，或者将气质、性格、兴趣的契合度作为共处的基础。他们并不将外貌、金钱、家庭背景等外在条件视为决定性因素，而是追求精神层面的满足。这种以精神共鸣为重的择偶标准在当代大学生中占据了相当大的比例。然而，这种注重精神层面的择偶标准也面临社会现实的考验。当大学生情侣走出校园，步入社会后，他们需要面对更加复杂的生活压力和生计问题，这时维持理想化的爱情便成了一个挑战。

2. 感官满足型

这类大学生以获得纯粹感官满足为爱情的目的，他们尤其注重恋爱对象外表的吸引力。然而，这种基于外在因素的恋爱关系往往难以持久。因为随着时间的推移，外表的新鲜感会逐渐减弱，从而降低对彼此的吸引力。

3. 现实满足型

以社会地位和经济条件作为择偶的主要标准，这种恋爱模式即为现实之爱。其本质是一种基于互惠互利的理性权衡。具体来说，现实满足型又可细分为三类：一是物质型，这类大学生倾向于寻找经济条件优越的对象，以满足自身的物质需求；二是虚荣型，他们更注重对方的地位、职称等外在荣誉；三是利用型，此类择偶行为目的性明确，往往是为了达成某种现实目标，一旦目标实现，恋爱关系便可能随之淡化。

大学生恋爱观的多样性反映了个人价值观、生活经历及对未来憧憬的不同。理想中的精神满足型恋爱虽为多数人所向往，强调情感共鸣与志趣相投，但在现实社会的冲击下，其持久性面临考验。感官满足型恋爱与现实满足型恋爱则分别侧重于短暂的感官愉悦与实际的利益考量，虽各有其存在理由，但可能因缺乏深层次的情感联结而难以维系长远的幸福关系。因此，新时代的大学生在恋爱道路上应秉持理性与感性的平衡，既追求心灵的契合与精神的富足，也不失对现实生活的审慎考量，树立正确的恋爱动机，让爱情成为个人成长、理想追求与道德践行的助力，共同构筑健康、稳定且充满正能量的恋爱关系。

（二）走出恋爱误区

大学生要树立健康的恋爱观念，确立正确的择偶标准，自觉走出恋爱的误区。

1. 误把好感当爱情

青春萌动的大学生在初识某人时，往往会因为对方的一些优点或特质而产生好感，进而误将这种好感当作爱情。这种误判可能导致他们在尚未深入了解对方的情况下就匆匆投入恋爱，结果往往发现彼此并不适合，甚至产生矛盾和冲突。因此，大学生在面对好感时，应保持理性，通过更多的交往和沟通来深入了解对方，避免将好感误判为爱情。

2. 慰藉解闷谈恋爱

有些大学生不再秉持以婚姻为目的的传统恋爱观念，有时仅因为觉得生活乏味、缺乏色彩而步入恋爱，将恋爱视为填补内心空虚的一种方式，借此打发时间。然而，真正的爱情应当是情感与理智的结合，不是为了排解孤独、满足虚荣心，更不是追求刺激的手段。如果仅仅因为寂寞或无聊而谈恋爱，很可能对双方造成情感伤害，为未来生活埋下烦恼与遗憾的种子。

3. 唯爱情至高无上

对美好爱情的追求往往会成为大学生主要的心理需求。“爱情第一”的观点在相当一部分大学生中流行，似乎有了爱情就有了美好的未来，否则前途就黯淡无光。有的大学生因为谈恋爱而荒废了学业，有的大学生因为失恋而产生了心理危机，甚至产生自杀倾向，危及自己与他人的生命安全。恋爱是人生的重要组成部分，但不是生活的全部，生活中还有更重要的东西。如果一个人沉溺于爱的甜蜜，忘记了他还有更重要的事做，就会损害他的现实生存状态，恋爱前景也会令人担忧。正确处理恋爱与学业的关系，形成两者相互促进的良性循环，增强恋爱的激情和学习的动力。

4. 过高估计恋人优点

“情人眼里出西施”。在恋爱中，人们往往会对恋人产生“光环效应”，即过分夸大恋人的优点而忽略其缺点。这种心理现象在大学生中尤为常见。大学生可能会因为对恋人的某个优点产生强烈的爱慕而忽略其他方面的不足。然而，过于看重恋人的优点不仅可能导致大学生在恋爱中失去理性判断，还可能引发一系列问题。例如：他们可能会因为对恋人的期望过高而失望，或者因为无法容忍恋人的缺点而争吵不断。因此，大学生在恋爱中应保持客观和理性，既要看到恋人的优点，也要正视其缺点和不足。只有这样，才能在恋爱中保持平衡和稳定，共同成长和进步。

安全讲堂

光环效应——为什么情人眼里出西施？

光环效应是一种心理现象，指的是在人际交往中，人们往往容易因为对方身上表现出的某一方面的特质或行为，而对其整体形象或性格产生过度概括或片面评价的现象。

在恋爱关系中，光环效应尤为显著。当两个人开始交往时，他们往往会因为对方身上的某些特质（如外貌、性格、才华等）而产生强烈的吸引力，并因此而对对方的整体形象产生过于美好的评价。比如，一个男生因为女生的甜美笑容而对她一见钟情，这个甜美的笑容就成了他眼中的“光环”。在这个光环的影响下，他可能会觉得女生在其他方面也都很完美，比如性格温柔、善解人意、聪明伶俐等。然而，随着时间的推移，他可能会发现女生在某些方面并不如他最初想象得那么完美，比如她有时会很固执，或者在某些问题上缺乏耐心。

恋爱中的光环效应虽然可以让人在初期阶段感受到强烈的吸引力和幸福感，但也可能导致人们在交往中忽视对方的真实性格和缺点。因此，在恋爱中保持理性、全面的认识非常重要。

5. 别人有，我也该有

在大学校园中，部分大学生目睹周围同学纷纷恋爱后，易受“从众效应”驱动，随之步入恋爱关系。许多大学生将恋爱视为展现个人魅力与拓展社交圈的标志，未恋爱的大学生可能会感受到同伴压力，忧虑自己被贴标签为不合群或缺乏魅力的人。然而，盲目跟风不仅难以收获真挚的爱情体验，反而可能为自己增添不必要的心理负担与困扰。因此，大学生在面对恋爱时，应保持独立和自主的态度，根据个人情感需求与实际状况，理智做出选择。

6. 追求外表胜过内在涵养

爱美之心人皆有之，外貌尽管在一定程度上体现了一个人的形象与气质，却绝非衡量一个人的全部标准。一个真正值得深交的对象，应具备深厚的内在涵养与高尚的品质，诸如乐观向上、智慧敏锐、心地善良以及宽容大度等。倘若仅因外貌出众而忽视了内在涵养的重要性，或许会让我们错失那些真正值得珍视的伴侣。因此，大学生在恋爱中应注重内在涵养的考察和了解，通过更多的交往和沟通来了解对方的内心世界和价值观。只有这样，才能寻觅到与自己心灵契合、志趣相投的伴侣。

（三）培养爱的能力与责任

爱是一种情感，更是一种能力。每个人内心深处都渴望爱，但并非每个人都懂得如何去爱。为了拥抱美好的爱情，也为了让它长久地绽放光彩，大学生应该学会如何去爱，不断提升自己爱的能力。

1. 学会爱自己

想要爱别人，首先必须爱自己。爱情的本质是给予与接受，但在给予之前，我们必须确保自己拥有足够的爱与能量。正如飞机在起飞前需要加满油，我们在踏入爱情的旅程前，也需要先为自己的心灵“加油”。这意味着，我们需要先学会爱自己，培养自己的内在力量，这样才能以更健康、更稳定的心态去爱别人。一个不懂得爱自己的人，往往难以在爱情中保持平衡，容易陷入过度依赖或牺牲自我的境地。

爱自己首先就要自尊自信。自尊与自信是爱自己的重要体现。自尊，既是对自己价值的肯定，也是对自己人格的尊重。它让我们在面对爱情时，能够保持清醒的头脑，不轻易被外界的评价左右。自信，则是对自己能力的信任，是对未来充满希望的积极态度。一个自尊自信的人，在爱情中能够坦然面对自己的优点与不足，勇于表达自己的感受与需求，同时也能够尊重并接纳对方的独特性。这样的爱情才是建立在平等与尊重基础上的健康关系。

只有当你真正懂得如何关怀自我的需求时，才能领悟如何以同样的温情去关爱他人。当你能够深切地尊重自己的思考与感受时，这份尊重才会延伸至你对待他人的态度之中。而当你从内心深处坚信自己拥有价值时，你才会发现他人的价值。

2. 迎接爱的能力

迎接爱的能力包括表达爱的能力和接受爱的能力。表达爱的能力不仅体现在言语的表达上，更渗透于日常行为、情感共鸣以及相互理解之中。一个擅长表达爱的大学生，能够清晰传达自身情感需求，并恰当地展现对伴侣的关爱与欣赏。同样，接受爱的能力也至关重要，它关乎个体在恋爱关系中能否坦然接受并珍惜来自伴侣的爱意，这就需要以开放的心态接纳对方的付出，同时积极回应伴侣的爱，不轻易忽视每一份心意。此外，认同自我价值，相信自己值得被爱，不因自卑或不安而难以接受他人的爱意，这种自我认同是促进恋爱关系健康发展的基石。

3. 拒绝爱的能力

在爱情的世界里，学会说“不”同样重要。拒绝爱的能力，体现了个人界限的清晰与自我保护的意识。这要求大学生在面对不适合自己的恋情或不良情感诱惑时，能够果断地做出选择。

首先，明确个人界限与价值观。了解自己在恋爱关系中的底线与期望，对于违背这些原则的追求，应勇于拒绝。同时，保持独立思考，不被外界压力或舆论左右。

其次，学会温柔而坚定地表达拒绝。拒绝不等于伤害，关键在于表达方式。以诚恳、尊重的态度告知对方自己的感受与决定，避免使用攻击性或模棱两可的语言，减少对对方的伤害。

最后，培养自我恢复的能力。拒绝爱可能会带来短暂的失落或不安，但重要的是学会从中成长。通过积极的心理调适，如寻求朋友支持、参与兴趣活动等，逐步走出阴霾，迎接新的机遇与挑战。

安全讲堂

拒绝爱情的正确方式

1. 态度明朗

如果并无恋爱打算，面对单恋者的深情，应明确而坚定地亮出拒绝的红灯；若情感纠葛涉及现任或前任，则需冷静审视，考量复合之路是否有希望和结果。若前路黯淡，不妨坦诚相告，让对方打消念头。暧昧不清，只会编织更多烦恼的网，甚至埋下安全隐患。

2. 文明拒爱

拒绝对方时，需以理服人，耐心劝解，尊重对方人格，言辞恳切，切忌嘲笑讽刺，更不可揭人隐私。若分手之事，自己是有责任的，不妨主动认错，诚挚致歉，展现成熟与担当。

3. 求助解困

遇到困难，勿忘求助的力量，学校、家庭、挚友，皆是坚强的后盾。如果在向对方认真做了工作后，收效不大，对方仍纠缠不休，或察觉对方报复心起，应及时向师长求助，借集体力量妥善化解困境，防止发生意外事件。

4. 节制往来

节制往来，减少无谓交集。爱情虽逝，仍可以是朋友。但在未来的交往中，适度保持距离，既能避免对方产生“物是人非”的伤感，又能斩断对复合的虚妄念想。节制不必要的往来，帮助对方尽快走出失恋的阴霾。

二、大学生感情问题带来的安全隐患

在大学生的青春岁月中，感情问题一直是困扰许多大学生的重要议题。爱情，这个自古以来便被无数诗人歌颂的美好情感，在大学校园里也绽放着它的光彩。然而，与之相伴的不仅仅是甜蜜与浪漫，更多的是因恋爱态度、失恋后的心理反应以及复杂的人际关系所带来的安全隐患。这些问题不仅影响大学生的心理健康，还可能对其学业、生活和未来发展产生深远的影响。

（一）恋爱态度的随意性带来的风险

一些大学生不明白爱情的真正内涵，轻易投入恋爱，又轻易提出分手，这极易给对方或自我造成心理创伤。爱情的本质是承担责任，是给予。而有些大学生在恋爱时只求对方为自己付出多少，一旦得不到满足就轻言分手，对对方的身心发展及心理健康都会造成不可避免的伤害。还有的大学生在不了解对方的情况下进行网恋，带来安全隐患。

（二）失恋后的报复心理引发的安全问题

当大学生恋爱中的一方提出分手时，有时会引起另一方的不满和愤怒，进而采取报复行动。这种报复行动不仅会给对方的身心和生活带来困扰，甚至可能触犯法律，引发刑事犯罪。

（三）失恋后陷入人生低谷的心理隐患

失恋后的伤心在所难免，但不应持续太久。失恋可能让人情绪低落、感情受挫，然而它只是人生中的一个小挫折。大学生应避免因一次失恋就全盘否定自己，认为人生失去了希望。此时，他们需要及时处理自己的心理压力，避免心理问题的发生，并在必要时寻求专业心理咨询师的帮助。

（四）失恋后的心理障碍带来的安全隐患

许多大学生在失恋后会陷入自我怀疑，失去自我价值感，出现失眠、焦虑等症状，脑海中不断浮现对方的身影，甚至自暴自弃，产生自杀的念头。这些心理障碍不仅可能引发心理疾病，还可能带来无法挽回的人生遗憾。

三、异性交往与恋爱平衡指南

（一）异性交往礼仪与界限

在多彩的大学生活中，异性交往是不可或缺的一部分，它不仅能够丰富我们的人际关系，还能促进个人成长和情感发展。然而，异性交往需要遵循一定的礼仪与界限，这样能够确保我们更好地享受异性交往带来的乐趣，同时避免不必要的误解和冲突，共同营造一个健康、积极的交往空间。

在与异性交往过程中，应保持适宜的人际距离，尊重男女有别的客观事实，分清友谊与爱情的界限，不越雷池；与异性间的交往环境和场所尽量公开透明，减少不必要的单独相处时间；多参加男女同学共同参与的活动，建立广泛的异性友谊；保持举止端庄得体，尊重异性的忌讳与习惯，彰显个人修养。

（二）正确处理异性友谊与爱情

对于大学生而言，正确处理异性友谊与爱情的关系是成长道路上的一门必修课。在这个阶段，大学生正处于情感认知的成熟期，对爱情和友情有了更加深刻的理解与渴望。然而，如何在两者之间找到平衡点，避免混淆界限，是大学生必须面对的挑战。

异性友谊是大学生活中一抹清新的色彩。它建立在相互尊重、理解和信任的基础上，有助于大学生拓宽视野，增进对不同性别思维方式的理解。然而，友谊与爱情之间往往存在微妙的界限。一旦这份友谊超越了普通朋友的范畴，就可能引发情感的纠葛和困扰。

爱情则是更加复杂而深刻的情感体验。它不仅仅是男女双方情感的交流，更与自愿承担相应的义务和责任紧密相连。在爱情中，专一、稳定是不可或缺的要素。大学生在追求爱情时，应该保持理性和清醒的头脑，认真对待每一份感情，不轻易开始，也不轻易结束。

在处理异性友谊与爱情的关系时，大学生需要学会把握分寸和尺度，既不要因为害怕受伤而回避异性交往，也不要仅仅为了寻求刺激或满足好奇心而去接触异性，而应该以真诚、尊重和理解为前提，建立健康、积极的异性关系。

（三）恋爱中的平衡之道

在恋爱的甜蜜与浪漫中，一些大学生容易迷失自我，忽略了恋爱与个人发展、学业以及社交之间的平衡。然而，对于正在成长道路上的大学生而言，恋爱不仅仅是情感的交流，更是对自我管理能力的一种考验。为了理性驾驭爱情，大学生应当做到以下几点：

第一，正确处理恋爱与个人成长的关系，合理安排恋爱时光，保证有足够的时间用于自我锻炼与提升，推动个人全面发展。

第二，正确处理恋爱与学习的关系，认识到学业对成长的重要性，避免因恋爱荒废学业。找到两者的平衡点，让恋爱成为学习生活的助力，为双方未来发展奠定坚实的基础。

第三，要正确处理恋爱与同学交往的关系，确保不因恋爱而忽略了与同学间的正常互动，以免影响个人在社会化进程中的全面发展。

总之，大学生应该意识到，爱情并不是生活的全部。在追求爱情的同时，还要关注自己的学业、事业和个人成长。只有这样，才能在爱情的道路上走得更远、更稳。

四、防范性侵事件

性侵对大学生的人身安全和心理健康构成严重威胁，特别是对女大学生可能产生深远的影响，干扰其正常的大学生活。因此，预防性侵至关重要。

（一）性侵的预防

（1）增强自我保护意识。尽量避免单独外出，最好结伴而行。如果必须单独行动，应选择明亮、宽敞的道路，并尽量避免夜间外出。积极参与学校组织的性教育活动，掌握青春期卫生知识，树立正确的性道德观念，增强自我保护意识。

（2）审慎选择个人着装。在缺乏安全感的场所，避免穿着过于暴露的衣物，以降低潜在的风险。

（3）谨慎出入娱乐场所。大学生应尽量避免进入娱乐性场所，因为这些地方往往存在较高的安全风险。

（4）提高与陌生人交往的警觉性。与陌生人保持适当的距离，避免过多交流。遇到陌生人纠缠时，要迅速采取措施摆脱。对于陌生人的问路请求，尽量不要为其带路，也不要搭乘陌生人的车辆。

（5）保持适当的交往尺度。与异性交往时，要保持适当的尺度，不要轻易结识陌生朋友，也不要与不认识的人前往陌生的场所。在交往中，要控制自己的情感，避免表现得过于轻浮。

（6）行为端正，态度明朗。大学生应保持行为端正，不给坏人可乘之机。同时，态度要明朗，让对方明白自己的立场，打消不良企图。

（7）夜间安全防范措施。夜间如果有人敲门，应先问清身份再开门。发现有人试图闯入时，全室同学应共同呼救，并准备防卫工具，做好防卫准备。

（8）住宿安全注意事项。周末或节假日期间，如其他同学回家，最好不要独自留宿。回宿舍时，要检查门窗是否关好，防止犯罪分子潜入。如遇异常情况，可邀请同学一同进入以确保安全。

（二）性侵危机的应对

1. 品行端正，谨慎交友

对于不相识的异性，避免随意透露个人真实信息。对于过分热情的异性，无论是否相识，都应提高警惕。不追求虚荣，不接受不明来源的馈赠，以免陷入被动。一旦发现异性有不良企图或越轨行为，应立即严厉拒绝、大胆反抗，坚决表明态度。

2. 学习防身技巧，增强自我保护能力

女大学生应学习一些基本的防身术，以便在必要时进行正当防卫。在防身时，要把握时机，迅速而准确地攻击对方要害部位，以便制服对方或为自己创造逃离的机会。在无力反抗时，也要尽量记住犯罪分子的体貌特征，或在对方身上留下抓痕，以便警方调查。

安全讲堂

女子防身术图解

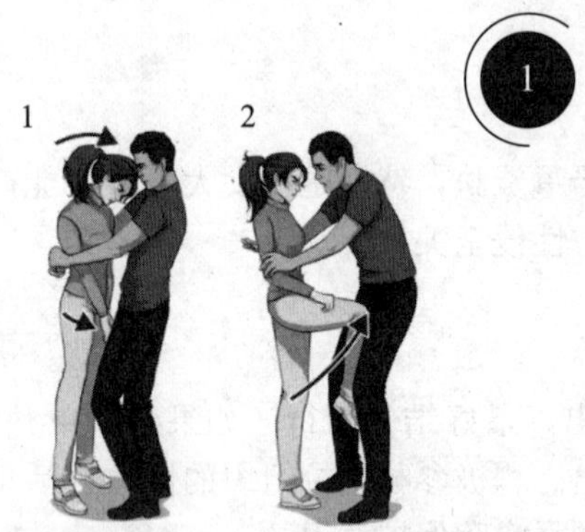

1.被从正面抱住

如果被从正面抱住，就得手向前移至骨盆前握拳以创造空间，随后用额头撞对方鼻子，待其松手，立即抬膝攻击其腹股沟。

2.被从侧面抓住

如果被从侧面抓住，可肘击对方太阳穴、下巴或鼻子，使其后退几步，然后趁机攻击其腹部或胸部。

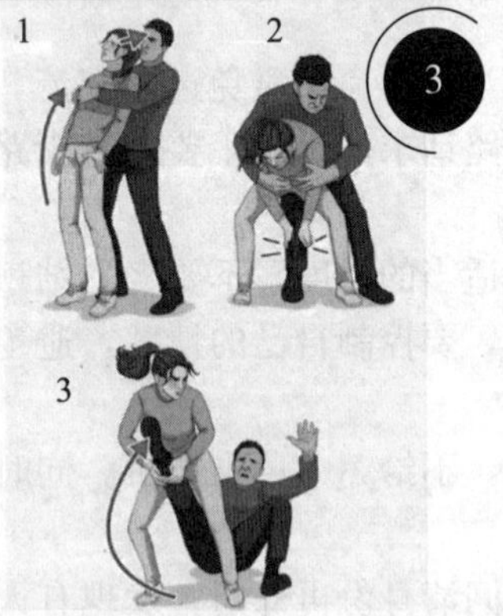

3.被从后面抓住

如果被从后面抓住，就利用后脑勺撞击对方，随即弯腰抓腿站起，使对方失去平衡，从而逃脱。

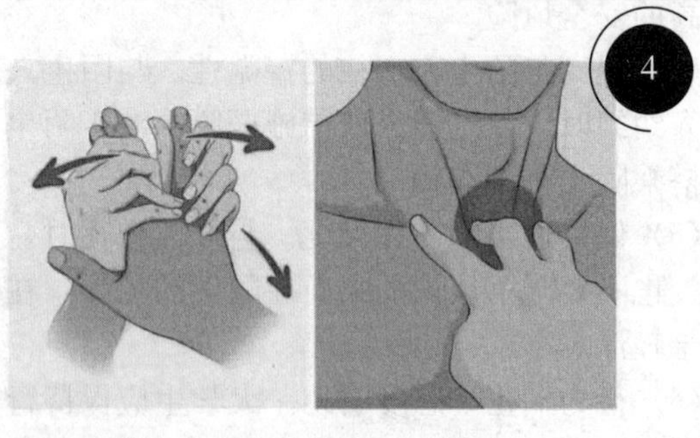

4.最有效简单的防身技巧

最有效简单的防身技巧就是抓住攻击者手腕，一手握其小指无名指，另一手握其中指食指，用力前弯。

若无法抓手，则以拳或手指击其锁骨和喉结，令其长时间疼痛。

3. 依靠组织力量，依法维权

在发现对方有不轨行为时，要及时向老师、家长等可信赖的人报告，依靠组织的力量妥善处理，以免发生意外。一旦发生意外，应立即向公安机关报案，同时注意保留物证，以便协助公安机关将罪犯绳之以法。

课后实践

一、实践任务

案例分析——恋爱中的盲目性与现实考验。

二、案例描述

王雷（化名）和刘悦（化名）都是大学二年级的学生，两人在一次社团活动中相识并迅速坠入了爱河。王雷被刘悦的美貌和活泼吸引，而刘悦则欣赏王雷的才华和风趣。他们经常一起出入校园，成为同学们眼中的“金童玉女”。

然而，随着时间的推移，两人开始面临学业、经济和未来规划等方面的压力。王雷发现，自己虽然深爱刘悦，但她的消费观念和生活习惯与自己存在较大的差异。刘悦则觉得王雷对未来的规划过于理想化，缺乏实际性。两人开始频繁地争执，感情逐渐出现了裂痕。

在一次激烈的争吵后，王雷提出了分手。刘悦深受打击，陷入了极度的痛苦之中。她认为自己对王雷付出了真心，却换来了这样的结果，感到十分不公平。而王雷也陷入了深深的自责和迷茫之中，他开始怀疑自己的恋爱观和择偶标准。

三、实践要求

（1）根据案例描述，分析王雷和刘悦的恋爱存在哪些问题。这些问题是否与前文中提到的“大学生恋爱的盲目性”和“现实满足型恋爱观”有关？

（2）你认为王雷和刘悦应该如何处理这段感情？他们的经历对你有何启示？

王雷和刘悦在恋爱中存在的问题：

1.

2.

3.

应如何处理这段感情：

1.

2.

3.

对你的启示：

1.

2.

3.

项目七

守护求职安全　规避就业风险

任务一
大学生就业挑战与安全防线

案例导读

在人生的十字路口，每一位即将走出大学校门、踏入社会的大学生都面临前所未有的就业挑战。他们怀揣着梦想与激情，却在现实的求职路上屡遭挫折。然而，正是在这样的挑战与困境中，他们学会了成长，学会了如何在职场上保护自己，守护自己的职业生涯。

张建（化名），一名即将大学毕业的学生，正站在人生的十字路口，面临前所未有的就业挑战。他的心中充满了对未来的憧憬与不安。就像大多数即将踏入社会的同龄人一样，张建渴望在职场上找到自己的位置，实现自我价值。

然而，现实总是比理想骨感。在求职的过程中，张建遭遇了种种挫折。他投递了无数份简历，却都石沉大海；参加了无数场面试，却屡遭拒绝。每一次的失败都像是一把锋利的刀，刺痛他的自尊和信心。他开始怀疑自己的能力，甚至萌生了放弃的念头。

就在这时，一个偶然的机会，张建了解到了一家知名企业的招聘信息。他鼓起勇气，精心准备了简历和面试材料，终于获得了面试的机会。然而，在面试过程中，他却被一个看似简单实则深奥的问题难住了："你如何在保障个人信息安全的前提下，处理工作中的敏感数据?"

这个问题让张建恍然大悟。他意识到，在追求职业发展的道路上，除了专业技能和工作经验，就业安全同样至关重要。他开始重新审视自己的求职策略，不仅注重提升自己的专业能力，还加强了对于就业安全的学习和了解。

在接下来的日子里，张建通过不断学习和实践，逐渐掌握了保护个人信息安全、防范职场陷阱等技能。最终，他凭借出色的表现和扎实的就业安全知识，成功获得了心仪的工作机会。

面对就业挑战，我们不仅要具备扎实的专业技能和丰富的工作经验，还要时刻保持警觉，加强就业安全知识的学习和实践。只有这样，我们才能在激烈的职场竞争中立于不败之地，守护好自己的职业生涯。

一、大学生求职面临的挑战

在当前复杂多变的宏观经济环境下，大学生就业面临前所未有的多维挑战。以下从七个维度分析当前大学生就业面临的主要困境。

（一）全球经济复苏的不确定性

全球经济在经历了一系列挑战后，虽然呈现出缓慢复苏的态势，但不确定性仍然存在。这种不确定性对大学生就业市场产生了间接影响，使得就业前景充满了变数。企业招聘计划可能因市场需求波动而频繁调整，导致大学生在求职过程中面临更多不确定性。例如：一些跨国公司在全球经济形势不明朗时可能会削减招聘规模，甚至暂停招聘计划，这使得原本期待进入这些公司的大学生面临更大的就业压力。

（二）国内经济产业结构调整

随着国内产业结构调整和转型升级的深入，经济增长动力逐渐从传统产业向新兴产业转移。这一转变对大学生就业市场产生了深远影响，既带来了新的机遇，也加剧了就业竞争。新兴产业如人工智能、新能源、互联网等对人才的需求旺盛，但这些行业对求职者的专业技能和创新能力要求较高。而部分传统行业如制造业、建筑业等则面临转型升级的压力，对人才的需求也在发生变化。这种产业结构的调整要求大学生不断提升自己的专业技能和适应能力，以应对就业市场的变化。

（三）就业市场竞争激烈

近年来，我国高校持续扩招，导致毕业生人数逐年攀升。据统计，2025 届全国普通高校毕业生规模预计达 1 222 万人，同比增加 43 万人，创历史新高。毕业生人数众多，而优质岗位稀缺，使得就业市场竞争异常激烈。许多热门岗位出现了“千里挑一”的局面，求职者需要付出更多的努力才能在竞争中脱颖而出。在这种激烈的竞争环境下，大学生不仅需要具备优秀的专业技能和综合素质，还需要具备良好的心理素质和应变能力，以应对求职过程中的各种挑战。

（四）部分专业就业困难

部分专业由于所学内容与实际工作需求脱节或缺乏必要的实践课程，导致毕业生在就业市场上遇冷。这些专业的学生在求职过程中往往面临更大的挑战，需要更加注重实践能力的提升和职业规划的制定。例如：一些纯理论性的专业在就业市场上可能需求量较小，而一些实践性较强的专业则更受欢迎。因此，这些专业的学生需要通过实习、兼职等方式积累实践经验，提高自己的就业竞争力。

（五）行业需求变化

随着科技的快速发展和全球化的深入推进，新兴行业如人工智能、新能源、互联网等迅速崛起，为求职者提供了广阔的就业空间。这些新兴行业对人才的需求量大，且对求职者的专业技能和创新能力要求较高。同时，传统行业如制造业、建筑业等也在进行转型升级，对技能型人才的需求更加迫切。然而，部分大学生的专业技能和市场需求之间的匹配度不高，导致就业难度增加。因此，大学生需要密切关注行业动态和市场需求，及时调整自己的职业规划和学习方向。

（六）用人单位要求提高

随着就业市场的竞争加剧，用人单位对毕业生的要求也越来越高。除了专业技能，用人单位还注重毕业生的综合素质、实践经验、团队协作能力等方面的表现。这使得部分毕业生在求职过程中感到力不从心。大学生需要不断提升自己的综合素质和专业技能以满足用人单位的需求。例如：一些企业在招聘时会明确要求应聘者具备相关工作经验或项目经验，这对于没有实践经验的大学生来说是一个不小的挑战。

（七）就业期望与现实的差距

很多毕业生对薪资、工作地点、职业发展等方面有较高的期望，但现实中的就业市场可能无法完全满足这些期望。这种期望与现实的差距既增加了毕业生的就业难度，也导致部分毕业生在求职过程中陷入迷茫和焦虑。一些毕业生可能希望进入大城市或知名企业工作，但这些岗位的竞争非常激烈。因此，大学生需要合理调整自己的就业期望，根据自己的实际情况和市场需求做出明智的选择。

综上所述，当前大学生求职背景复杂多变，面临多方面的挑战。为了应对这些挑战，大学生需要提升自身综合素质和专业技能，密切关注市场动态和政策变化，积极拓宽就业渠道，合理调整就业期望。同时，政府及学校也应出台一系列支持政策，鼓励毕业生到基层就业、自主创业，并加强与企业的合作，拓宽就业渠道，为毕业生提供更多优质岗位。只有这样，大学生才能在激烈的就业竞争中脱颖而出，实现自己的职业梦想。

析案明理

小张是一名建筑工程专业的大学生，临近毕业，他面临严峻的就业挑战。由于所在学校的知名度不高，加上建筑工程专业竞争激烈，小张在求职过程中屡屡碰壁。他先后向多家知名建筑企业和设计院投递简历，但都未能收到面试邀请。

面对困境，小张没有放弃，而是积极寻求解决方案。他通过参加各种招聘会、行业论坛和校友交流会，不断扩大自己的人脉圈，并主动向学长、学姐请教求职经验。同时，他还利用业余时间自学了 BIM（建筑信息模型）等新技术，提升自己的专业技能。

经过不懈努力，小张终于获得了一家知名建筑企业的面试机会。在面试中，他凭借扎实的专业知识和良好的综合素质脱颖而出，最终获得了心仪的工作岗位。

二、大学生求职安全的重要性

关注大学生求职安全，是确保社会和谐稳定、推动教育进步和促进经济发展的重要一环。大学生求职安全的重要性主要体现在以下几个方面。

（一）保护弱势群体，维护公平正义

大学生作为刚刚踏入社会的群体，通常缺乏足够的经验和判断力，容易成为不法分

子的目标。虚假招聘、传销、合同陷阱等问题频发，严重威胁大学生的权益。因此，保障他们的求职安全，是维护社会公平正义的重要体现。大学生作为国家的未来和希望，他们的权益保护关系到社会的稳定和进步。如果大学生的求职安全得不到保障，将会影响他们对社会的信任和满意度，进而可能引发一系列社会问题。因此，政府和社会各界应高度重视大学生求职安全问题，采取有效措施加强监管，确保大学生的合法权益不受侵害。

（二）促进公平就业，消除就业歧视

求职安全是公平就业的前提。只有确保大学生的求职过程受到充分保护，他们才能在公平、公正的环境中对就业机会进行竞争。这有助于消除就业歧视，确保每个大学生都能根据自己的能力和兴趣找到合适的岗位，实现个人价值。在求职过程中，大学生可能会遇到各种形式的就业歧视，如性别歧视、地域歧视、学历歧视等。这些歧视行为不仅违反了法律法规，也严重损害了大学生的就业权益。因此，保障大学生求职安全，有助于营造公平、公正的就业环境，让每个大学生都能平等地参与竞争，实现自己的职业理想。

（三）维护社会稳定，减少社会矛盾

大学生是社会的未来和希望，他们的就业状况直接影响社会的稳定和发展。如果求职安全得不到保障，可能会导致大学生对就业市场失去信心，进而产生不满和抱怨，甚至可能会引发社会矛盾和冲突。例如：一些大学生在求职过程中遭遇诈骗或欺诈行为后，可能会感到愤怒和失望，进而对社会产生不满情绪。这种情绪如果得不到及时疏导和解决，可能会引发一系列社会问题。因此，关注大学生求职安全，有助于维护社会的和谐稳定，减少社会矛盾的发生。

（四）提升教育质量，强化自我保护

求职安全问题的频发，也反映出教育体系在培养学生的社会适应能力和自我保护能力方面存在不足。关注大学生求职安全，可以推动教育质量的提升，加强大学生的自我保护意识和能力，使他们更好地适应社会的需求。例如：学校可以加强对大学生职业规划、就业指导等方面的教育，帮助大学生了解就业市场的动态和趋势，提高他们的就业竞争力和自我保护能力。同时，学校还可以加强与企业的合作，为大学生提供更多的实习和就业机会，让他们在实践中锻炼自己的能力。

（五）促进经济发展，激发创新活力

大学生是社会的创新力量，他们的就业状况直接影响国家的经济发展。安全、稳定的求职环境能够激发大学生的创新活力，使他们更好地发挥自己的才能和潜力，为国家的经济发展做出贡献。如果大学生的求职安全得不到保障，可能会导致他们对就业市场失去信心，进而影响他们的创新能力和创业热情。因此，关注大学生求职安全，有助于促进经济的持续健康发展，为国家的繁荣富强提供有力的人才保障。

（六）增强法律意识，推动法治进程

关注大学生求职安全，可以增强大学生的法律意识，让他们了解并遵守相关法律法规，学会用法律武器保护自己的合法权益。这有助于培养学生的法治精神，推动社会的法治化进程，为构建和谐社会提供有力保障。例如：学校可以加强对学生法律知识的教育和普及，帮助他们了解《中华人民共和国劳动法》、《中华人民共和国民法典》中的合同编等相关内容。同时，学校还可以组织学生参加模拟法庭、法律讲座等活动，提高大学生的法律素养和实践能力。这些措施的实施可以增强大学生的法律意识，让他们在求职过程中更加自信和有目标地前进。

综上所述，关注大学生求职安全具有多重重要意义。它不仅关乎个体的福祉和权益保护，更关系到社会的稳定和发展。应加强宣传教育力度，提高大学生的自我保护意识和能力，让他们更好地适应社会的需求和发展。只有这样，才能确保大学生在求职过程中顺利实现自己的职业理想，为国家的繁荣富强贡献自己的力量。

析案明理

李华是一名即将毕业的大学生，专业是市场营销。在求职过程中，他收到了一家看似正规的公司发来的面试邀请。该公司承诺提供高薪职位，并承诺在入职后提供一系列的培训和发展机会。李华非常兴奋，于是按照约定的时间和地点前往面试。

然而，在面试过程中，公司却以各种名义要求李华交纳培训费、资料费等费用，总计高达数千元。李华虽然心存疑虑，但考虑到这可能是入职前的必要投入，还是勉强支付了费用。然而，支付费用后，他并未收到任何入职通知或培训安排，再次联系公司时，发现电话已经无法接通。他意识到自己可能掉入了求职陷阱。

课后实践

一、实践任务

我的就业安全网——挑战应对策略卡。

二、实践目的

（1）识别大学生就业面临的主要挑战。

（2）制定个性化的应对策略，增强职业规划能力。

三、实践内容

1. 挑战识别

列出至少 5 项你认为当前大学生就业市场中最具挑战性的因素（如技能需求不匹配、竞争激烈、行业变革等）。

2. 策略制定

针对每项挑战，设计一项具体的应对策略。策略需具体、可行，并考虑时间表和所需资源。例如：针对技能需求不匹配，策略可以是参加特定技能培训课程或获取相关

证书。

3. 策略卡制作

将每项挑战及其对应的策略整理成一张“挑战应对策略卡”。卡片上应包含挑战名称、挑战描述、应对策略及实施步骤、预计完成时间等关键信息。

4. 反思与分享

在完成策略卡后，反思这些策略对你未来职业规划的意义，并在小组内分享你的策略卡，听取同学的反馈和建议。

四、实践要求

（1）策略卡需体现个人特色，策略应具有针对性、可行性和时效性。

（2）分享时，需清晰阐述每项挑战及应对策略，鼓励营造开放、诚实的讨论氛围。

任务二
大学生求职前的全面准备

案例导读

张建（化名），一名即将毕业的大学生，正坐在校园的长椅上，手中紧握着一本职业规划手册，眼神中闪烁着对未来的憧憬与一丝不安。

三年前，他带着对知识的渴望和对未来的无限想象踏入了这所心仪已久的学府。时光荏苒，转眼间，他已站在了校园生活的尾声，面临着从学生到职场人的身份转变。这种转变既让他感到兴奋，也让他有些手足无措。

“我准备好了吗？”张建心中暗自问道。他深知，职场并非象牙塔内的简单延续，而是一个充满竞争与挑战的新世界。为了找到一份心仪的工作，他必须做好充分的准备，不仅要巩固专业知识，还要提升职业技能、了解职场规则，更重要的是，要学会如何规划自己的职业生涯，为自己的未来设定清晰的目标。

于是，张建开始了他的求职前全面准备之旅。他翻阅了无数的求职指南，参加了各种职业规划讲座，与学长、学姐交流经验，甚至通过实习提前感受职场氛围。在这个过程中，他逐渐明确了自己的职业方向，挖掘并展现了自己的核心竞争力，学会了如何精准投递简历，如何在面试中脱颖而出。

最终，当张建带着满满的自信走进心仪公司的面试室时，他知道，自己已经为职业生涯的稳健起步做好了充分的准备。而这一切的准备，都源于他对未来的执着追求和对自我的不断超越。

面对未知的职场世界，我们或许会感到迷茫和不安，但只要我们勇于探索、敢于挑战，做好充分的准备，就一定能够稳健地开启属于自己的职业生涯新篇章。

一、职业规划

职业规划是求职前准备的重要一环。大学生应该积极参加各类讲座、社团活动等，了解不同行业的发展趋势和就业前景。同时，结合自己的兴趣和特长，确定一个合适的职业方向，并为之制订明确的计划。这个计划可以包括短期目标和长期目标，以及实现这些目标所需的步骤和时间表。此外，大学生还应该定期进行职业规划的评估和调整，确保目标与实际相符。通过职业规划的制定和实施，大学生可以更加明确自己的职业发展方向和目标，为求职之路打下坚实的基础。

二、提升综合素质

在求职过程中，综合素质的提升至关重要。大学生应该努力学习专业知识，提高自己的学术水平，并关注跨学科的知识。同时，他们还应该注重培养自己的语言能力、计算机能力、沟通能力和团队协作能力等方面的素质。这些素质的提升不仅有助于大学生在求职过程中脱颖而出，也有助于他们在未来的职业发展中取得更好的成就。例如：良好的语言能力可以帮助大学生更好地与同事沟通交流；而强大的团队协作能力则可以让大学生在团队中更好地发挥自己的作用，为团队的成功做出贡献。

三、积累实践经验

实践经验是求职过程中不可或缺的一部分。大学生应该抓住实习、兼职等机会，积累实践经验，了解职场环境。在实践中，他们可以提高自己的实际操作能力和解决问题的能力，并将实践经验转化为简历中的亮点，提高求职成功率。此外，通过实践经验的积累，大学生还可以更好地了解自己的兴趣和优势所在，为未来的职业规划提供更加明确的方向。例如：对市场营销感兴趣的大学生可以通过实习或兼职的方式积累相关的实践经验，从而在未来的求职过程中更加自信和有目标地选择相关岗位。

四、优化简历

简历是求职过程中的重要工具之一。大学生应该注重简历的优化和完善，突出自己的优势和特长。简历中的信息应该真实可信，避免夸大自己的能力和经历。同时，使用数据来量化成果可以让招聘者更直观地了解你的工作能力。此外，针对不同的职位和公司，大学生还应该适当调整简历的内容和格式，以更好地展现自己的优势和特点。例如：在申请技术岗位时，可以在简历中突出自己的技术能力和项目经验；而在申请管理岗位时，则可以强调自己的领导能力和团队协作能力等方面的优势。

五、了解招聘信息

了解招聘信息是求职过程中的重要步骤之一。大学生应该及时关注自己想要就业的城市或地区的招聘信息，通过多渠道获取招聘信息，如招聘网站、校园招聘会、宣讲会等。在获取招聘信息后，大学生还应该对招聘信息进行筛选和评估，确保信息的真实性和可靠性。通过了解招聘信息，大学生可以更加精准地定位自己的求职方向和目标岗位，提高求职效率和成功率。

六、模拟面试

模拟面试是求职准备过程中的重要环节之一。大学生可以邀请同学或朋友充当面试官，模拟真实的面试场景。通过模拟面试，他们可以熟悉面试流程，发现并改进自己在表达、思维逻辑、时间管理等方面的不足。同时，准备常见的面试问题和答案也可以提高他们的应变能力。此外，模拟面试还可以帮助大学生缓解紧张情绪，增强自信心，为未来的面试做好充分准备。

析案明理

小林是一名即将毕业的大学生，从初入大学时的迷茫，到求职前的全面准备，经历了一场职业生涯的蜕变。他通过职业性格测试明确了自己的定位，积极参与校内外的实习和项目，不断提升专业技能和团队合作能力。同时，小林深入研究行业趋势，精心制作简历，并多次参加模拟面试和职业发展讲座，最终成功获得心仪公司的offer。

课后实践

一、实践任务

大学生求职前的全面准备实践计划。

二、实践目的

通过本次实践，学生能深入了解求职前的各项准备工作，包括自我认知、职业规划、简历撰写、面试技巧等，为开启职业生涯做好充分准备。

三、实践内容

1. 自我认知与职业规划

（1）完成一次SWOT分析（优势、劣势、机会、威胁），明确个人职业定位。

（2）制定一份短期（1～2年）与长期（5～10年）的职业规划书，包括目标职位、所需技能、提升路径等。

2. 简历撰写

（1）根据职业规划，撰写一份完整的个人简历，突出个人优势与成就。

（2）请至少两位同学或导师审阅简历，并根据反馈进行修改完善。

3. 模拟面试

(1) 与室友或同学组成小组，相互进行模拟面试，涵盖自我介绍、职业规划、专业技能提问等环节。

(2) 记录面试表现，分析优点与不足，提出改进建议。

4. 行业调研

(1) 选择目标行业进行深入研究，包括行业趋势、知名企业、岗位要求等。

(2) 撰写一份行业调研报告，分享给小组成员，并进行讨论与交流。

四、实践要求

(1) 实践过程中，需保持积极主动的态度，认真对待每一项任务。

(2) 实践结束后，需提交一份实践报告，总结个人收获与感悟，以及未来求职的打算。

任务三
就业诈骗识别与防范

案例导读

在春末夏初的温柔阳光下，大学毕业生小李满怀憧憬地踏入了求职的大军。三年的大学生活，如同一场精心筹备的旅程，终于迎来了验收成果的时刻。小李手握沉甸甸的简历，心中既有对未来的无限向往，也不免夹杂着几分忐忑与不安。他的目标很明确：找到一份既能施展才华，又能实现个人价值的工作。

然而，求职之路并非一帆风顺。在一次偶然的机会中，小李在网上看到了一则看起来非常诱人的招聘信息——一家知名互联网公司正在招聘他梦寐以求的技术岗位，待遇优厚，工作环境描述得很吸引人。没有多想，小李立刻投递了简历，并很快收到了面试邀请。面试地点设在一家偏远的商务酒店，这让小李心里微微泛起了波澜，但出于对梦想的渴望，他还是决定前往。

面试当天，小李按时到达指定地点，却发现现场气氛异常冷清，除了几位同样前来面试的年轻人，几乎看不到公司工作人员的身影。面试过程简短而草率，更让小李感到不安的是，面试官对具体工作内容含糊其词，反而不断询问他的个人隐私信息，包括家庭住址、紧急联系人等。直觉告诉他，这一切似乎并不简单。

面试结束后，小李通过网络搜索和向学长、学姐咨询，逐渐意识到这可能是一场精心设计的招聘骗局。幸运的是，他及时抽身，没有进一步泄露更多个人信息，也没有支付任何所谓的"培训费"或"押金"。这次经历虽然让小李心有余悸，但也给他上了一堂生动的安全教育课。

从此，小李在求职过程中变得更加谨慎，学会了如何识别招聘信息的真伪，保护个人隐私，以及在遇到疑似诈骗情况时如何有效应对。他的故事也成了后来者求职路上的一盏警示灯，提醒着每一位即将踏入社会的毕业生：在追求梦想的同时，切勿忽视求职安全的重要性。

大学生在毕业求职过程中可能遇到各种安全风险，要采取有效的措施来保护自己，使得求职之旅既充满希望，又安全无忧。

一、常见就业诈骗类型及解决办法

（一）骗报名费、体检费

招工者常以各种名义向应聘者收取报名费和体检费，随后便消失无踪。这种诈骗手段往往出现在招聘广告或网络招聘信息中。不法分子会发布虚假的招聘信息，以高薪、福利优厚等为诱饵吸引求职者投递简历。一旦求职者上钩，他们便会以各种理由要求求职者缴纳报名费和体检费。然而，当求职者缴纳费用后，这些不法分子往往会消失得无影无踪或以各种借口推脱不安排工作。因此，求职者应牢记任何正规企业都不会在入职前收取此类费用，避免上当受骗。

（二）骗取押金、保证金

一些用人单位以押金或保证金为诱饵，承诺交钱即可上班，但往往事后以各种理由拒绝返还。这种诈骗手段通常出现在一些非正规的企业或小型企业中。这些企业可能会以招聘为名向求职者收取一定数额的押金或保证金，并承诺在入职后返还。然而，一旦求职者缴纳了费用并入职，这些企业可能会以各种理由拒绝返还押金或保证金，甚至拖欠工资或解雇求职者。因此，求职者应坚决拒绝交纳此类费用，避免遭受经济损失。

（三）网络刷单诈骗

不法分子发布虚假兼职信息，诱使求职者进行刷单操作，随后以各种借口要求求职者多次汇款。这种诈骗手段通常出现在网络上，不法分子会利用招聘网站、社交平台等渠道发布虚假的兼职信息，以高薪、轻松等为诱饵吸引求职者关注。一旦求职者上钩，他们便会要求求职者进行刷单操作并支付一定的费用。然而，在求职者完成刷单任务并要求结算佣金时，这些不法分子往往会以各种借口拒绝支付或要求继续汇款。因此，求职者应学会辨别网站和招聘信息的真实性，避免掉入网络刷单诈骗的陷阱。

（四）骗取中介费

非法中介收取高额中介费后却不履行合同，求职者应选择有正规资质的中介机构。这种诈骗手段通常出现在一些非法或不良中介机构中。这些机构可能会以提供就业服务为名向求职者收取高额的中介费，并承诺为求职者介绍合适的工作。然而，一旦求职者缴纳了中介费，这些机构可能会不履行合同或提供虚假信息导致求职者无法找到合适的工作。因此，求职者在选择中介机构时要谨慎选择有正规资质和良好口碑的机构，避免遭受经济损失和求职挫折。

（五）传销诈骗

传销组织常以高薪招聘销售人员为幌子，诱骗求职者落入精心设计的骗局。这类诈骗通常以“销售岗位”为名，要求应聘者预先缴纳所谓的“提货款”或“加盟费”作为入职条件。一旦求职者支付款项，组织便会以“团队业绩”“晋升机会”等为借口，不断施压，要求其发展下线成员并推销产品，实质上是构建金字塔式的非法敛财体系。此类骗局往往伴随着洗脑式培训和情感操控，使受害人难以脱身。求职者务必提高警惕，遇到此类情况应立即终止接触并向有关部门举报。

（六）骗取个人信息

不法分子常通过网络平台发布虚假高薪招聘信息，诱骗求职者填写包含身份证号、银行卡号等敏感信息的应聘表格。这些精心设计的骗局往往伪装成知名企业的招聘广告，以“高薪”“轻松”等字眼吸引求职者上钩。一旦获取个人信息，犯罪分子便会进行身份盗用、金融诈骗等违法活动，甚至转卖个人信息牟利。求职者务必提高警惕，选择正规招聘平台投递简历，避免在非官方渠道填写详细的个人信息，对要求提供与岗位无关的敏感信息的招聘方要保持高度怀疑。如遇可疑情况，应立即终止应聘流程并向平台举报。

（七）骗取扣留证件

不法企业常以“资质审核”“入职备案”等名义，要求求职者上交身份证、学历证书等重要证件原件，这种行为往往暗藏风险。根据《中华人民共和国劳动合同法》相关规定，用人单位招用劳动者，不得扣押劳动者的居民身份证和其他证件，不得要求劳动者提供担保或者以其他名义向劳动者收取财物。求职者需谨记：任何情况下都不得交出证件原件，仅可提供标注“仅限××公司招聘使用”字样的复印件。若遇企业强行扣证，应立即向劳动监察部门投诉，避免证件被用于非法用途或影响个人其他事务办理。保护证件安全是维护自身权益的重要防线。

（八）骗取免费劳动力

部分不良企业滥用“实习”“试用”制度，以“积累经验”“能力考察”为幌子，实则进行劳动剥削。这些企业通常具有以下特征：一是以“岗前培训”等名义收取不合理费用；二是安排与岗位无关的杂务性工作；三是设置不合理的考核标准以延长试用期；四是提供远低于法定标准的薪酬待遇。这种行为不仅违反《中华人民共和国劳动合同法》关于试用期工资不得低于本单位相同岗位最低档工资80%的规定，更涉嫌以虚假承诺骗取廉价劳动力。求职者需警惕此类陷阱，注意保留工作证据，如遇权益受损应及时向劳动监察部门投诉维权。

（九）高薪诱骗陷阱

当前，一些不法中介或用人单位通过发布“境外高薪工作”“包吃住月入数万”等虚假招聘信息，诱骗求职者出境从事电信诈骗、网络赌博等违法犯罪活动。这类骗局往往具有以下特征：一是承诺远高于行业标准的薪资待遇；二是工作地点模糊或频繁变更；三是以“旅游签证”“商务考察”等名义办理出境手续；四是要求缴纳高额中介费或保证金。我国公安部提醒，此类招聘信息多涉嫌跨境违法犯罪，求职者务必通过正规渠道核实企业资质，对异常高薪保持警惕。

（十）培训贷陷阱

一些培训机构以高薪就业为诱饵，要求求职者借贷支付培训费。然而，在求职者完成培训后，这些机构可能无法兑现承诺的高薪工作。求职者应保持正确的就业心态，仔细甄别培训机构，并仔细阅读合同条款，增强风险意识。在选择培训机构时，应选择有良好声誉和正规资质的机构，避免陷入培训贷陷阱。

二、安全防范建议

（一）提高警惕

求职者务必牢记“三不”防骗原则：不轻信来路不明的高薪承诺，不向任何招聘方转账支付费用，不轻易签署存在疑问的劳动合同。同时要特别注意：对要求提供银行账户、支付密码等敏感信息的行为保持高度警惕；对工作内容含糊不清、办公地址临时变更的情况多加核实；对催促立即签约、不给思考时间的用人单位要格外谨慎。如发现异常，应及时保留证据并向当地劳动监察部门举报，切实维护自身合法权益。

（二）查询信息

求职者在投递简历或参加面试前，务必做好企业背景调查工作。求职者可以通过以下正规渠道核实企业信息：登录国家企业信用信息公示系统查询工商注册信息；访问企业官网了解经营状况；查看主流招聘平台的企业认证标志；搜索社交媒体上的员工真实评价。同时要主动了解应聘岗位的市场薪资区间，对明显偏离行业水平的薪资承诺保持警惕。多渠道交叉验证可有效识别虚假招聘信息，规避求职风险。

（三）选择正规渠道

为确保求职安全，建议求职者优先选择以下正规求职渠道：一是政府主办的公共就业服务平台（如国家 24365 平台）；二是经认证的知名招聘网站（如前程无忧、智联招聘等）；三是高校组织的校园招聘会；四是企业官网发布的官方招聘信息。同时需警惕以下高风险渠道：未经核实的社交媒体招聘广告、个人介绍的境外高薪工作、要求交纳费用的中介机构等。通过正规渠道求职不仅能有效规避诈骗风险，还能获得更可靠的就业机会和权益保障。

（四）保护个人信息

在求职过程中，求职者需格外重视个人信息与隐私安全。切勿随意向不明身份的第三方透露身份证号、家庭住址、银行账户等敏感信息，谨防不法分子利用这些信息进行诈骗或其他违法活动。同时要注意核实招聘方的真实性与合法性，避免因信息泄露而遭受财产损失或权益侵害。

（五）咨询专业人士

在签署任何具有法律效力的合同或贷款协议前，务必参考专业的法律或金融人士的指导建议。求职者应当全面审阅合同条款细则，透彻理解贷款的具体利率、还款方式及违约责任等关键内容，确保不存在损害自身权益的"霸王条款"。同时要主动学习掌握《中华人民共和国消费者权益保护法》等相关法律法规知识，提升风险防范意识和维权能力，避免陷入不必要的法律纠纷或财务困境。

（六）举报非法行为

当遭遇非法行为或涉嫌诈骗时，务必第一时间向公安机关或相关监管部门举报。在报案过程中，应尽可能提供完整的证据材料，包括但不限于书面合同、转账记录、通信记录等关键信息，以便执法部门展开调查取证。

总之，求职者在求职过程中应时刻保持警惕，了解并防范各种就业诈骗类型，通过查询信息、选择正规渠道、保护个人信息、咨询专业人士等方式降低被骗风险。同时，政府和相关部门也应加强对此类非法行为的监管和打击力度，共同维护一个安全、公平的求职环境。

析案明理

小刘是一名即将毕业的大学生，满怀期待地踏入了求职市场。在一次网络求职过程中，他收到了一家看似正规公司的面试邀请，岗位待遇优厚，让他心动不已。然而，在面试过程中，公司却以各种理由要求小刘交纳所谓的"入职培训费""服装费""体检费"等，总额高达数千元。小刘虽然心存疑虑，但在对方一再保证这些费用会在正式入职后退还的情况下，还是选择了支付。然而，等待他的并不是期待中的工作机会，而是无尽的拖延和沉默。最终，小刘意识到自己可能遭遇了就业诈骗，并立即向相关部门报案。

经过深入调查，小刘发现这家公司在网络上存在大量负面评价，且其所谓的"招聘信息"多为虚假信息，旨在诱骗求职者缴纳各种费用。小刘的经历为即将步入社会的大学生们敲响了警钟，提醒大家在求职过程中需时刻保持警惕，学会识别并防范就业诈骗。

课后实践

一、实践任务

就业诈骗识别与防范实操演练。

二、实践目的

通过模拟就业诈骗场景，增强对诈骗的识别与防范能力，确保在求职过程中的安全。

三、实践内容

1. 案例分析

（1）收集近年来常见的就业诈骗案例，如虚假招聘、培训贷、押金陷阱等。

（2）分析每个案例的诈骗手法、受害人群及防范措施。

2. 角色扮演

（1）与同学分组，分别扮演求职者、面试官、诈骗者等角色。

（2）模拟就业诈骗场景，如收到可疑面试邀请、要求交纳费用等。

3. 诈骗识别测试

（1）设计一套包含真实与虚假招聘信息的测试题。

（2）判断每条信息的真伪，并说明理由。

任务四
合同签订与权益保护

案例导读

在繁华的都市中，小李，一名满怀憧憬的大学毕业生，正站在职业生涯的起点上。他带着对未来的无限期待，踏入了一家心仪已久的企业大门，准备签署人生中第一份劳动合同。

小李深知，这份合同不仅是他与企业之间的约定，更是他个人权益的法律保障。因此，在签订合同之前，他做了充分的准备，仔细阅读了合同的每一项条款，甚至向身边有经验的前辈请教，以确保自己对合同内容有清晰的理解。

然而，在合同签订的过程中，小李还是遇到了一些挑战。企业方面提出了一些看似合理的附加条款，试图在合同中增加一些对小李不利的约束。面对这些突如其来的变故，小李没有慌张，而是冷静地运用自己所学的法律知识，与企业进行了深入的沟通与协商。

最终，在双方的共同努力下，合同得以顺利签订，小李的权益也得到了充分的保障。这次经历不仅让小李深刻体会到了合同签订的重要性，更让他明白了在职业生涯中，学会运用法律知识来保护自己，是每一位职场新人必备的素质。

本任务将深入了解合同签订与权益保护的相关知识，详细解读合同签订过程中的注意事项和常见陷阱，以及在遇到问题时如何有效维护自己的合法权益，为大学生的就业之路提供全方位的法律保障。

一、大学生就业合同签订

（一）劳动合同关系的建立与劳动合同的订立

劳动合同关系的建立与劳动合同的订立是两个密切相关但又不完全相同的概念。它们共同构成了劳动关系的核心内容，为用人单位与劳动者之间的合作提供了法律保障。

1. 劳动合同关系的建立

劳动合同关系的建立是指用人单位与劳动者之间通过一定的法律程序和约定，形成具有法律约束力的劳动关系。这种关系的建立是劳动关系管理的起点，也是劳动者权益保护的基础。

《中华人民共和国劳动合同法》第七条规定："用人单位自用工之日起即与劳动者建立劳动关系。用人单位应当建立职工名册备查。"这意味着，只要劳动者开始为用人单位提供实际劳动，无论是否签订了书面劳动合同，劳动关系都已经建立。因此，即使双方尚未签订书面合同，劳动者也依法享有劳动者的权利，并受到劳动法的保护。

建立劳动关系应当遵循合法、公平、平等自愿、协商一致的原则。这些原则既是劳动关系建立的基础，也是劳动法律法规的核心内容。用人单位和劳动者在建立劳动关系时，应当遵守这些原则，确保劳动关系的合法性和稳定性。

同时，用人单位应当建立职工名册备查。职工名册是用人单位记录劳动者基本信息和劳动关系的重要文件，对于确认劳动关系的存在、保障劳动者权益具有重要意义。因此，用人单位应当认真履行建立职工名册的义务，确保职工名册的准确性和完整性。

2. 劳动合同的订立

劳动合同的订立是指用人单位与劳动者之间通过协商，就劳动合同的条款达成一致意见，并签订书面劳动合同的过程。劳动合同既是劳动关系的重要载体，也是明确双方权利和义务的重要依据。

《中华人民共和国劳动合同法》第十条第二款规定："已建立劳动关系，未同时订立书面劳动合同的，应当自用工之日起一个月内订立书面劳动合同。"这是法律对用人单位的明确要求，以确保劳动者的合法权益得到保障。如果用人单位未在规定时间内与劳动者订立书面劳动合同，将承担相应的法律责任。

订立劳动合同应当遵循合法、公平、平等自愿、协商一致、诚实信用的原则。这些原则是劳动合同订立的基础，也是保障劳动合同有效性和权威性的关键。用人单位和劳动者在订立劳动合同时，应当充分协商、平等对待，确保劳动合同的合法性和公平性。

劳动合同的内容应当具备法律规定的必备条款，如用人单位和劳动者的基本信息、劳动合同期限、工作内容和工作地点、工作时间和休息休假、劳动报酬、社会保险等。这些条款既是劳动合同的核心内容，也是保障劳动者权益的关键所在。同时，劳动合同还可以约定试用期、培训、保守秘密等其他事项，以满足用人单位和劳动者的特殊需求。

劳动合同经用人单位与劳动者在劳动合同文本上签字或者盖章后生效。双方应当严格履行劳动合同的约定，任何一方违反劳动合同的约定，都应承担相应的法律责任。劳动合同的履行既是劳动关系管理的关键环节，也是保障劳动者权益的重要手段。

3. 两者的关系

劳动合同关系的建立与劳动合同的订立密切相关，但又有所不同。劳动合同关系的建立是劳动合同订立的前提和基础，而劳动合同的订立则是劳动关系建立的法律保障。没有劳动合同的订立，劳动关系就难以得到法律的有效保护；而没有劳动关系的建立，劳动合同的订立也就失去了实际意义。

从时间上看，劳动关系的建立通常先于劳动合同的订立。劳动者开始为用人单位提供实际劳动时，劳动关系就已经建立。而劳动合同的订立则是在劳动关系建立后的一段时间内完成的。

从内容上看，劳动关系的建立更注重双方的实际劳动行为，而劳动合同的订立则更注重双方对合同条款的协商一致。劳动关系的建立以劳动者提供实际劳动为标志，而劳动合同的订立则以双方协商一致并签订书面合同为标志。

从法律效果上看，劳动关系的建立意味着双方开始形成具有法律约束力的权利义务关系，而劳动合同的订立则是这种权利义务关系的具体化和明确化。劳动合同的订立使双方的权利和义务更加明确和具体，为劳动关系的稳定和发展提供了法律保障。

综上所述，劳动合同关系的建立与劳动合同的订立是两个密切相关但又不完全相同的概念。它们共同构成了劳动关系的核心内容，为用人单位与劳动者之间的合作提供了法律保障。在就业过程中，大学生应当充分了解这两个概念的含义和区别，以确保自己的权益得到有效保护。

（二）试用期的法律规定

试用期是劳动合同中常见的一个条款，用于双方相互了解、选择。然而，试用期并非随意设定，而是受到严格的法律规定。了解试用期的法律规定，对于大学生在就业过程中维护自己的合法权益具有重要意义。

1. 试用期的定义

试用期是劳动者和用人单位为相互了解、选择而约定的考察期。试用期的设定旨在让双方有足够的时间来评估对方的适应性和工作能力，从而确保劳动关系的稳定性和有效性。在试用期内，劳动者和用人单位都有权利根据对方的表现决定是否继续履行劳动合同。

2. 试用期的时限

试用期的时限由劳动合同期限决定，具体规定如下：

（1）劳动合同期限三个月以上不满一年的，试用期不得超过一个月。

（2）劳动合同期限一年以上不满三年的，试用期不得超过二个月。

（3）三年以上固定期限和无固定期限的劳动合同，试用期不得超过六个月。

这些规定旨在确保试用期的合理性，避免用人单位将试用期作为获取廉价劳动力的手段。同时，也给予劳动者足够的时间来适应新的工作环境和工作要求。

3. 试用期的约定次数

同一用人单位与同一劳动者只能约定一次试用期。这意味着，如果劳动者离职后再次入职同一用人单位，或者在劳动合同续签时，都不能再次约定试用期。这一规定旨在保护劳动者的合法权益，避免用人单位通过反复约定试用期来降低用工成本。

4. 不得约定试用期的情形

在某些情况下，用人单位与劳动者不得约定试用期。具体情形包括：

（1）以完成一定工作任务为期限的劳动合同：这类合同通常具有明确的工作目标和期限，因此不得约定试用期。

（2）劳动合同期限不满三个月的：由于合同期限较短，双方通常能够在短时间内了解对方的情况，因此也不得约定试用期。

这些规定旨在确保劳动合同的公平性和合理性，避免用人单位通过约定试用期来损害劳动者的权益。

5. 试用期的工资标准

试用期是劳动合同的一部分，不能独立于劳动合同而存在。因此，试用期应包含在劳动合同期限内。同时，劳动者在试用期的工资标准也受到法律的严格规定。具体规定如下：

（1）劳动者在试用期的工资不得低于本单位相同岗位最低档工资或者劳动合同约定工资的百分之八十。

（2）试用期工资不得低于用人单位所在地的最低工资标准。

这些规定旨在确保劳动者在试用期的合法权益不受侵害，避免因试用期工资过低而引发劳动纠纷。

6. 试用期的解除与终止

在试用期内，用人单位和劳动者都有权解除或终止劳动合同。具体规定如下：

（1）用人单位解除试用期劳动合同：在试用期内，如果劳动者不符合录用条件，用人单位可以解除劳动合同。但用人单位需要证明劳动者不符合录用条件，并且已经履行了相应的告知和说明义务。

（2）劳动者解除试用期劳动合同：劳动者在试用期内提前三日通知用人单位，可以解除劳动合同。这是劳动者的合法权利，但需要注意提前通知的时间限制。

这些规定旨在确保试用期内劳动合同的解除和终止具有合法性和合理性，避免用人单位或劳动者滥用权力导致劳动纠纷的发生。

7. 违法约定试用期的法律责任

如果用人单位违反法律规定与劳动者约定试用期，将承担相应的法律责任。具体责任包括：

（1）责令改正：劳动行政部门可以责令用人单位改正违法约定的试用期。

（2）支付赔偿金：如果违法约定的试用期已经履行，用人单位需要以劳动者试用期满月工资为标准，按已经履行的超过法定试用期的期间向劳动者支付赔偿金。

这些法律责任旨在惩罚用人单位的违法行为，保护劳动者的合法权益。同时，也提醒用人单位在约定试用期时要严格遵守法律规定，确保劳动合同的合法性和有效性。

综上所述，试用期的法律规定对于保障劳动者和用人单位的合法权益具有重要意义。大学生在就业过程中应当充分了解试用期的法律规定，确保自己的权益得到有效保护。同时，用人单位也应当遵守相关法律规定，合理约定试用期，共同营造和谐稳定的劳动关系。

（三）签订劳动合同的注意事项

签订劳动合同是大学生步入职场的重要一步，也是保障自己合法权益的关键环节。在签订劳动合同时，大学生需要注意以下事项，以确保合同的合法性和有效性。

1. 确认用人单位资质和合法性

在签订劳动合同前，大学生应当确认用人单位的资质和合法性。具体做法包括：

（1）查询用人单位的工商注册信息，确认其是否具备合法的经营资格。

（2）了解用人单位的信誉和口碑，避免与非法用工单位签订合同。

（3）确认用人单位是否具备签订劳动合同的主体资格，如是否具有独立法人资格等。

通过确认用人单位的资质和合法性，大学生可以避免与非法用工单位签订合同，从而保障自己的合法权益不受侵害。

2. 明确合同内容

劳动合同的内容应当明确具体，包括双方的权利和义务、工作内容、工作地点、工作时间、休息休假、劳动报酬、社会保险等条款。大学生在签订劳动合同时，应当认真阅读合同条款，确保自己的权益得到充分保障。具体注意事项包括：

（1）工作内容和工作地点：明确约定具体的工作内容和工作地点，避免用人单位随意变更导致劳动纠纷的发生。

（2）工作时间和休息休假：明确约定工作时间和休息休假制度，确保自己的合法权益得到保障。

（3）劳动报酬：明确约定劳动报酬的数额、支付方式和时间等条款，避免用人单位拖欠或克扣工资。

（4）社会保险：明确约定用人单位应当为劳动者缴纳的社会保险种类和比例等条款，确保劳动者的社会保险权益得到保障。

通过明确合同内容，大学生可以确保自己的权益得到充分保障，避免因合同条款不明确而引发劳动纠纷。

3. 注意合同形式

根据《中华人民共和国劳动合同法》的规定，劳动合同应当采用书面形式订立。因此，大学生在签订劳动合同时，应当注意合同形式是否符合法律规定。具体注意事项包括：

（1）确保劳动合同为书面形式，避免口头承诺或电子合同等不具备法律效力的形式。

（2）仔细核对劳动合同上的用人单位名称、地址、法定代表人等信息是否与实际情况相符。

（3）确认劳动合同上是否有用人单位的盖章和法定代表人的签字等必备要素。

通过注意合同形式，大学生可以确保自己签订的劳动合同具备法律效力，从而在发生劳动纠纷时能够依法维护自己的合法权益。

4. 审慎签订

在签订劳动合同时，大学生应当保持审慎态度，认真阅读合同条款并咨询专业人士的意见。具体注意事项包括：

（1）避免盲目签订：不要因为急于找到工作而盲目签订劳动合同，要在充分了解用人单位的情况和合同条款后再做决定。

（2）咨询专业人士：在签订劳动合同时，可以咨询律师、人力资源专家等专业人士的意见，确保合同条款的合法性和有效性。

（3）保留证据：在签订劳动合同时，要保留好相关证据，如合同文本、录音录像等，以备不时之需。

通过审慎签订劳动合同，大学生可以避免因合同条款不明确或存在陷阱而引发劳动纠纷，从而保障自己的合法权益不受侵害。

（四）劳动合同的变更、解除与终止

在劳动合同履行过程中，可能会因为各种原因需要对合同进行变更、解除或终止。了解劳动合同的变更、解除与终止的相关规定，对于大学生在就业过程中维护自己的合法权益具有重要意义。

1. 劳动合同的变更

劳动合同的变更是指双方协商一致对合同条款进行修改的行为。根据《中华人民共和国劳动合同法》的规定，劳动合同的变更应当采用书面形式，并由双方签字或盖章确认。在变更劳动合同时，应当注意以下事项：

（1）变更内容应当合法合理：双方协商一致的变更内容应当符合法律法规的规定，不得损害劳动者的合法权益。

（2）变更程序应当规范：劳动合同的变更应当遵循一定的程序，如提前通知、协商一致等，以确保变更的合法性和有效性。

（3）变更后应当及时签订书面协议：双方协商一致后，应当及时签订书面变更协议，明确变更后的合同条款和内容。

2. 劳动合同的解除

劳动合同的解除是指双方协商一致或根据法律规定提前终止劳动合同的行为。根据《中华人民共和国劳动合同法》的规定，劳动合同的解除可以分为双方协商一致解除和单方解除两种情形。在解除劳动合同时，应当注意以下事项：

（1）双方协商一致解除：双方协商一致解除劳动合同时，应当签订书面解除协议，

明确解除的原因、时间、经济补偿等条款。

（2）单方解除：单方解除劳动合同时，应当符合法律规定的条件和程序。如用人单位因经济性裁员等原因需要解除劳动合同时，应当提前通知劳动者并支付经济补偿金等。

（3）解除后应当办理相关手续：劳动合同解除后，双方应当及时办理相关手续，如结清工资、办理离职证明等。

3. 劳动合同的终止

劳动合同的终止是指劳动合同期满或法定终止条件出现导致劳动合同自然终止的行为。在劳动合同终止时，应当注意以下事项：

（1）确认终止条件：双方应当确认劳动合同是否已经期满或法定终止条件是否已经出现。

（2）办理离职手续：劳动合同终止后，劳动者应当及时办理离职手续，如归还工作物品、结算工资等。

（3）经济补偿问题：根据法律规定，某些情形下劳动合同终止时用人单位需要向劳动者支付经济补偿金。双方应当明确经济补偿金的标准和支付方式等条款。

综上所述，了解劳动合同的变更、解除与终止的相关规定对于大学生在就业过程中维护自己的合法权益具有重要意义。在劳动合同履行过程中，双方应当遵守法律法规的规定和劳动合同的约定，确保劳动合同的合法性和有效性。同时，在发生变更、解除或终止等情形时，双方应当及时沟通协商并办理相关手续以确保双方权益得到保障。

（五）劳动合同纠纷处理

在劳动合同履行过程中，可能会发生各种纠纷。了解劳动合同纠纷处理的相关规定和程序对于大学生在就业过程中维护自己的合法权益具有重要意义。

1. 纠纷类型

劳动合同纠纷的类型多种多样，常见的包括劳动报酬纠纷、工作时间和休息休假纠纷、社会保险纠纷等。这些纠纷可能涉及劳动合同的条款解释、履行情况等方面的问题。

2. 处理程序

当发生劳动合同纠纷时，双方可以通过以下程序进行处理：

（1）协商解决：双方可以通过友好协商的方式解决纠纷。协商是解决纠纷的首选方式，因为它能够节省时间和成本并维护双方的关系。

（2）调解解决：如果双方无法通过协商解决纠纷，可以向劳动争议调解委员会申请调解。调解委员会将根据事实和法律规定进行调解并出具调解书。调解书具有法律约束力，双方应当履行。

（3）仲裁解决：如果调解无法达成协议或者一方拒绝履行调解书，可以向劳动争议仲裁委员会申请仲裁。仲裁裁决具有法律效力，双方应当履行。

（4）诉讼解决：如果一方对仲裁裁决不服可以向人民法院提起诉讼。人民法院将根据事实和法律规定进行审理并作出判决。判决具有法律强制执行力，双方应当履行。

3. 注意事项

在处理劳动合同纠纷时，大学生应当注意以下事项：

（1）保留证据：在处理劳动合同纠纷时，保留好相关证据是非常重要的。证据可以包括劳动合同、工资单、工作记录等能够证明劳动关系和纠纷事实的材料。

（2）寻求专业帮助：在处理劳动合同纠纷时，大学生可以寻求律师、人力资源专家等专业人士的帮助。他们可以提供法律咨询和代理服务帮助大学生维护自己的合法权益。

（3）遵守程序规定：在处理劳动合同纠纷时，大学生应当遵守程序规定，如及时申请调解、仲裁或诉讼等。不遵守程序规定可能会影响纠纷处理的效率和结果。

综上所述，了解劳动合同纠纷处理的相关规定和程序对于大学生在就业过程中维护自己的合法权益具有重要意义。当发生劳动合同纠纷时，大学生应当积极寻求解决方案并遵守程序规定以确保自己的权益得到保障。

二、大学生就业权益保护

在就业过程中，大学生作为劳动者享有多种权益。了解这些权益并采取相应的保护措施对于保障大学生的合法权益具有重要意义。

（一）大学生就业的基本权益

大学生就业的基本权益包括平等就业权、自主择业权、公平待遇权以及接受就业指导权等。这些权益是大学生在就业过程中应当享有的基本权益。

1. 平等就业权

平等就业权是大学生就业权益保障体系中的核心内容，它确保每一位毕业生在求职过程中都能获得公平公正的竞争机会和待遇标准。这项基本权利涵盖民族、种族、性别、宗教信仰、学历背景等全方位保障，任何基于上述因素的差异化对待都构成就业歧视。《中华人民共和国就业促进法》第三条规定，劳动者依法享有平等就业和自主择业的权利。劳动者就业，不因民族、种族、性别、宗教信仰等不同而受歧视。第二十六条规定，用人单位招用人员、职业中介机构从事职业中介活动，应当向劳动者提供平等的就业机会和公平的就业条件，不得实施就业歧视。同时，大学生也应当增强权利意识，在遭遇歧视性对待时，要善于运用法律武器维护自身合法权益。

2. 自主择业权

自主择业权是当代大学生依法享有的重要就业权利，它保障每位毕业生能够基于个人专业特长、职业兴趣和市场供需状况，自主规划职业发展路径并选择就业单位。这项权利不仅体现了我国对人才自由发展的尊重，更是劳动就业法律体系中的重要保障。任何用人单位都不得以任何形式限制或剥夺大学生的合法择业自由，包括但不限于强制签订就业协议、设置不合理违约金等行为。在实践中，大学生既要充分行使这一权利，也要审慎评估职业选择，实现个人价值与社会需求的最佳结合。

3. 公平待遇权

公平待遇权保障大学生在就业过程中享有与其他同岗位员工完全平等的薪资报酬、福利保障和职业发展机会，用人单位必须严格遵循同工同酬原则，杜绝任何形式的差别待遇或变相剥削。这项权利不仅涵盖基本工资、绩效奖金等显性待遇，还包括培训资源、晋升通道等职业发展权益，确保大学生能够在公平公正的环境中实现职业成长。

4. 接受就业指导权

大学生依法享有接受就业指导权，即有权获得高校或政府部门提供的专业就业指导服务，从而更全面地了解就业市场状况和职业发展需求。高校和政府有责任建立健全的就业指导体系，为大学生提供包括职业规划、求职技能培训等在内的系统化就业服务。

（二）试用期或实习期间的权益保护

在试用期或实习期间，大学生作为劳动者同样享有多种权益。了解这些权益并采取相应的保护措施对于保障大学生的合法权益具有重要意义。

1. 签订劳动合同

大学生在试用期或实习期间，应当依法与用人单位签订正式的书面劳动合同或实习协议，以明确规定双方的权利义务关系。该合同或协议必须明确载明试用期或实习期的具体期限、工作岗位职责、工作时间安排、劳动报酬标准等核心条款，从而切实保障大学生的各项合法权益得到充分落实。

2. 社会保险缴纳

根据我国劳动法律法规，用人单位在大学生试用期或实习期间必须依法为其缴纳社会保险，包括基本养老保险、基本医疗保险、失业保险等法定险种。大学生依法享有要求用人单位履行社保缴纳义务的权利，并有权查询个人社保缴费记录，以确保自身社会保险权益得到充分保障。用人单位不得以试用期或实习期为由规避社保缴纳责任。

3. 实习期限与待遇

在实习期间，用人单位应当为大学生提供科学合理的实习安排。实习期限以半年至一年为宜，过长的实习期可能导致变相用工，过短的实习期则难以达到实习效果。同时，用人单位应当向实习生发放符合当地生活水平的实习补贴或报酬，确保其基本生活需求得到保障。实习单位应当合理确定实习期限，并按时足额支付实习报酬。

析案明理

李平（化名）是一名充满憧憬的应届毕业生，怀揣着对未来的期望踏入了某媒体公司的大门，希望在此开启自己的职业生涯。然而，入职初期双方并未签订正式的书面劳动合同，这为后续的纠纷埋下了隐患。

在为公司辛勤付出数月后，李平发现公司并未按时支付其应得的工资。面对这一不公待遇，李平选择了勇敢地站出来，向劳动仲裁机构申请仲裁无果后，他向人民法院提起了诉讼，要求公司支付拖欠的工资及相应补偿。

人民法院经审理认为，李平与公司之间虽然未签订书面协议，但双方在实际用工过程中已形成了人身、组织及经济上的从属关系，这完全符合劳动关系的定义。因此，法院最终判决支持了李平的诉讼请求。

本案例深刻揭示了大学生在求职过程中可能遭遇的劳动关系不明确的问题。在缺乏书面劳动合同的情况下，劳动者的权益往往难以得到有效保障。因此，大学生在求职时务必提高警惕，确保与用人单位签订正式的劳动合同，明确双方的权利和义务。同时，当遇到劳动纠纷时，应勇于通过法律途径维护自己的合法权益。

此外，本案例也提醒用人单位应遵守相关法律法规，尊重劳动者的权益，确保用工关系的合法性和规范性。只有这样，才能共同营造公平、公正、和谐的就业环境。

（三）大学生就业权益保护的措施

为了保障大学生的就业权益，需要采取一系列措施，主要有以下几点：

1. 加强法律法规宣传

加强法律法规宣传是提高大学生法律意识和维权能力的重要途径。高校和政府应当积极开展法律法规宣传活动，向大学生普及劳动法律法规知识，帮助他们了解自己的权益和义务；同时，还可以通过案例分析等方式让大学生更加直观地了解劳动纠纷的处理程序和维权方法。

2. 完善就业服务体系

完善就业服务体系是保障大学生就业权益的重要措施之一。高校和政府应当建立完善的就业指导和服务体系，为大学生提供职业规划、求职技巧等方面的指导和服务；同时，还可以建立就业信息平台，为大学生提供及时的招聘信息和市场动态，帮助他们更好地了解就业市场和职业需求。

3. 加强监管和执法力度

加强监管和执法力度是保障大学生就业权益的重要手段之一。劳动行政部门应当加强对用人单位的监管力度，打击就业歧视、违法用工等行为，维护劳动者的合法权益；同时，还应当建立完善的投诉举报机制，鼓励大学生积极举报用人单位的违法行为并为他们提供必要的法律援助和支持。

析案明理

闫涛（化名）在满怀期待地踏上求职之路时，却遭遇了意想不到的困境。原来，他因地域事由被某公司无情地拒之门外，失去了一个宝贵的就业机会。面对这一不公，闫涛没有选择沉默，而是向法院提起了诉讼，要求公司赔偿其精神抚慰金及合理维权费用等。

经过人民法院的细致审理，真相逐渐浮出水面。人民法院认为，该公司在招聘过程中存在明显的就业歧视行为，严重侵犯了闫涛的平等就业权利。因此，人民法院依法判决公司承担公开赔礼道歉的民事责任，并赔偿闫涛精神抚慰金及合理维权费用。

这一案例不仅为闫涛讨回了公道，更向全社会传递了一个明确的信息：用人单位在招聘过程中必须严格遵守相关法律法规，不得有任何形式的就业歧视行为。否则，一旦被发现并证实，将承担相应的法律责任，付出沉重的代价。

闫涛的勇敢维权，不仅为自己赢得了尊严和正义，也为广大求职者树立了榜样，提醒他们在遭遇就业歧视时，要敢于站出来，用法律武器维护自己的合法权益。

综上所述，大学生签订就业合同与学会保护自己的权益是步入职场后必须面对的重要问题。通过了解劳动合同关系的建立、试用期的法律规定、签订劳动合同的注意事项以及大学生就业的基本权益和保护措施，大学生可以更好地维护自己的合法权益，为职业生涯的顺利发展奠定坚实基础。同时，用人单位也应遵守相关法律法规，共同营造公平、公正、和谐的就业环境。

课后实践

一、实践任务

合同签订与权益保护实操演练。

二、实践目的

通过模拟合同签订过程，增强法律意识，学会在就业中保护自身权益。

三、实践内容

1. 合同模板学习

收集不同行业的劳动合同模板，学习合同的基本结构和关键条款。

2. 角色扮演

(1) 与同学分组，分别扮演雇主与员工角色。

(2) 模拟合同签订过程，包括谈判、条款协商、合同签订等环节。

3. 权益保护案例分析

(1) 分析实际案例，了解员工在合同签订与履行中可能遇到的权益侵害问题。

(2) 讨论并提出合理的维权建议。

四、实践要求

(1) 深入理解合同的关键条款，如薪资待遇、工作时间、福利待遇等。

(2) 在模拟签订过程中，注意保护自身权益，对不合理条款提出质疑并协商修改。

(3) 完成案例分析，总结合同签订与权益保护的要点，并撰写一篇实践报告。

任务五
职场安全风险告知书（机械加工行业示例）

案例导读

在繁忙的机械加工车间里，任军是一位经验丰富的技术工人。他每天与各种机床为伴，精准地操作着每一道工序，生产的产品件件精良。然而，一次小小的疏忽，却让他深刻体会到了职场安全的重要性。

那天，任军像往常一样进行着一项常规操作。由于赶工心急，他在未完全确认机床状态的情况下，就急于伸手去调整工件位置。就在这时，机床突然启动，他的手指被迅速旋转的刀具轻轻擦过，虽然伤势不重，但也足以让他心惊胆战。

事后，任军回想起那一刻，心中满是后怕。他意识到，职场安全绝非儿戏，一时的疏忽就可能带来无法挽回的后果。这次经历，让他更加深刻地理解了“安全第一”的原则，也让他开始重新审视自己在工作中的每一个细节。

从那天起，任军不仅自己严格遵守安全操作规程，还时常提醒身边的同事要时刻保持警惕。他深知，机械加工行业存在诸多潜在风险，只有时刻绷紧安全这根弦，才能确保自己和他人的生命安全。

如今，在任军的带领下，整个车间形成了良好的安全文化氛围。大家不仅自觉遵守安全规定，还积极提出改进建议，共同为创建一个更加安全、高效的工作环境而努力。

职场安全无小事，一时的疏忽可能带来无法预料的后果。因此，在机械加工这样高风险的行业中，我们必须时刻保持警惕，严格遵守安全操作规程，对自己和他人的生命安全负责。

一、生产现场危险有害因素

在机械加工行业等工业生产领域，生产现场存在多种危险有害因素。这些因素可能对工作人员的人身安全构成威胁。以下是一些常见的危险有害因素：

（1）火灾：由于机械设备长时间运行或电气线路老化等原因可能引发火灾。火灾不仅会造成人员伤亡和财产损失，还可能对生产环境造成破坏。

（2）中毒：接触有害气体或化学物质可能导致中毒事故。这些有害物质可能来源于原材料、废气、废水等排放物以及机械设备运行时产生的副产品。

（3）触电：电气设备的绝缘损坏或操作不当可能导致触电事故。触电不仅会对人体造成直接伤害，还可能引发火灾等次生灾害。

（4）物体打击：飞溅的铁屑、工件等物体可能对工作人员造成打击伤害。这些物体在高速旋转或碰撞时可能产生巨大的冲击力。

（5）高处坠落：在高处作业时，工作人员可能因失足或操作不当等原因坠落受伤。高处坠落事故往往导致严重的身体伤害甚至死亡。

（6）车辆伤害：电瓶车、叉车等运输工具在行驶过程中可能对工作人员造成碰撞或碾压伤害。这些车辆在运行时需要严格遵守交通规则和操作规程。

（7）压力容器爆炸：压力容器如锅炉、气瓶等在超压或操作不当时可能发生爆炸事故。爆炸产生的冲击波和碎片可能对周围人员和设备造成严重伤害。

（8）机械伤害：机械设备在运行时可能因卷入、挤压等原因对工作人员造成伤害。这些伤害往往发生在设备的传动部分、操作部分等关键位置。

（9）粉尘污染及噪声危害：机械加工过程中产生的粉尘和噪声可能对工作人员的身体健康造成长期影响。粉尘污染可能导致呼吸系统疾病，而噪声危害则可能引发听力损伤等问题。

安全讲堂

生产现场的安全管理问题及防范措施

1. 如何有效预防生产现场的火灾事故？

请提出至少三项预防火灾事故的措施。例如：可以加强对电气线路的定期检查和维护，确保线路处于良好状态；同时，增加火灾报警器和灭火器等消防设施，以便在火灾初期能够迅速响应和处理。

2. 如何降低中毒和触电事故的风险？

针对中毒和触电这两种常见的危险有害因素，请提出具体的防范措施。例如：对于中毒风险，可以加强对原材料和排放物的监测，确保有害气体和化学物质得到有效控制；对于触电风险，则应加强对电气设备的维护和操作培训，确保工作人员在接触电气设备时采取正确的防护措施。

3. 如何提升工作人员在高处作业时的安全意识？

请提出至少两项措施来提升工作人员在高处作业时的安全意识和防范能力。例如：可以定期组织高处作业安全培训，教授正确的操作方法和应急措施；同时，加强现场的安全监管和提醒，确保工作人员在高处作业时严格遵守安全规范。

二、入职安全须知

为了确保工作人员的人身安全与健康，维护良好的工作学习环境，机械加工行业等工业生产领域的企业应制定一系列安全规定并要求工作人员严格遵守。以下是一些常见的入职安全须知。

(1) 引导与陪同：新入职员工应在公司陪同人员的引导下有序进入生产现场。陪同人员应负责介绍生产现场的环境、设备、安全规定等内容，并确保新入职员工了解并遵守相关规定。

(2) 穿着合适的鞋子和服装：进入生产现场时，工作人员应穿着合适的鞋子和服装。避免穿着高跟鞋、拖鞋等不适合现场作业的鞋子以及过于宽松或容易被机器设备钩住的服装。

(3) 沿指定安全通道行走：在生产现场内行走时，工作人员应始终沿指定安全通道行走。避免在生产区域内自行活动或擅自离开陪同人员视线，以免发生意外事故。

(4) 避免与正在工作的工人交谈：在学习或参观期间，工作人员应避免直接与正在工作的工人交谈。如需询问问题或了解相关情况，应通过陪同人员或指定联系人进行沟通。

(5) 紧急情况应对：如遇火情、爆炸或其他突发事件，工作人员应立即跟随公司员工或陪同人员疏散至安全地点，并拨打公司紧急联系电话报警。同时，还应按照公司的应急预案采取相应的应对措施。

(6) 事故报告：若发生意外或事故，工作人员应立即与带队老师、陪同人员或公司安全管理人员联系，并详细说明事故情况，以便公司及时采取措施进行救援和处理。

三、现场行为规范

为了确保生产现场的安全和秩序，机械加工行业等工业生产领域的企业应制定一系列现场行为规范并要求工作人员严格遵守。以下是一些常见的现场行为规范。

(1) 严禁触摸生产现场的任何开关、按钮或操作设备：未经许可，工作人员不得擅自启动或关闭任何机器设备。如需操作设备，应在专业人员的指导下进行，并遵守相关操作规程和安全规定。

(2) 酒后严禁进入公司：酒后进入公司可能导致工作人员判断力下降、反应迟钝等问题，从而增加发生安全事故的风险。因此，公司应严禁酒后进入生产现场的行为。

(3) 禁止在生产现场吸烟、饮食、嬉戏打闹等行为：这些行为可能分散工作人员的注意力或引发火灾等安全事故。因此，公司应明确规定禁止在生产现场进行此类行为，并加强监管和处罚力度。

(4) 遵守各类安全警示标志的提示：生产现场内设有各种安全警示标志，如“禁止触摸”“注意安全”等。工作人员应严格遵守这些标志的提示，避免发生意外事故。

(5) 保持与设备的安全距离：在操作过程中，工作人员应保持与设备的安全距离，避免被卷入或挤压等伤害。同时，还应注意观察设备的运行状态和周围环境的变化，及时采取措施应对潜在的安全风险。

析案明理

2019 年 11 月 14 日上午 9 时左右，实习大学生张某自行到装配 3 号线给侧盖气压机（见图 7－1）进行改善。气压机更换轴承底座后，因轴承底座高度与轴承不匹配，导致轴承底座与轴承下落支架卡死，无法回位。为解决此问题，张某双手分别从左右两边绕过安全光幕，左手搭在侧盖底座上，右手将轴承底座重新推到轴承下落支架下方。此时轴承压轴再次下压，因下压行程较短，轴承压轴直接压在张某左手无名指与手背关节处，导致其左手无名指被压伤，造成一起轻伤事故。

图 7－1　发生事故设备

四、个人防护与警示

为了确保工作人员的人身安全与健康，机械加工行业等工业生产领域的企业应要求工作人员在进入生产现场时佩戴必要的劳动防护用品，并加强个人防护与警示教育。以下是一些常见的个人防护与警示措施。

（1）佩戴劳动防护用品：进入生产现场时，工作人员应佩戴必要的劳动防护用品，如安全帽、防护眼镜、防护手套等。这些用品可以有效减轻或避免事故对工作人员造成的伤害。

（2）确保防护用品符合安全标准并正确佩戴：企业应确保提供的劳动防护用品符合国家安全标准，并定期进行检查和更换；同时，还应加强对工作人员的培训和教育，确保他们正确佩戴和使用这些用品。

（3）遵守各类安全警示标志的提示：除了佩戴劳动防护用品，工作人员还应遵守各类安全警示标志的提示。这些标志可以提醒工作人员注意潜在的安全风险，并采取相应的防范措施。

(4) 注意观察周围环境的变化：在生产现场内，工作人员应时刻注意观察周围环境的变化。如发现安全隐患或异常情况，应及时向陪同人员或公司安全管理人员报告，并采取相应的应对措施。

五、承诺与责任

访客、实习生或学习人员，应承诺已清楚了解并愿意严格遵守公司生产区规定与要求。进入公司生产区后，应提高自身安全意识，时刻保持警惕。如果违反公司生产区规定，就要接受公司的处罚并承担相应的责任。

课后实践

一、实践任务

编写职场安全风险告知书（机械加工行业）。

二、实践目的

通过本次实践作业，加深对机械加工行业职场安全风险的认识，提升编写安全告知书的能力，以便在实际工作中更好地保障安全。

背景设定：假设你是一家机械加工企业的安全管理员，你的任务是为新入职员工编写一份职场安全风险告知书。

三、实践要求

(1) 明确指出机械加工行业中常见的安全隐患，如机械伤害、触电、物体打击等。

(2) 详细描述针对这些隐患所采取的安全措施，包括个人防护装备的使用、安全操作规程的执行等。

(3) 强调员工在安全方面的责任和义务，以及违反安全规定可能导致的后果。

参考文献

[1] 程建平，李忠军. 国家安全教育大学生读本 [M]. 北京：高等教育出版社，2024.

[2] 李英霞，李玉侠. 新时代大学生安全教育教程 [M]. 北京：中国人民大学出版社，2021.

[3] 宋卓兖，程星晶，顾英. 新时代大学生安全教育 [M]. 北京：清华大学出版社，2024.

[4] 范晓莹，张肖华. 大学生安全教育 [M]. 北京：清华大学出版社，2023.

[5] 冯小红，王爱双，弥剑波. 大学生安全教育 [M]. 北京：人民邮电出版社，2024.

[6] 黄快林，吴飚，马福爱. 大学生安全教育 [M]. 北京：新华出版社，2022.

[7] 车绪武，祝和意. 安全教育 [M]. 西安：西北大学出版社，2023.

[8] 董朝君. 大学生安全教育与应急处理训练 [M]. 广州：广东人民出版社，2018.

[9] 李峥嵘. 大学生安全教育 [M]. 西安：西安交通大学出版社，2020.

[10] 孙飞，罗攀登，丁燕鸿. 大学生安全教育 [M]. 北京：北京出版社，2023.

[11] 朱斌，钟大平，吴自力. 大学生安全教育教程 [M]. 2 版. 北京：北京出版社，2021.

[12] 张新春，杨帆，许振华. 校园安全教育 [M]. 北京：航空工业出版社，2021.

[13] 张平华，盛凯，丁永红. 大学生网络安全教育 [M]. 北京：机械工业出版社，2024.

[14] 宋志伟，陈建军，刘常兴，等. 大学生安全教育 [M]. 北京：清华大学出版社，2020.

[15] 曾振华. 大学生网络素养教育 [M]. 天津：天津科学技术出版社，2023.

[16] 吴菁莉，赵建萍，杨舒雯. 大学生心理健康教育 [M]. 郑州：河南科学技术出版社，2023.

[17] 杨云，白一鹭，潘纬织. 让幸福之花绽放：高职生积极心理教育 [M]. 长沙：湖南科学技术出版社，2023.

[18] 黄雪薇. 心灵解惑：大学生心理健康教程 [M]. 2 版. 北京：科学出版社，2016.

[19] 陈玲. 爱情有尺度：失恋大学生的心理辅导案例 [J]. 情感读本，2023 (12).

［20］“班组安全 100 丛书”编委会. 机械制造企业班组安全生产事故分析精编［M］. 北京：中国劳动社会保障出版社，2020.

［21］李家华，雷玉梅，黄杰. 大学生职业发展与就业指导［M］. 北京：高等教育出版社，2022.